臺灣歷史與文化研究輯刊

二　編

第 18 冊

「歌仔冊」中的臺灣歷史詮釋
——以張丙、戴潮春起義事件敘事歌爲研究對象（第三冊）

丁鳳珍 著

花木蘭文化出版社

國家圖書館出版品預行編目資料

「歌仔冊」中的臺灣歷史詮釋——以張丙、戴潮春起義事件敘
事歌為研究對象（第三冊）／丁鳳珍 著 — 初版 — 新北市：
花木蘭文化出版社，2013〔民102〕
目 4+170 面；19×26 公分
（臺灣歷史與文化研究輯刊 二編；第18冊）
ISBN：978-986-322-242-2（精裝）
1. 臺灣文學　2. 說唱文學　3. 文學評論
733.08　　　　　　　　　　　　　　　　102002852

ISBN-978-986-322-242-2

9 789863 222422

臺灣歷史與文化研究輯刊
二 編　第十八冊　　　　　ISBN：978-986-322-242-2

「歌仔冊」中的臺灣歷史詮釋
——以張丙、戴潮春起義事件敘事歌爲研究對象（第三冊）

作　　者　丁鳳珍
總 編 輯　杜潔祥
出　　版　花木蘭文化出版社
發 行 所　花木蘭文化出版社
發 行 人　高小娟
聯絡地址　235 新北市中和區中安街七二號十三樓
　　　　　電話：02-2923-1455／傳真：02-2923-1452
網　　址　http://www.huamulan.tw 信箱 sut81518@gmail.com
印　　刷　普羅文化出版廣告事業
初　　版　2013 年 3 月
定　　價　二編　28 冊（精裝）新臺幣 56,000 元　　　版權所有・請勿翻印

「歌仔冊」中的臺灣歷史詮釋
——以張丙、戴潮春起義事件敘事歌爲研究對象

（第三冊）

丁鳳珍　著

目

次

第八章 《辛酉一歌詩》與《相龍年一歌詩》的歷史詮釋

　　臺灣有史以來歷時最久的民變──「戴潮春起義事件」，從 1862 年 3 月起事到 1865 年間，歷時三年以上。本章仍以台語歌仔冊《辛酉一歌詩》（又名：天地會的紅旗反、戴萬生反清歌）、《相龍年一歌詩》為研究主要對象。先將歌中的人物依立場予以分類，接著討論《辛酉一歌詩》、《相龍年一歌詩》對此一事件的論述重點與詮釋立場。並以以統治論述中對相關人事的論述做為比較，以此來證明這兩首歌謠獨特的價值。

　　統治論述包含《大清穆宗毅皇帝實錄》與清國官員奏摺與文書、林豪《東瀛紀事》（1870）、吳德功《戴案紀略》（1894）、蔡青筠《戴案紀略》（1923）、陳肇興《咄咄吟》（1862～1863）、林占梅《潛園琴餘草》、吳子光《一肚皮集》（1875）。

　　最後再以客語的《新編戴萬生作反歌》〔註1〕加以比較，以見其歷史詮釋觀點的異同。《新編戴萬生作反歌》，七字一句，每行三句，字數在 7800 字以上，收錄於連慧珠 1995 年完成的碩士論文《「萬生反」──十九世紀後期臺灣民間文化之歷史觀察》〔註2〕，據連慧珠所述，這首歌是站在客家義民的立場來演唱「戴潮春事件」。筆者從歌詞中的遣詞用字，判斷《新編戴萬生作反

〔註1〕 天賜（重抄 1915）、洪敏麟（藏）《新編戴萬生作反歌》，連慧珠，《「萬生反」──十九世紀後期臺灣民間文化之歷史觀察》（台中：東海大學歷史系碩士論文，1995.6），pp.141～155。

〔註2〕 連慧珠《「萬生反」──十九世紀後期臺灣民間文化之歷史觀察》（台中：東海大學歷史系碩士論文，1995.6）。

歌》是一首客語的長篇敘事歌。其中有一些詞彙是客語專有的，如：「臺灣原『係』龜蛇形」、「三位算來『係大哥』」、「縮『轉』呂朗『大火房』」、「『景景』收兵入內山」、「『後生』〔註3〕貪才做民壯」、「皆因打死有『悍多』」、「作反一案『分奔其』」、「『上』埔寮下未前破」、「人馬出到『伯公』〔註4〕下」，諸如此類的用字遣詞，不但像似臺灣客家話，更與臺灣 Holo 話不相同。

第一節　《辛酉一歌詩》與《相龍年一歌詩》的比較

以 1862～1865 年發生的「戴潮春事件」有兩種歌仔版本，一是《辛酉一歌詩》（又名：天地會的紅旗反、戴萬生反清歌），約在 1925 年由楊清池彈唱，賴和將之記錄爲文字，1936 年楊守愚整理發表在《臺灣新文學》雜誌〔註5〕，這個版本是《辛酉一歌詩》最原始的刊本；二是高雄縣田寮鄉曾乾舜先生的父親的毛筆手抄本，無歌名，此以第一句歌詞名之爲《相龍年一歌詩》〔註6〕，爲目前僅見的抄本。

一、《辛酉一歌詩》與《相龍年一歌詩》的形式比較

從句型來看，《相龍年一歌詩》的句型與傳統歌仔冊不同，不是採用七字一句的「七字仔」；而是與《辛酉一歌詩》一樣，採用句型長短不一的雜言體。《辛酉一歌詩》是將藝人楊清池彈唱的唱詞，以文字記錄保存，由此可以確知這是一首歌仔；而，《相龍年一歌詩》由於文字抄寫者沒有說明來源，而且已經抄錄者已經去世，因此無法確知其實際演唱的方式，可以確知的是這首「歌仔」的抄寫年代爲臺灣日治時期〔註7〕。遺憾的是，這首歌仔的只留下文

〔註3〕 臺灣客語稱年輕人爲「後生」。

〔註4〕 臺灣客語稱土地公爲「伯公」。

〔註5〕 楊清池（演唱）、賴和（記錄）、楊守愚（潤稿.1936）《辛酉一歌詩》（又名：天地會底紅旗反）（一）（二）（三），《臺灣新文學》（台中：臺灣新文學社，（一）：1936.9.19，v1n8，pp.125～132，（二）：1936.11.5，v1n9，pp.63～72，（三）：1936.12.28，v2n1，pp.63～67）。

〔註6〕 曾乾舜先生的父親（手抄）《相龍年一歌詩》（原歌無題目，此以該歌首句爲題目），毛筆手抄本歌仔冊，高雄縣田寮鄉西德村蛇仔穴，日治時期，共 25 頁。（蔡承維先生提供影本）

〔註7〕 據筆者電話訪問搜集到此一歌詩的蔡承維先生，他指出曾乾舜先生的父親在臺灣日治時期抄寫這一首歌詩。（2004.10.22）

字記錄，沒有留下樂譜，無法進一步了解其音樂演出型式。

連橫在 1933 年左右指出當時有盲女彈唱「戴萬生」〔註8〕，由於連橫的母語是臺灣 Holo 話，他所聽到的「戴萬生」，與《相龍年一歌詩》、《辛酉一歌詩》應有很大的關聯。

就地域來講，《辛酉一歌詩》採集於臺灣中部的彰化縣，而《相龍年一歌詩》則來自於臺灣南部的高雄縣；就文字記錄時間來看，都在臺灣日治時期被記載〔註9〕。施師炳華與筆者懷疑這兩首「歌仔」有一個共同的母本根源，後來在不同地域傳唱演出，促使這兩首「歌仔」後半段的內容有所不同；同時，這一「歌仔」也可能成為戲劇的戲文來源，因此，《相龍年一歌詩》中才會出現「只牌、丑、旦」、「丑白、旦白、不盡白」這類的文字。如果《相龍年一歌詩》與《辛酉一歌詩》有一個共同的母本，那麼，筆者從這兩首「歌仔」的內容有很多與歷史事件相吻合的情形看來，其創作時代應在清領時期，在同治 4 年（1865）戴潮春事件大致被平定之後，由民間藝人創作。

二、《辛酉一歌詩》與《相龍年一歌詩》的情節大綱比較

從內容來看，《相龍年一歌詩》與《辛酉一歌詩》這兩首歌仔的起頭都一樣，都是從「孔道台」因為欠缺軍餉，而剝削臺灣府城商民的錢，繼而遭受百姓的罷市抗爭寫起。《相龍年一歌詩》只寫到 1862 年戴潮春等人殺了貪官孔道台；《辛酉一歌詩》則寫到 1864 年林文察回福建協助勦討太平天國為止，篇幅較長。

《辛酉一歌詩》的字數在 7000 字左右，《相龍年一歌詩》的字數將近 3700 字。《相龍年一歌詩》的前半段的情節與《辛酉一歌詩》的情節十分類似，都花了很長的篇幅敘述 1861 年臺灣道台孔昭慈因為欠餉而向百姓課稅，因而招致臺灣府城商民反抗的過程，以此作為戴潮春武裝反抗政府的序曲。

〔註8〕 見連橫《雅言》：「台南有盲女者，挾一月琴，沿街賣唱；其所唱者，為『昭君和番』、『英臺留學』、『五娘投荔』，大多男女悲歡離合之事。又有采拾臺灣故事，編為歌辭者，如『戴萬生』、『陳守娘』及『民主國』，則西洋之史詩也。」（台北：臺灣銀行經濟研究室，臺灣文獻叢刊第 166 種，1963.2，p.36。）（《連雅堂先生全集：臺灣語典　雅言》，南投：臺灣省文獻委員會，1992.3。）

〔註9〕 1936 年楊守愚將賴和（筆名「懶雲」）約十年前（1926 年左右）所記錄的《辛酉一歌詩》重新整理，分三期發表在《臺灣新文學》（台中：臺灣新文學社，（一）：1936.9.19，v1n8，pp.125～132，（二）：1936.11.5，v1n9，pp.63～72，（三）：1936.12.28，v2n1，pp.63～67）。

　　此外，兩首歌都有描寫同治1年（1862）3月戴軍進攻彰化城的情節，到此，《相龍年一歌詩》就結束了；而《辛酉一歌詩》則進一步描寫到同治3年（1864）福建陸路提督林文察率領台勇前往漳州與太平天國軍隊作戰爲止。

　　兩首「歌仔」的內容大要如下表：

《辛酉一歌詩》	《相龍年一歌詩》
1. 辛酉年（咸豐11年，1861年）台南府城百姓罷市抗稅（約900字）	1. 辛酉年（咸豐11年，1861年）台南府城百姓罷市抗稅（近1800字）
2. 孔道台前往彰化縣，天地會眾攻城戕官（約2000字）	2. 台南府城郊商請出戴潮春來推翻政府，進攻彰化城（近1700字）
3. 臺灣鎮總兵林向榮，出兵平亂，死於斗六（約2700字）	3. 結尾：戴潮春收兵，解散武裝部隊，勸兄弟各自營生（約90字）
4. 清廷派兵來台，戴軍失敗，戴潮春被殺（約1400字）	
5. 尾聲：勸人不要謀反（近200字）	

　　《辛酉一歌詩》的情節，除了敘述1861年臺灣府城商民反抗孔道台的情節之外，其它的情節與人名、地名與林豪《東瀛紀事》、吳德功《戴案紀略》及蔡青筠《戴案紀略》有很大的相似性，可見不是歌者憑空捏造出來的歌詞。至於，《相龍年一歌詩》描寫鳳山縣民響應戴軍的情形，則未見於其它史料記載。

三、《辛酉一歌詩》與《相龍年一歌詩》的地理空間與人物比較

　　在地理空間上，《辛酉一歌詩》所描寫的地點與《相龍年一歌詩》有同有異。兩首歌都是從臺灣府城開場，隨後描寫到彰化縣城；此外，《相龍年一歌詩》描寫了很多鳳山縣的地名，而《辛酉一歌詩》則沒有寫到鳳山縣；《辛酉一歌詩》還描寫到嘉義縣境（嘉義縣城、斗六門、布袋嘴）、彰化縣境（大墩、四塊厝、小埔心）、淡水廳（大甲）等地，這些都是《相龍年一歌詩》沒有提及的地點。

　　在人物角色上，《辛酉一歌詩》所描寫的人物遠多於《相龍年一歌詩》，兩首歌的人物有同有異。《辛酉一歌詩》的人物多見載於其它史料，而《相龍年一歌詩》的許多人物則未見於史料，特別是鳳山縣加入戴軍的眾多大哥。

　　據林豪記載：「戴逆以首禍故爲黨所附，然皆烏合之眾，緩急不足恃。而

戀虎晟、啞狗弄宗族強盛，獷悍習戰，戴逆內憚之。」〔註10〕謝國興在《官逼民反——清代臺灣三大民變》書中以「豪強並距的時代」做為戴潮春事件的標題，並指出：「戴案的特色之一是，主要領導人或主要股首多屬強宗大族，不像朱一貴及林爽文事件時游民或羅漢腳構成主要幹部。」〔註11〕

在《辛酉一歌詩》中，戴潮春所佔的篇幅並不會比林晟、陳弄、呂梓來得多，這反映了戴潮春在戴案中所扮演的角色。不過，在《相龍年一歌詩》中，戴潮春被極度英雄化，成為戴案中最佳男主角、唯一的大哥。

第二節　《辛酉一歌詩》與《相龍年一歌詩》對戴軍人物的詮釋

在《辛酉一歌詩》中反抗政府的人物眾多，敘述最多的人物是：戴潮春、怣虎晟（林晟、林日成）、啞口弄（陳弄）、呂仔主（呂梓）；其次是：啞口弄（陳弄）、王仔萬（王萬）、吳仔墻（吳墙、吳志高）、黃豬哥、張三顯、嚴辨、洪仔花（洪花）；女將的篇幅雖不多，但是卻很勇猛。

在《相龍年一歌詩》中反抗政府的人物雖然也不少，但是對於個人的敘述，則多集中在戴潮春，其他的個別人物都只是簡單帶過；對集體人物：眾百姓、五大姓、三郊頭、平埔番等的反抗行為則有生動的敘述。

一、對反抗政府的人物之論述

（一）戴潮春（？～1863）

戴潮春，字萬生，彰化縣涑東堡四張犁（在今台中市北屯區）人，原籍福建省漳州府龍溪縣。家境富裕，世為北路協稿識。咸豐11年（1861）冬季，北路協副將夏汝賢向戴潮春索賄不成，便將戴潮春世襲的武職（北路協稿書）革去。〔註12〕

1.《辛酉一歌詩》與《相龍年一歌詩》中的「大哥戴萬生」

在《辛酉一歌詩》與《相龍年一歌詩》中，戴潮春都被認定是反抗陣營

〔註10〕詳見林豪《東瀛紀事》，p.8。
〔註11〕見謝國興《官逼民反——清代臺灣三大民變》（台北：自立晚報社文化出版部，1993.3），p.111。
〔註12〕詳見林豪《東瀛紀事》卷上〈戴逆倡亂〉，pp.1～3。

中的首領。在《辛酉一歌詩》中，戴潮春雖是帶頭大哥，但是光彩與戲份卻與其他幾位大哥差不多。歌中對他的稱謂詞，也沒有特別之處，他和其他大哥都被稱爲「大哥」。如：「大會招來小百千，要扶大哥戴萬生」，不過，在大多數時候，歌者都直接稱他爲「戴萬生」，而沒有加上「大哥」二字，如他被捉之後：「大小曾做事有仔細，令了丁太爺押了戴萬生」。

在《相龍年一歌詩》中，戴潮春除了被稱爲「大哥」，還有一次被稱爲「戴萬歲」，這是臺灣府城三郊董事派人去送謀反密函時，他們對戴潮春的敬稱。在整首歌的敘述中，歌者大多數多直接稱他「戴萬生」，沒有加上「大哥」二字，不過有特別提及他是「元帥」。

除了以上的尊稱，戴潮春在《辛酉一歌詩》中有一次被稱爲「臭小弟」，這是歌者模擬臺灣道台孔昭慈罵戴潮春的話：「戴萬生這個臭小弟，招那天地會，就是謀反的代誌。」這是官方的觀點；但是除此句之外，未再對戴潮春有此稱呼，可見歌者認同的是民間的稱法：「大哥」。

據羅士傑研究：「在所謂的戴潮春之亂中，戴本人並未擁有決定性的影響力，這樣的見解官方與民間的相差不多。」〔註13〕

《辛酉一歌詩》中對戴潮春的論述重點如下：首先，以百姓招眾成立天地會，然後由大家「扶大哥戴萬生」做爲首領，而不是戴潮春主動要組織天地會。接著因爲林晟殺死秋日觀等官員，天地會眾趁機擴大地盤，戴潮春無意中看到，才說：「這就巧這就奇！我也無通批，頂下縣四散攏總是紅旗。該是我戴潮春的天年！」顯然，戴潮春不但不是這次事件的主導者，更是後知後覺，想撿現成便宜的領袖位置來坐。在描寫進攻彰化縣城時，對戴潮春的描寫也很少。隨後，簡單敘述他攻大甲，可惜是他手下的大哥人雖多，卻能力不足，無法攻下大甲。之後，戴潮春的敘述跳到他被張三顯捉去送官，最後被凌遲而死。歌中對戴潮春的死只有兩三句，完全看不出他的英雄氣概。

但是，在《相龍年一歌詩》中，戴潮春充滿英雄式的言行舉止。首先，指出戴潮春之所以率眾反抗政府，來自於他的見義勇爲；也就是臺灣府城的三郊頭家寫密函去向他求助，並稱他爲「戴萬歲」，他才進一步豎旗聚眾，組織天地會。在這首歌中，戴潮春雖是先被動求助，但他隨即主動招募天地會眾，歌中反覆描寫許多大哥級人物積極響應戴潮春的號召，率眾前往戴營會

〔註13〕見羅士傑〈試探清代漢人地方菁英與地方社會── 以同治年間戴潮春事件爲中心〉，《臺灣史蹟》n38（南投：中華民國臺灣史蹟研究中心，2001.6），p.146。

合，並稱他爲「元帥」。隨後，描寫戴潮春斬殺臺灣道台孔道台和周衣申，「眾人暢心甲歡喜」，戴潮春等於是爲民眾報仇的大英雄。百姓的仇恨報了之後，戴潮春便解散部眾，鼓勵大家當一個自力更生的良民，展現他不戀棧權位與不迷信暴力的氣度。故事就此結束。這樣的戴潮春，與其它史料所記載的貪戀權位、死於戰場的戴潮春形象截然不同。

2. 統治論述中的「逆首」戴潮春

（1）《大清穆宗毅皇帝實錄》與清國官員奏摺與文書

不同於《辛酉一歌詩》與《相龍年一歌詩》的「大哥」、「元帥」；在清國官方的文獻中，戴潮春被稱爲「匪徒」、「匪首」、「逆首」、「戴逆」、「首逆」、「賊首」。

在《大清穆宗毅皇帝實錄》中，清穆宗諭中論及戴潮春的字句都指稱戴潮春爲反抗軍的首領，皇帝對他下追殺令。舉例如下：「臺灣彰化縣匪徒戴萬生等聚眾滋事」（同治1年5月4日）；「逆首戴萬生距守縣城」（同治1年7月10日）；「逆首戴萬生遁入番社」（同治2年3月16日）；「首逆戴萬生已竄回四張犁本莊」，「將戴逆巢穴焚毀」，「務將戴逆擒獲，毋任漏網」（同治2年4月22日）；「並飭凌定國等迅拔斗六，殲擒戴逆」（同治2年11月22日）；「迅將賊首戴萬生斬擒，毋令兎脫」（同治2年12月24日）；「惟首匪戴萬生現在逃往彰化」（同治2年12月29日）；「以福建臺灣生擒首逆戴萬生，賞守備徐榮生等花翎」（同治3年1月27日）。〔註14〕

以下再看官員的奏摺與文書對戴潮春的論述。

同治1年（1862）4月24日閩浙總督慶瑞〈奏爲臺灣彰化縣轄會匪滋事遴委大員馳赴督勦恭摺〉：「臺灣彰化縣轄有匪徒戴萬生倡立添弟會名目，煽惑多人，肆行搶掠，當經密飭臺灣鎮道查拏解散。」「匪首戴萬生結會滋事」〔註15〕這是清穆宗收到關於戴案報告的第一份奏摺，慶瑞指出戴潮春所組的會是「添弟會」，他煽動誘惑百姓加入，結夥搶劫；但是這樣的敘述顯然是土匪強盜的行徑，卻還不足以構成造反的事實。

丁日健在同治2年（1863）年8月4日接任臺灣道台，他稱戴潮春爲「戴

〔註14〕詳見《大清穆宗毅皇帝實錄》（臺灣銀行經濟研究室/編，《清穆宗實錄選輯》，南投：臺灣省文獻委員會/印行，1997.6.30，pp.19～20、26、43、45、46、56～58）。

〔註15〕見《清宮月摺檔臺灣史料（一）》（國立故宮博物院藏清代臺灣文獻叢編，台北：國立故宮博物院/出版，1994.10），p.442。

逆」、「逆賊」、「逆首」、「首逆」、「僞東王」，指出戴潮春等人「倡亂」，「戕官陷城，任意鴟張，茶毒我生靈，佔踞我城邑；實爲天地所不容，王法所難宥」。〔註 16〕在丁日健的奏摺文書中，大多數都是在報告他與官兵節節勝戰的詳情，他在同治 3 年（1864）春〈稟撫軍徐中丞樹人〉中指出，同治 2 年（1863）12 月 18 日他親自督師，戴潮春隨即被官兵生擒，他和曾元福在寶斗大營訊問後，將戴潮春凌遲處死。諸如此類的敘述，讓丁日健成爲眞正的英雄，戴潮春則成爲罪大惡極的逆賊。

（2）林豪《東瀛紀事》（1870）、吳德功《戴案紀略》（1894）、蔡青筠《戴案紀略》（1923）

林豪（1831～1918）《東瀛紀事》有〈戴逆倡亂〉與〈逆首戴潮春伏誅〉兩節，他稱戴潮春爲「戴逆」、「逆首」，指出戴潮春組天地會「倡亂」，「所言皆悖亂之事」；並批判戴潮春很狡滑，沒有實力，「外強中甘，虎威難久假」；並嘲笑他貪生怕死而投降官兵，比不上林晟、陳弄、「諸逆婦」等人能夠勇敢面對死亡。但是，林豪指出戴潮春只所以會判亂，導火線在於前北路協副將夏汝賢，他向戴潮春索賄沒有成功，竟然革去戴潮春世襲的武職，才會導致戴潮春心生不軌。林豪記錄丁日健訊問時，戴潮春將過失獨攬在自己身上，說明他的行爲是被官府所逼，並百姓脫罪。〔註 17〕

吳德功（1850～1924）的《戴案紀略》有時稱戴潮春爲「戴逆」，但是更常直接稱他爲「戴潮春」、「潮春」，也指出戴潮春的行爲是「結會作亂」。〔註 18〕內容雖比林豪《東瀛紀事》稍多，但是大致與林豪所記一樣。對於戴潮春的組天地會，吳德功認爲戴潮春的用意在於：「陽以保身家爲名，實陰以拒夏汝賢之索賄。」但是其成員卻龍蛇混雜，吳德功指出戴潮春不知解散會黨，還放任會眾，最後必定走向造反一途。〔註 19〕此外，吳德功批判戴潮春「庸懦無能」〔註 20〕，不懂作戰，身邊又沒有敢戰的手下，戴潮春只所以能成爲

〔註 16〕詳見丁日健《治台必告錄》（下）（臺灣銀行經濟研究室/編，南投：臺灣省文獻委員會/印行，1997.6.30，pp.424、426、432、441、446～449、451～452、462、470、477、492、497、570、572、592）。

〔註 17〕詳見林豪《東瀛紀事》，pp.1～3、44～46。

〔註 18〕詳見《吳德功先生全集：施案紀略、戴案紀略、讓台記》（南投：臺灣省文獻會，1992.5.31），pp.3～9。

〔註 19〕見《吳德功先生全集：施案紀略、戴案紀略、讓台記》（南投：臺灣省文獻會，1992.5.31），p.4。

〔註 20〕見《吳德功先生全集：施案紀略、戴案紀略、讓台記》（南投：臺灣省文獻會，

逆首，是因爲他到處「鼓動豪猾，逢人以將軍相贈」，最重要的原因是天意如此。〔註21〕

　　蔡青筠（1868～1927）的《戴案紀略》指出戴潮春小名「戴萬星」，在論述中有時稱他爲「戴潮春」、「潮春」，有時稱「戴逆」，也認爲戴潮春的行爲是「結會作亂」。〔註22〕書中所記史事與林豪、吳德功的記載大同小異。書中對戴潮春有以下評語：「嘗聞之先輩，言戴逆雖略有識字，然懦柔不斷。」〔註23〕

　　（3）陳肇興《咄咄吟》（1862～1863）、林占梅《潛園琴餘草》、吳子光《一肚皮集》（1875）

　　以下討論文學作品中的戴潮春形象，以與《辛酉一歌詩》與《相龍年一歌詩》作一比較。

　　彰化縣舉人陳肇興（1831～1876 後）〔註24〕於 1862～1863 年間所寫的一系列詠史詩〈咄咄吟〉〔註25〕，其內容記載陳肇興遭遇戴潮春事件的經歷與看法。詩句中，沒有特別描寫戴潮春個人，不過，在〈殉難三烈詩〉的序中，也稱戴潮春爲「戴逆」〔註26〕，詩中另有「賊王」一詞，應當也是指戴潮春。〔註27〕

　　淡水廳竹塹團練首領林占梅（1821～1868）的詩集《潛園琴餘草》，也有論及戴潮春事件，特別是組詩〈南征八詠〉。在林占梅的詩中對戴潮春個人並無進一步的吟詠，只是提到戴潮春時，稱他爲「戴逆」、「戴匪」。〔註28〕

1992.5.31），p.56。

〔註21〕見《吳德功先生全集：施案紀略、戴案紀略、讓台記》（南投：臺灣省文獻會，1992.5.31），p.18。

〔註22〕詳見蔡青筠《戴案紀略》（臺灣文獻叢刊第 206 種，臺灣銀行經濟研究室/編印，台北：臺灣銀行/發行，1964.11），pp.1、3～6、11、15、18～20、24、52～54、58、60）。

〔註23〕見蔡青筠《戴案紀略》（臺灣文獻叢刊第 206 種，臺灣銀行經濟研究室/編印，台北：臺灣銀行/發行，1964.11），p.51。

〔註24〕陳肇興的生卒年採用林翠鳳的說法，詳見：林翠鳳《陳肇興及其《陶村詩稿》之研究》（台中：弘祥出版社/發行，1999.8），pp.4～5。

〔註25〕見陳肇興《咄咄吟》卷七、卷八，《陶村詩稿》（南投：臺灣省文獻委員會/印行，1978.6），pp.91～138。

〔註26〕見陳肇興《咄咄吟》卷七、卷八，《陶村詩稿》（南投：臺灣省文獻委員會/印行，1978.6），p.124。

〔註27〕見陳肇興《咄咄吟》卷七、卷八，《陶村詩稿》（南投：臺灣省文獻委員會/印行，1978.6），pp.107、112。

〔註28〕見林占梅《潛園琴餘草簡編》（臺灣銀行經濟研究室/編，臺灣文獻叢刊第 202

　　廣東文人吳子光（1819～1883）在戴潮春事件時，正好來臺灣遊歷，避難在淡水廳，在他的著作《一肚皮集》（1875自印）中，有少數篇章提及戴潮春事件，特別是他於戴潮春事件後不久所寫的〈奉旨建坊入祀昭忠祠贈忠信校尉羅公傳〉〔註29〕。吳子光的著作中對戴潮春個人的描寫很少，提到戴潮春時，稱他為「彰邑奸胥戴萬生」、「戴逆井底蛙」、「戴逆」、「戴逆」，指出他的行為是「作亂」、「叛」亂。〔註30〕吳子光指出戴潮春「借團練為名，拜盟聚黨，橫行鄉里間，人皆側目視，然無敢攖其鋒者。」〔註31〕在吳子光筆下的戴潮春形象，與林豪、吳德功、蔡青筠所說的懦弱無能的戴潮春有所不同；吳子光可能是為了強調義首羅冠英的英勇，所以將他的敵人戴潮春形容得比較強悍；吳子光並進一步指出戴潮春曾經想要封「偽官」給羅冠英，但羅冠英以不可能作「賊」來回絕。〔註32〕

3.《新編戴萬生作反歌》中的戴萬生

　　《新編戴萬生作反歌》的題目名確指出「戴萬生」「作反」，在歌中眾多人物中，作者選擇戴潮春作為題目，可見戴潮春是最關鍵的人物。歌中指出戴潮春本是「老曾」（曾玉明，臺灣鎮總兵）的「螟蛉子」（義子）。歌中先介紹戴潮春的祖父在官府任職，由於戴家「姓少丁弱」，於是田園屋地被霸佔，雖然作者沒有指出是被誰霸佔，但是從歌詞的情節看來，應當就是阿罩霧「林天河」（林奠國）；作者指出：戴潮春之所以會組會黨的原因，是為了保衛家園。也因此，林天河懼怕戴潮春勢力壯大，因此寫信給在唐山（清國內地）的「林友利」（林有理之誤寫，就是林文察），林文察於是賄賂「休總兵」（疑為總兵林向榮之誤寫）來臺灣剿辦戴潮春。

〔註29〕 種，1964.11），pp.132、141。
吳子光〈奉旨建坊入祀昭忠祠贈忠信校尉羅公傳〉收在吳子光《一肚皮集》（卷四傳上，本書依據1875年吳氏雙峰草堂自刊本翻印，臺灣先賢詩文集彙刊第三輯2，龍文出版社/印行，1997.6.30），第二冊 pp.258～267。後又被收錄於吳子光《臺灣遊記》（臺灣銀行經濟研究室/編，臺灣文獻叢刊第36種，1959.2），pp.51～54。
〔註30〕 見吳子光《臺灣遊記》（臺灣銀行經濟研究室/編，臺灣文獻叢刊第36種，1959.2），pp.24、51～54、56、58、111、115。
〔註31〕 見吳子光《臺灣遊記》（臺灣銀行經濟研究室/編，臺灣文獻叢刊第36種，1959.2），p.51。
〔註32〕 見吳子光《臺灣遊記》（臺灣銀行經濟研究室/編，臺灣文獻叢刊第36種，1959.2），p.52。

　　當臺灣鎮總兵林向榮、臺灣道孔昭慈、淡水廳同知秋日觀等文武官員「執意」要剿辦戴潮春時，戴潮春本來打算「縮手入大山」，解散會眾，隱居深山；於是他召集會中的大哥來商量，眾人指出官逼民反，加上「人心拾歸九」，催促戴潮春革命；正當戴潮春猶豫之際，奸人「林戀城」（林晟）殺了秋日觀，「不做反叛事」的戴潮春終於舉紅旗造反。同治 1 年（1862）3 月 20 日彰化縣城被戴潮春攻下之後，戴潮春本來還打算請臺灣道孔昭慈主持公道，沒想到孔道台卻自殺身亡，於是戴潮春「去清復明稱國號」。戴潮春為了營造自己是上天任命的「真命主」，還製造「天書寶劍」的傳說，讓他在彰化縣城「顯威風」。隨後，「羅澤」（羅冠英）、「廖鳳」（廖廷鳳）還曾經假裝投靠戴潮春，深受戴潮春信任，戴潮春後來被羅冠英打敗，逃亡到「張屋莊」，投靠「張三獻」（張三顯），官兵日夜圍攻，戴潮春與張三顯淚眼相對，戴潮春向張三獻泣訴：「當初不敢想謀反，無奈戀城做我當。」張三獻為了保護家人，便獻戴潮春給曾總兵，戴潮春被斬首。

　　《新編戴萬生作反歌》對戴潮春的描寫，有時採取同情理解的角度，如寫他被林天河陷害，以及林晟拖累；有時則採取嘲諷鄙視的態度，如他結定造反時，作者稱清穆宗為「賢君」，說戴潮春是「賊蟲」；當戴潮春進佔彰化城後，濫殺無辜，作威享樂，作者說：「萬生真真是村夫」；在歌詞最後，作者對戴潮春被平定的事實，以「可笑萬生反不成」來為戴潮春定位，並以「萬歲千秋同治君」作結。由上可見，戴潮春在《新編戴萬生作反歌》中，並不受到尊敬，只有同情和嘲諷而已，他的角色猶如跳樑小醜般，引人同情與發笑。

　　《新編戴萬生作反歌》中的戴潮春形象與統治論述中的戴潮春有些類似，但是對於戴潮春組會黨的用意，統治論述明指他就是要謀反；而這首歌中則對他有許多同情的理解，指出他是為了保衛家園，才會組織會黨。《新編戴萬生作反歌》與《辛酉一歌詩》中撿現成真主來當的大哥戴潮春形象有些類似，但在《辛酉一歌詩》中，並沒有寫道戴潮春曾被林天河陷害；而且當林晟殺官之後，戴潮春還沾沾自喜，說：「該是我戴潮春的天年」，完全沒有責怪林晟的意思；《新編戴萬生作反歌》與《相龍年一歌詩》中的百姓救星戴潮春形象，截然不同。

　　（二）忢虎晟（戀虎晟、林晟、林日成）（？～1864）
　　林晟，彰化縣涑東堡四塊厝（今台中縣霧峰鄉四德村）人，或寫為林日

成，號戀虎晟（又寫爲忿虎晟）。

1.《辛酉一歌詩》中的忿虎晟

林晟與戴潮春兩人是戴案中最主要的兩大領袖，據林豪記載：同治 1 年（1862）5 月，林晟進入彰化縣城，戴潮春因爲畏懼林晟，讓出縣城，退回他的老家四張犁；林晟便在縣城內「拆民居以蓋帥府」。〔註33〕謝國興指出：「戴、林二人貌合神離，互爭雄長。」〔註34〕羅士傑也指出：「戴與林之間爲平等且具競爭性的關係。」這兩個人因爲共同的敵人（霧峰林家）才開啓了聯手合作的機會。〔註35〕

在《辛酉一歌詩》中，林晟所佔的篇幅比戴潮春略多。不過，在《相龍年一歌詩》中，則完全沒有提及林晟。在《辛酉一歌詩》中，林晟本來是受臺灣道台孔昭慈的委託，帶了四百名壯丁，負責保護淡水廳同知秋日覲，協助他前去捉拿戴潮春，半途被天地會眾包圍，秋日覲被保護他的「壯勇」殺死，林晟「看見不是勢」，於是「逆生豎紅旗」。從這裡看來，林晟會變成反抗政府的人，完全是時勢造成，而不是他自己一開始就有此企圖。歌中以「逆生」（台語詞：「禽獸」）來稱林晟，是很無禮的稱呼。接著寫到「忿虎晟大哥跳勃勃」，可見林晟對反抗政府一事的積極態度。

《辛酉一歌詩》中林晟的形象並不佳，歌中描寫他率眾進攻大甲，沒想到他卻「頭陣跌落馬」，還「爬起來頦頦頦」，在手下面前出醜；更被大甲城樓上的官員嘲笑：「我這大甲石頭城，不驚四塊厝大哥林忿晟，數起來三條巷、只驚大埔心姓陳大哥啞口弄。」此後，對林晟的敘述就跳到他的死期。歌中描寫霧峰林家的林文察（福建陸路提督）率官兵圍攻林晟的根據地四塊厝，本來攻不下，但是因爲林晟的手下叛變，與官兵裡應外合，林晟聽從王萬的建議，打算和妻妾及手下引爆火藥自殺，沒想到他的愛妾不願陪葬，林晟追出去的同時，王萬引爆火藥，結果林晟受火傷未死，被捉，林晟還算有骨氣，拒絕向他的死對頭林文察求饒，咬舌自盡前還說：「要剖要割隨在你。」《辛酉一歌詩》對林晟死前的氣魄有生動的描寫，反觀戴潮春就沒有這種描寫。但是歌中對林晟死後被分屍的敘述，又完全看不出歌者對林晟的同情，反而

〔註33〕詳見林豪《東瀛紀事》，p.8。

〔註34〕見謝國興《官逼民反——清代臺灣三大民變》（台北：自立晚報社文化出版部，1993.3），p.105。

〔註35〕見羅士傑〈試探清代漢人地方菁英與地方社會——以同治年間戴潮春事件爲中心〉，《臺灣史蹟》n38（南投：中華民國臺灣史蹟研究中心，2001.6），p.149。

讓人覺得理當如此。

2. 統治論述中的林晟（林日成、戇虎晟）

（1）《大清穆宗毅皇帝實錄》與清國官員奏摺與文書

在清國官方的文獻中，林晟先被稱為「紳士」，後被稱為「林逆」、「首逆」。

在同治1年（1862）4月24日閩浙總督慶瑞〈奏為臺灣彰化縣轄會匪滋事遴委大員馳赴督勦恭摺〉中，林晟生先被稱為「紳士」，名字被誤記為「林鳳成」，職務原本是「募勇助戰」，沒想到「林鳳成之勇內變」，造成官兵被殺害。〔註36〕在同治1年（1862）6月4日慶瑞〈奏再臺灣彰化縣轄會匪滋事摺〉中，已將「紳士林鳳成」改稱為「職員林晟」。〔註37〕

在《大清穆宗毅皇帝實錄》中，對林晟有以下的論述：「紳士林鳳成所募之勇因何生變」（同治1年4月24日），「逆黨林晟距守彰城」（同治1年12月21日），「飭令迅將戴、林二逆擒獲」（同治2年3月16日）、「飭令林文明等軍合勦四塊厝林逆老巢」（同治2年12月24日）、「將戴萬生、洪木叢、林晟三逆悉數擒斬」（同治2年12月29日）、「將首逆林晟擒斬」（同治3年1月27日）、「內山四塊厝林逆老巢亦經林文察督軍攻克，生擒首逆林晟正法。」（同治3年3月8日）。〔註38〕在清穆宗對大臣的諭中，指出林晟老巢人多勢眾，又擔心他勾結內山的蕃族（臺灣原住民），因此皇帝對他下追殺令，由林文察、林文明負責主攻，林晟被殺之後，林文明從參將被升為副將。

福建陸路提督林文察與林晟的家族有著舊恨新仇，彼此勢如水火，林文察在同治2年（1863）12月19日上〈圍攻林洪各逆老巢疊獲勝仗〉摺，同治3年（1864）1月11日後上〈擒獲首逆內山肅清〉摺。〔註39〕清穆宗對林晟的看法，主要來自於林文察的奏摺。由於林文察與林晟有私仇，加上為了突

〔註36〕見《清宮月摺檔臺灣史料（一）》（國立故宮博物院藏清代臺灣文獻叢編，台北：國立故宮博物院/出版，1994.10），pp.442～443。

〔註37〕見《清宮月摺檔臺灣史料（一）》（國立故宮博物院藏清代臺灣文獻叢編，台北：國立故宮博物院/出版，1994.10），pp.447～448。

〔註38〕詳見《大清穆宗毅皇帝實錄》（臺灣銀行經濟研究室/編，《清穆宗實錄選輯》，南投：臺灣省文獻委員會/印行，1997.6.30，pp.19～20、43、45、56～57、60～62）。

〔註39〕林文察所上奏摺資料引自黃富三《霧峰林家的興起——從渡海拓荒到封疆大吏（1729～1864）》（台北市：自立晚報社文化出版部/出版，1987.10，pp.293～297）及《大清穆宗毅皇帝實錄》（臺灣銀行經濟研究室/編，《清穆宗實錄選輯》，南投：臺灣省文獻委員會/印行，1997.6.30，pp.57～58、61）。

顯平定林晟的勞苦功高，所以在林文察的奏摺中，戴潮春只是「小姓」，而林晟「族類強大」、「振臂一呼，聚眾數萬」〔註40〕；因此當林文察論述同治2年（1863）12月率軍攻打林晟時，雙方拼死力戰，死傷慘烈，直到同治3年（1864）1月11日才生擒林晟。

同治2年（1863）年8月4日接任臺灣道台的丁日健，稱林晟爲「逆賊林戀晟」、「逆首林晟」、「林逆」、「首逆林戀晟」。〔註41〕據黃富三研究，丁日健與林文察兩人「在平台之役中互相攻訐，勢同水火」〔註42〕，「丁日健的確是林文察宦途上的致命剋星」。〔註43〕由於，攻破林晟四塊厝根據地的首功屬於林文察、林文明，因此丁日健的奏摺與書信中，常藉著報告剿平林晟的經過，指責林文察，如：丁日健稟告左宗棠，批評林文察「巧於粉飾居功」，指出林晟四塊厝的根據地只是一個「垂斃的林巢」。〔註44〕

　　（2）林豪《東瀛紀事》（1870）、吳德功《戴案紀略》（1894）、蔡青筠《戴案紀略》（1923）

　　林豪（1831～1918）《東瀛紀事》對林晟的記載頗多，特別是〈戀虎晟伏誅〉一節，他稱林晟爲「林日成」、「戀虎晟」、「逆晟」、「逆」，〔註45〕指出林晟「性粗暴，與前厝族人相仇殺」；同治1年（1862）3月17日他受命帶400名壯勇保護秋日覲前去剿辦戴潮春，沒想到林晟的壯勇半路叛變，促使秋日覲被殺死。林晟本來和洪叢、何守密謀捉戴潮春將功贖罪，江有仁告訴林晟「內地粵寇未平，必無暇及此，不若乘機舉大事。」經過一番掙扎之後，林晟自稱「僞大元帥」。

　　林豪進一步指出：戴潮春的手下都是烏合之眾，林晟卻是「宗族強盛，

〔註40〕轉引自黃富三《霧峰林家的興起 —— 從渡海拓荒到封疆大吏（1729～1864）》（台北市：自立晚報社文化出版部/出版，1987.10，p.294）。

〔註41〕詳見丁日健《治台必告錄》（下）（臺灣銀行經濟研究室/編，南投：臺灣省文獻委員會/印行，1997.6.30），pp.424、426、428～429、441、445、448、450、453、458、463、477、568、583。

〔註42〕見黃富三《霧峰林家的興起 —— 從渡海拓荒到封疆大吏（1729～1864）》（台北市：自立晚報社文化出版部/出版，1987.10），p.262。

〔註43〕見黃富三《霧峰林家的興起 —— 從渡海拓荒到封疆大吏（1729～1864）》（台北市：自立晚報社文化出版部/出版，1987.10），p.267。

〔註44〕見丁日健《治台必告錄》（下）（臺灣銀行經濟研究室/編，南投：臺灣省文獻委員會/印行，1997.6.30），p.568。

〔註45〕詳見林豪《東瀛紀事》（臺灣銀行經濟研究室/編，臺灣文獻史料刊第七輯，1957.12），pp.3～9。

獷悍習戰，戴逆內憚之」。同治 1 年（1862）5 月林晟入主彰化縣城，「拆民居以蓋偽帥府」，並派人四處向百姓勒索金錢。〔註46〕同治 2 年（1863）1 月林晟帶軍大舉進攻大甲城，最後慘敗，林晟的牙齒還中礮斷了兩齒，此後他就退守四塊厝老家，〔註47〕還請和尚來唸經爲他自己「預做功果」。同治 3 年（1864）1 月林文察與林文明率軍攻打林晟，林晟的手下多背叛他而降官，後來林晟決定引燃火藥，與妻妾及手下集體自殺，可是他的愛妾卻逃出門外，林晟追出，被林文察活捉，屍體被分成六塊，人頭被送到彰化縣城，雙手雙腳被分送過去曾被他搔擾的地方。林豪指出林晟「罪惡貫盈」，死後必定在地獄受苦。〔註48〕

　　吳德功（1850～1924）的《戴案紀略》稱林晟多直呼其名；「林日成」、「林晟」、「戇晟」、「晟」；當提及他在反抗軍中的官職，也與其他統治論述一樣，加一「偽」字：「偽千帥」、「偽大元帥」、「偽燕王」；雖然也曾以「逆晟」來稱呼林晟，但是很少見。〔註49〕吳德功對林晟的絕大多數記載，來自林豪《東瀛紀事》；以下僅舉吳德功與林豪不同處加以說明。吳德功記載同治 1 年（1862）4 月，阿罩霧林家被林晟與戴潮春率眾「猛攻三日，幾爲所破」。〔註50〕同治 1 年（1862）5 月林晟入主彰化縣城，5 月 13 日福建福寧鎮總兵曾玉明帶兵抵達鹿港，寫信勸林晟殺戴潮春立功；吳德功指出：「戴逆之亂，其賊黨最強者，莫如林晟。」林晟要刺殺戴潮春，易如反掌；可惜他放棄立功大好機會，反過來「助賊之燄」；〔註51〕致使「罪惡貫盈」，被分屍斷頭。〔註52〕從吳德功對林晟的論述看來，他雖嚴厲批評林晟，但是也對他無法及時回頭感到遺憾，

〔註46〕詳見林豪《東瀛紀事》（臺灣銀行經濟研究室/編，臺灣文獻史料刊第七輯，1957.12），pp.3～9。

〔註47〕詳見林豪《東瀛紀事》（臺灣銀行經濟研究室/編，臺灣文獻史料刊第七輯，1957.12），pp.23～24。

〔註48〕詳見林豪《東瀛紀事》（臺灣銀行經濟研究室/編，臺灣文獻史料刊第七輯，1957.12），pp.46～48。

〔註49〕見《吳德功先生全集：施案紀略、戴案紀略、讓台記》（南投：臺灣省文獻會，1992.5.31），pp.5、10、16～17、22、25～26、32～33、49～50。

〔註50〕見《吳德功先生全集：施案紀略、戴案紀略、讓台記》（南投：臺灣省文獻會，1992.5.31），p.10。

〔註51〕見《吳德功先生全集：施案紀略、戴案紀略、讓台記》（南投：臺灣省文獻會，1992.5.31），p.16～17。

〔註52〕見《吳德功先生全集：施案紀略、戴案紀略、讓台記》（南投：臺灣省文獻會，1992.5.31），p.50。

並以「天心之未厭亂」〔註53〕來解釋此一結果。

蔡青筠（1868～1927）的《戴案紀略》對林晟的稱呼有：「林晟」「林晟」、「戀虎晟」、「林逆戀虎晟」、「逆晟」、「僞千歲林晟」、「僞燕王林晟」。〔註54〕蔡青筠書中記載前輩對林晟的評語：「賊中惟林晟最強，然兇狠成習，驕傲不能容物。」〔註55〕認爲林晟「族大丁多」又「夙嫻武備」，連陳弄都比不上他；〔註56〕戴軍中只有林晟能與義首羅冠英相抗衡。〔註57〕

（3）陳肇興《咄咄吟》（1862～1863）、林占梅《潛園琴餘草》、吳子光《一肚皮集》（1875）

在當時文人陳肇興、林占梅、吳子光的文學作品中，並沒有見到對林晟個人的描寫；但是卻都有提及戴潮春，並認爲戴潮春是首逆。這和《相龍年一歌詩》中以戴潮春爲大哥，而沒有歌唱到林晟的情形很類似。

3.《新編戴萬生作反歌》中的林戀城

《新編戴萬生作反歌》中將林晟寫爲「林戀城」，罵他「眞係奸」（眞是奸），因爲他先假意欺騙淡水廳同知秋日覲，自願帶「義勇」打先鋒，到東大墩（在今台中市），他卻殺了秋日覲，因爲秋日覲與他以前「有仇恨」。隨後，他成爲戴潮春的股首，在同治1年（1862）4月10日攻打阿罩霧林家（在今台中縣霧峰鄉甲寅村），還挖掘林家祖墳來敗林家的地理，「挖起骨頭放火燒」；隨後「東勢角」（今台中縣東勢鎮）和「罩蘭莊」（今苗栗縣卓蘭鎮）的客家民壯來援助阿罩霧林家，林晟攻了一個半月都攻不下阿罩霧，於是收兵前往彰化縣城。

同治2年1月19日，林晟進攻大甲城，發兵進攻以前，他去鐵砧山上祭拜「鄭王井」，祈求鄭成功和上天庇佑；隨後他卻因爲中鎗，逃離大甲城。當

〔註53〕見《吳德功先生全集：施案紀略、戴案紀略、讓台記》（南投：臺灣省文獻會，1992.5.31），p.16。

〔註54〕詳見蔡青筠《戴案紀略》（臺灣文獻叢刊第206種，臺灣銀行經濟研究室/編印，台北：臺灣銀行/發行，1964.11），pp.3、8、11、18～21、24、27、30～31、37、39、40、51～52、54～55。

〔註55〕詳見蔡青筠《戴案紀略》（臺灣文獻叢刊第206種，臺灣銀行經濟研究室/編印，台北：臺灣銀行/發行，1964.11），pp.51～52。

〔註56〕詳見蔡青筠《戴案紀略》（臺灣文獻叢刊第206種，臺灣銀行經濟研究室/編印，台北：臺灣銀行/發行，1964.11），p.18。

〔註57〕見蔡青筠《戴案紀略》（臺灣文獻叢刊第206種，臺灣銀行經濟研究室/編印，台北：臺灣銀行/發行，1964.11），pp.27。

同治 2 年 11 月 3 日官兵收復彰化城前，林晟本來在彰化縣城內，因為一個兒子在家去世，他只好「點兵轉家中」。隨後，林文察帶兵圍攻林晟家，林晟的手下「租先」（陳梓生）背叛他，做林文察的內應，林晟引火藥自殺，被林文察分屍示眾。

　　《新編戴萬生作反歌》對林晟採取負面的論述，批評他是奸人，罵他「做事無仁義」，寫他在大甲城中鎗的窩囊，嘲笑他被林文察包圍時，如同「喪家狗」，眾叛親離。也指出，由於他殺了秋日觀，拖累戴潮春騎虎難下，只好造反。《新編戴萬生作反歌》中林晟的形象，與統治論述中的勇猛兇悍的林晟不大相同。

　　《新編戴萬生作反歌》與《辛酉一歌詩》中的恋虎晟有同有異，相同的地方是，當秋日觀死後，林晟從義民變為造反者，《辛酉一歌詩》罵他是「逆生」（畜生）；關於林晟死前，兩首歌都指出他已被眾人背叛，引火藥自焚；但是，《辛酉一歌詩》中的林晟未被火藥炸死，而是受重傷被林文察活捉，他死前顯得很有骨氣，寧死也不願向林文察求饒，不像《新編戴萬生作反歌》所說喪家狗那般的沒有骨氣。

　　（三）啞口弄（陳弄）（？～1864）

　　陳弄，外號「啞狗弄」，又稱「陳啞狗」，彰化縣小埔心（在今彰化縣埤頭鄉合興村）人。

　　1.《辛酉一歌詩》中的陳大哥啞口弄

　　據林豪記載：「恋虎晟、啞狗弄宗族強盛，獷悍習戰，戴逆內憚之。」〔註58〕的確，在《辛酉一歌詩》中的陳弄顯然比戴潮春、林晟來得兇狠，可能也因為如此，所以陳弄的名聲似乎不佳。當戴潮春攻下彰化縣城後，陳弄加入戴軍，歌中唱道：「啞口弄做大哥、連海人喊罪過。」後來，陳弄與大家一起去攻「邦碑大囤營」，結果「攻來攻去無伊份」，顯然能力有限。倒是林晟攻大甲失敗時，大甲官員放話說：大甲石頭城，不怕林晟，「只驚大埔心姓陳大哥啞口弄」。接著，就轉到陳弄「攻諸羅上艱苦」，《辛酉一歌詩》的歌者似乎在突顯陳弄的攻城能力值得懷疑。

　　陳弄的兇狠在他屠殺臺灣鎮總兵林向榮的情節中，一覽無遺。當林向榮自殺之後，被「扛到斗六媽祖宮，剩了一條的氣絲」，對將死的總兵，陳弄立

〔註58〕詳見林豪《東瀛紀事》，p.8。

刻以殺豬刀從林向榮的屁股剖下去，將林向榮像豬公般宰殺，最後還題了一首詩來消遣死者。《辛酉一歌詩》雖詳細描寫陳弄這種兇狠無比的舉動，但是卻沒有半句批判陳弄的話，歌中反而對林向榮極盡嘲諷。無形中，《辛酉一歌詩》的歌者似乎也認同陳弄的做法。

之後，跳到陳弄的死期。福建水師提督曾玉明、臺灣鎮總兵曾元福率官兵前往陳弄的根據地小埔心，一開始官兵也是無法攻下陳弄的竹圍城，還折損了一員大將（羅冠英）。後來是因為有一位地理師指出：陳弄是猴神投胎，設計破壞陳弄的地理優勢。結果，官兵就輕易的攻下陳弄的竹圍城。從這一段的敘述可見《辛酉一歌詩》的歌者對風水地理的看重，風水地理比官兵的能力還重要。兇狠的陳弄就這樣敗在風水師手中。歌者描寫陳弄的死，歌詞中看不出同情或責備的語氣。

2. 統治論述中的陳弄（啞狗弄）

（1）《大清穆宗毅皇帝實錄》與清國官員奏摺與文書

在清國官方的文獻中，陳弄被稱為「首匪」、「首逆」、「陳逆」、「匪」、「犯」。

在《大清穆宗毅皇帝實錄》中，對陳弄有以下的論述：「並將海峰崙陳啞狗老巢焚毀」（同治 2 年 11 月 22 日），「其首匪陳啞狗所踞之大突等莊，亦著速行攻克」（同治 2 年 12 月 29 日），「曾元福現督軍進攻小埔心陳啞狗巢穴，諒可迅速攻拔」（同治 3 年 1 月 27 日）、「陳啞狗等匪巢未破」（同治 3 年 3 月 5 日）、「陳弄等逆尚各糾黨嘯聚」（同治 3 年 5 月 11 日）、「曾元福剿除小埔心賊壘，將陳啞狗等殄除，尚為迅速。」「以福建攻克小埔心賊巢、生擒首逆，賞同知凌定國、都司林文光花翎，團首張清華等藍翎。」（同治 3 年 7 月 18 日）。〔註 59〕其中陳弄所佔據的地點有「海峰崙」、「大突等莊」、「小埔心」，可說是狡兔三窟。從同治 2 年 11 月起陳弄才在《大清穆宗毅皇帝實錄》中多次出現，而在這之前，官方對戴軍的焦點多集中在戴潮春與林晟身上。當戴、林二人被處死之後，陳弄成為官兵接著要攻剿的首逆。

臺灣道台丁日健，稱陳弄為「逆首陳啞狗」、「陳逆啞狗」、「僞西王」。〔註

〔註59〕 詳見《大清穆宗毅皇帝實錄》（臺灣銀行經濟研究室/編，《清穆宗實錄選輯》，南投：臺灣省文獻委員會/印行，1997.6.30，pp.54、56～57、60、74、77～78）。

〔註60〕 詳見丁日健《治台必告錄》（臺灣銀行經濟研究室/編，南投：臺灣省文獻委員會/印行，1997.6.30，pp.428～429、432、446、450、458、464、467～471、477、567、583）。

60〕他在同治3年（1864）5月26日〔註61〕奏〈會攻小埔心生擒西王陳啞狗弄張三顯等懲辦摺〉〔註62〕，指出臺灣大致已鎮定，只有「佔距小埔心，勾通王功、二林、海口一帶三十莊之逆首陳啞狗等，最為兇悍狡猾」。官兵從同治2年秋天開始攻剿，直到同治3年5月才剿平。攻剿的官員先是彰化縣知縣凌定國，同治2年冬天改由曾元福駐兵專剿，林文明也帶兵勇合攻，久攻不下；後來義首羅冠英的軍隊好不容易攻破外圍，沒想到羅冠英卻陣亡。接著，丁日健藉報告攻剿陳弄的機會，嚴厲批評林文察，說他剿匪不力，同治3年（1864）2月間曾經協剿陳弄，「引水灌注，未能攻克」，隨後，又回彰化縣阿罩霧閒待了一個多月。

相對於林文察的怠職；丁日健積極調兵勇義民協助曾元福，在丁日健的奏摺中引述臺灣鎮總兵曾元福報告官兵剿平陳弄的經過，將攻剿陳弄的功勞完全歸於曾元福與他自己。據曾元福的信函，同治3年（1864）5月，「該陳逆督率兇黨冒死交鋒，連戰數日，見絕救援，始覺力稍竭，而施放鎗礮，尚如雨注。」可見陳弄火力強大，很難攻下；在5月21日曾元福率大軍從後山攻入「陳逆老巢」，陳弄受傷逃亡。在官兵義勇「奮勇猛攻」的情形下，陳弄頑強抵抗，在5月23日終於被曾元福擒獲，極刑處死，懸首示眾。

在丁日健的奏摺中，陳弄罪大惡極、頑強狡滑，藉此來突顯曾元福等人的英勇可佳；並藉此突顯林文察的無法攻下陳弄的無能；丁日健一方面批判林文察不積極攻剿陳弄這種巨匪首逆，一方面有說明自己剿平陳弄的積極作為，既打擊林文察，又為自己爭加功勞。相對於被說得十分兇悍的陳弄；對於被林文察平定的林晟，丁日健卻指出林晟已經是垂死的逆賊，又批評林文察善於誇大功勞。陳弄在丁日健的奏摺中，成為丁日健鬥爭林文察的工具。

福建陸路提督林文察在同治3年（1864）6月22日奏〈臺灣大局底定撤隊內渡摺〉〔註63〕，裡面報告官兵剿平陳弄的經過，卻與丁日健、曾元福所奏報的經過有很大的出入。林文察報告他的灌水策略，指出陳弄在巢穴挖地

〔註61〕丁日健上奏日期轉引自黃富三《霧峰林家的興起——從渡海拓荒到封疆大吏（1729～1864）》（台北市：自立晚報社文化出版部/出版，1987.10），p.320，註188a。

〔註62〕見丁日健《治台必告錄》（臺灣銀行經濟研究室/編，南投：臺灣省文獻委員會/印行，1997.6.30），pp.467～471。

〔註63〕見《大清穆宗毅皇帝實錄》（臺灣銀行經濟研究室/編，《清穆宗實錄選輯》，南投：臺灣省文獻委員會/印行，1997.6.30，p.81）。

洞躲藏，官兵無法靠鎗礮攻下；第一次灌水之所以沒有成功，是因爲他在同治3年（1864）3月緊急轉往彰化縣犁頭店剿亂；隨後，他派游擊賴正修等人進行第二次灌水，終於在5月2日淹滿陳弄村莊，官軍在5月7日半夜冒著風雨，直搗陳弄巢穴，陳弄逃亡，直當5月24日大突等莊的義首才將陳弄獻交曾元福。

從林文察的奏摺看來，剿平陳弄的功勞以他最大，因爲他的灌水策略奏效；而曾元福只是撿現成的便宜而已。再對照丁日健的奏摺，丁日健全盤否定林文察的功勞，並說曾元福是親自領兵生擒陳弄。

陳弄的死有兩種不同的說法，引起清穆宗的質問。同治3年（1864）8月24日清穆宗諭議政王軍機大臣等：「陳啞狗一犯，前據徐宗幹、曾元福奏報，均稱於5月23日生擒正法；本日據林文察奏：『該逆受傷，泅水逃遁。該逆之族埃垰、大突等莊，跟蹤圍捕，於24日該莊頭等將陳逆獻出。』情形既有互異，則下手出力即迥不相同；著左宗棠、徐宗幹切實查明具奏，俾將來列保各員，不至有遺漏冒濫之弊。」（同治3年8月24日）。〔註64〕而在8月15日，清穆宗據丁日健的奏摺，以遲遲不肯離開臺灣前往福建剿辦太平天國軍隊，已將福建陸路提督林文察、福建水師提督曾玉明「下部議處」；〔註65〕直到10月1日才免除對林文察的處分。〔註66〕顯然丁日健是佔上風的官員。關於陳弄被官兵擒獲的眞相，在《大清穆宗毅皇帝實錄》並沒有見到後續報告。

關於官兵攻剿陳弄，《辛酉一歌詩》也提到官兵「激了水城來淹」陳弄的根據地；但是沒有進一步提到水攻是否奏效。在《辛酉一歌詩》中，認爲陳弄會失敗是因爲一爲會看風水的地理師傅，他獻計敗壞陳弄的風水，官兵因此不勞而獲。

（2）林豪《東瀛紀事》（1870）、吳德功《戴案紀略》（1894）、蔡青筠《戴案紀略》（1923）

林豪（1831～1918）《東瀛紀事》對陳弄的記載頗多，特別是〈餘匪〉一節，記載官兵圍剿陳弄的經過。林豪稱陳弄爲「小埔心巨族陳弄」、「陳逆啞

〔註64〕 詳見《大清穆宗毅皇帝實錄》（臺灣銀行經濟研究室/編，《清穆宗實錄選輯》，南投：臺灣省文獻委員會/印行，1997.6.30，p.82）。

〔註65〕 詳見《大清穆宗毅皇帝實錄》（臺灣銀行經濟研究室/編，《清穆宗實錄選輯》，南投：臺灣省文獻委員會/印行，1997.6.30，pp.80～81）。

〔註66〕 詳見《大清穆宗毅皇帝實錄》（臺灣銀行經濟研究室/編，《清穆宗實錄選輯》，南投：臺灣省文獻委員會/印行，1997.6.30，p.83）。

狗弄」、「股首陳弄」。〔註67〕陳弄之所以被稱爲啞狗弄，應該是因爲他有很嚴重的口吃。〔註68〕林豪指出陳弄「性悍而駭，喜招納亡命，一時劇盜、羅漢、多歸之」，在戴軍中稱「僞大將軍」。〔註69〕除了戴潮春、林晟，陳弄是「最悍惡者」。〔註70〕他參與了以下的攻擊戰役：同治1年（1862）4月圍攻鹿港、嘉義縣城，同月攻擊臺灣鎮總兵林向榮駐紮在枋埤（崩埤，在今台南縣後壁鄉）的軍營，9月再度圍攻嘉義縣城，7月攻擊斗六門（在今雲林縣斗六市），9月攻擊寶斗仔街（在今彰化縣北斗鎮）；也曾佔據土庫街（在今雲林縣土庫鎮），最後回到小埔心（在今彰化縣埤頭鄉）。

　　同治3年（1864）3月林文察「督」臺灣鎮總兵曾元福率軍進討陳弄，義首羅冠英「率敢死士在前奮擊，官軍乘之，賊大敗」。陳弄打算投降，他的妻子（外號無毛招）告訴他：投降的下場還是死路一條；乖乖等死，不如頑強抵抗。隨後，大礮擊塌屋瓦，陳弄便在屋內挖地窖躲藏；官兵又引水灌注地窖，陳弄等人終於不敵。3月19日羅冠英進擊，陳弄的妻子計誘羅冠英，羅冠英與壯士數十人中礮而死。當時陳弄的糧食快用光，林文察「勒諸軍番休進攻」，加上羅冠英的弟弟羅坑率領客家壯勇夾擊，終於攻破陳弄根據地。陳弄的妻子自焚而死；陳弄逃亡到新興莊，「紳士陳元吉乃縛弄至軍營」，陳弄被處死。

　　從以上林豪對陳弄被官兵圍攻的記載，林文察不但沒有如丁日健所說的怠職，而且調派官兵攻剿陳弄的功勞以林文察最大，完全沒有提到丁日健；林豪也提到官兵淹水灌注陳弄據地的策略奏效，這與林文察的說法一樣，與丁日健不同。林豪也指出陳弄是被地方的紳士綑綁送官；而不是丁日健所說的：由曾元福領兵生擒。

　　在林豪的記載中，可見陳弄的妻子比陳弄還具有反抗精神；而陳弄的智謀與膽量並不是很超群。除了打算投降官兵此外，同治1年（1862），陳弄佔據土庫街時，還曾經被塗庫（在今雲林縣土庫鎮）的義首陳澄清的兄長陳必湖欺騙，陳必湖詐降陳弄，陳弄因此放鬆警戒，半夜被陳澄清、陳必湖火攻、

〔註67〕詳見林豪《東瀛紀事》（臺灣銀行經濟研究室/編，臺灣文獻史料刊第七輯，1957.12），pp.6、13、25～30、33、41～42、48～49、52、60。

〔註68〕見林豪《東瀛紀事》：「陳逆啞狗弄口吃特甚。」（臺灣銀行經濟研究室/編，臺灣文獻史料刊第七輯，1957.12，p.60）。

〔註69〕見林豪《東瀛紀事》（臺灣銀行經濟研究室/編，臺灣文獻史料刊第七輯，1957.12），p.6。

〔註70〕見林豪《東瀛紀事》（臺灣銀行經濟研究室/編，臺灣文獻史料刊第七輯，1957.12），p.52「論曰」。

兵攻，只得逃離土庫街。〔註71〕同治2年（1863）2月官兵攻剿馬稠後莊，王祿拔、臭頭鉢飛鴿傳書請陳弄來相救，陳弄「大懼」，想著逃亡，只敢派他的手下去救援。〔註72〕顯然陳弄沒有林晟的勇猛與氣魄，性格比較像戴潮春。

吳德功（1850～1924）的《戴案紀略》稱陳弄為：「陳弄」、「啞狗弄」、「偽西王陳弄」、「匪」，〔註73〕吳德功多直接稱他的名號，而不稱他為「逆」，但是稱他的妻子為「逆婦」〔註74〕。吳德功指出：「從戴逆作亂者，惟陳弄與嚴辦最橫。弄妻與辦妻亦皆悍。」〔註75〕將他戴軍「四大匪」（林晟、陳弄、嚴辦、洪欉）之一。〔註76〕吳德功對陳弄的記載與林豪相差不多。關於陳弄在小埔心被官兵圍剿的記載也與林豪大致相同，而捆綁陳弄獻官的人是陳弄的族人。

蔡青筠（1868～1927）的《戴案紀略》稱陳弄為：「陳啞九弄」、「陳弄」、「大股賊渠陳啞九弄」、「逆首陳啞狗弄」。〔註77〕蔡青筠對陳弄的記載，與吳德功的記載大體相同。關於陳弄在戴軍中的官職，蔡青筠說是「兵馬元帥」。〔註78〕關於陳弄的妻子，林豪與吳德功都只提到一人，吳德功並指出是客家婦女；蔡青筠卻說：「陳弄有妻妾數人」。〔註79〕

蔡青筠明白指出：林文察在攻剿陳弄戰役中功勞最大。至於陳弄從小埔心逃亡到被捆綁送官的經過，蔡青筠有較詳細與不同的記載：當官兵攻破小

〔註71〕 見林豪《東瀛紀事》（臺灣銀行經濟研究室/編，臺灣文獻史料刊第七輯，1957.12），p.41。
〔註72〕 見林豪《東瀛紀事》（臺灣銀行經濟研究室/編，臺灣文獻史料刊第七輯，1957.12），pp.28～29。
〔註73〕 見《吳德功先生全集：施案紀略、戴案紀略、讓台記》（南投：臺灣省文獻會，1992.5.31），pp.11、14、31～32、36～38、52、54、56。
〔註74〕 見《吳德功先生全集：施案紀略、戴案紀略、讓台記》（南投：臺灣省文獻會，1992.5.31），p.52。
〔註75〕 見《吳德功先生全集：施案紀略、戴案紀略、讓台記》（南投：臺灣省文獻會，1992.5.31），p.52。
〔註76〕 見《吳德功先生全集：施案紀略、戴案紀略、讓台記》（南投：臺灣省文獻會，1992.5.31），p.56。
〔註77〕 詳見蔡青筠《戴案紀略》（臺灣文獻叢刊第206種，臺灣銀行經濟研究室/編印，台北：臺灣銀行/發行，1964.11），pp.6、11、13、17、21、24、26、35、37、43～44、56～57。
〔註78〕 見蔡青筠《戴案紀略》（臺灣文獻叢刊第206種，臺灣銀行經濟研究室/編印，台北：臺灣銀行/發行，1964.11），p.6。
〔註79〕 見蔡青筠《戴案紀略》（臺灣文獻叢刊第206種，臺灣銀行經濟研究室/編印，台北：臺灣銀行/發行，1964.11），p.56。

埔心外寨時，「賊知不能支，於內寨縱火，乘亂由地道逃出別墅。所謂別墅者，鹿港富戶陳慶昌之租館也；堡壘堅固、糧米充足，爲陳弄所據已三年餘。陳弄冀妻子脫罪，令人間道持書於慶昌、陳宗濬，自云羈佔租館，糜費銀米甚多，願供獻功；且求保妻子等語。慶昌恐有後患，不報。陳弄再馳書與馬興莊陳益源，詞同前。益源許之；遂請於林文察，以轎抬陳弄來獻，立斬以狗。弄妻自焚，妾逃亡。」〔註80〕由此可見，陳弄不只是怕老婆，更是一個願意以死來保護妻妾的男人。蔡青筠是鹿港人，這一段記載應該是他聽聞而來的。這一段話中指出，陳弄被送交林文察，但是在林文察自己的奏摺中卻指出是被送交曾元福。

關於官兵圍攻陳弄小埔心的經過，林豪《東瀛紀事》、吳德功《戴案紀略》與蔡青筠《戴案紀略》的記載與林文察奏摺中的說法極爲相似，與丁日健的說法有較大的出入，林豪、吳德功、蔡青筠都將首功歸於林文察。但是在《辛酉一歌詩》中領兵攻打陳弄的官員是大曾（曾玉明）和小曾（曾元福），完全沒有提到林文察；不過，歌中將攻陳弄的首功歸於一位地理師傅。

（3）陳肇興《咄咄吟》（1862～1863）、林占梅《潛園琴餘草》、吳子光　　《一肚皮集》（1875）

在當時文人陳肇興、林占梅文學作品中，並沒有見到對陳弄個人的描寫。

廣東文人吳子光（1819～1883）爲羅冠英所寫的〈奉　旨建坊入祀昭忠祠贈忠信校尉羅公傳〉〔註81〕，稱陳弄爲「啞狗隆」，指出他「桀驁尤爲群兇冠，當官軍圍攻年餘，弗克。」〔註82〕隨後就轉到羅冠英被飛礮擊斃，沒有再進一步去描寫官兵與陳弄交戰的情形。但是吳子光說陳弄在「賊黨」、「群兇」中最桀驁，並爲義首羅冠英寫傳記，可見他是站在統治論述的立場。

3. 《新編戴萬生作反歌》中的「陳啞狗零」或「狗鈴」

《新編戴萬生作反歌》稱陳弄爲「陳啞狗零」或「狗鈴」，指出他是「小

〔註80〕詳見蔡青筠《戴案紀略》（臺灣文獻叢刊第206種，臺灣銀行經濟研究室/編印，台北：臺灣銀行/發行，1964.11），pp.56～57。

〔註81〕吳子光〈奉旨建坊入祀昭忠祠贈忠信校尉羅公傳〉收在吳子光《一肚皮集》（卷四傳上，本書依據1875年吳氏雙峰草堂自刊本翻印，臺灣先賢詩文集彙刊第三輯2，龍文出版社/印行，1997.6.30，第二冊，pp.258～267）。後又被收錄於吳子光《臺灣遊記》（臺灣銀行經濟研究室/編，臺灣文獻叢刊第36種，1959.2，pp.51～54）。

〔註82〕見吳子光《臺灣遊記》（臺灣銀行經濟研究室/編，臺灣文獻叢刊第36種，1959.2），p.52。

埔心」人，他是戴潮春的股首。當臺灣鎮總兵林向榮在斗六兵敗死亡之後，他的師爺姓康，假裝投降陳弄，當時陳弄帶兵圍攻嘉義縣城，嘉義知縣本來打算要投降陳弄，康師爺假造一封陳弄妻子寫給陳弄的信，信中指出臺灣道丁曰健已到「上竹塹」，要陳弄退兵保家人平安，陳弄因此退兵回到小埔心；後來陳弄夫妻發現被騙，就將康師爺極刑處死。戴潮春死後，官兵攻打陳弄的「賊營」，羅冠英指出攻陳弄要用水攻，羅冠英在此戰役中被鎗擊斃，不久，水淹賊營，陳弄一家大小被官兵捉拿斬首，田園被抄封「一暨坪」。

《新編戴萬生作反歌》對陳弄採取負面的論述，共有三次提及他，他被康師爺欺騙，就草率撤兵，可見他是智謀與勇氣都不足的人，他死後，全家被抄斬，田園被歿收，作者接著寫到官兵笑哈哈，「今日天下太平時」，可見作者對於陳弄的死感到慶幸，認爲這是天下人之福。

陳弄在《新編戴萬生作反歌》中的形象，與統治論述、《辛酉一歌詩》中兇悍的陳弄不大相同；又陳弄敗於「水攻」，與林文察的說法一樣，只是《新編戴萬生作反歌》指出水攻是羅冠英的計策，而非林文察；而在《辛酉一歌詩》中，則指陳弄敗在一位地理師傅，他獻策掘溝來敗壞陳弄風水。

（四）呂梓（呂仔梓、呂仔主）（？～1865）

呂梓，外號呂仔主，又寫成呂仔梓，嘉義縣大崙人。〔註83〕

1.《辛酉一歌詩》中的呂仔主

《辛酉一歌詩》中對呂梓的描寫也不少。呂梓先是參與進攻嘉義縣城，他當時做出「拆王府」的事。後來，他和吳墻一起佔據大營，還一起搶劫官兵的糧草，也是讓官府頭痛的人物。《辛酉一歌詩》對呂梓的死描寫最多。福建水師提督曾玉明、臺灣鎮總兵曾元福率官兵前往呂梓，呂梓一聽到風聲，就捲款逃命，去投靠臭頭沙（蔡沙），臭頭沙表面上大開宴席來請呂梓，暗地裡請人來捉他，呂梓就在無預警的情形下被綁到嘉義縣城。接著寫到嘉義知縣白鸞卿升堂訊問他，呂梓自知死路一條，死前還很有氣魄的怒罵白知縣。於是，他在眾目睽睽之下，被凌遲處死。同樣的，《辛酉一歌詩》的歌者對呂梓被凌遲處死的描寫，也看不出作者對呂梓的同情或責備。

2. 統治論述中的呂梓

（1）《大清穆宗毅皇帝實錄》與清國官員奏摺與文書

〔註83〕關於呂仔梓的生平，可參見林豪《東瀛紀事》，pp.7、50～51、61。

　　在《大清穆宗毅皇帝實錄》中，呂梓個人沒有被提及。而在丁日健的奏摺中，對呂梓有一些論述。

　　丁日健在同治 2 年（1863）年 8 月 4 日接任臺灣道台，在他〈剿滅嘉義二重溝逆巢並會同籌辦防海事宜摺〉中，稱呂梓爲「巨匪呂梓」、「股匪」、「逆」。〔註84〕丁日健指出：「呂梓一犯本係著名巨惡」，他先是響應逆首戴潮春作亂，並在二重溝（在今嘉義縣水上鄉大崙村）聚眾對抗官軍；後來投降福建水師提督吳鴻源，不久又與嚴辦勾結作亂。在同治 4 年（1865）2 月到 3 月間，官兵激戰，雙方互有傷亡，呂梓也受鎗傷。丁日健下令嚴防呂梓從渡海逃亡到清國內地，並暗中下令布袋嘴的紳士鄉勇阻截呂梓偷渡。同治 4 年 4 月 2 日官兵攻破呂梓「二重溝逆巢」，呂梓逃亡到布袋嘴（在今嘉義縣布袋鎮），打算偷渡到清國內地依附太平天國軍；臺灣府知府陳懋烈在 4 月 9 日諭令布袋嘴「紳士蔡如璋」堵截呂梓，「義首蔡圖南」、「紳士陳熙年」協助嘉義縣知縣白鸞卿率官軍圍剿，在 4 月 12 日呂梓被生擒，臺灣府知府陳懋烈訊問後將他凌遲處死。

　　丁日健對呂梓官兵擒獲的報告，與《辛酉一歌詩》的說法類似；但是，在歌中訊問呂梓的人是嘉義縣知縣白鸞卿。

（2）林豪《東瀛紀事》（1870）、吳德功《戴案紀略》（1894）、蔡青筠《戴案紀略》（1923）

　　林豪（1831～1918）《東瀛紀事》稱呂梓爲「呂仔梓」、「呂梓」、「賊」。〔註85〕他在同治 1 年（1862）9 月參與圍攻嘉義縣城。呂梓的妻子是南靖厝（在今嘉義縣溪口鄉柳溝村）人，同治 2 年 4 月福建水師提督吳鴻源率軍攻剿南靖厝，呂梓的妻子被礮擊斃，呂梓逃亡，5 月投降官兵。後來又再度叛官，在同治 4 年 4 月，參將徐榮生、嘉義知縣白鸞卿、義首葉保國合剿呂梓。呂梓見情勢不妙，逃去找布袋嘴海賊蔡沙，將家人交給蔡沙照顧，蔡沙計誘呂梓搭船偷渡，出發前，蔡沙責怪呂梓先前降官，批評他「實持兩端觀望」，嚴辦要被官兵捉時，呂梓也不出兵援救；蔡沙爲免被呂梓連累，將呂梓所搭的船沉入海中，呂梓因而死亡。

〔註84〕詳見丁日健《治台必告錄》（下）（臺灣銀行經濟研究室／編，南投：臺灣省文獻委員會／印行，1997.6.30），pp.424、426、432、441、446～449、451～452、462、470、477、492、497、570、572、592。

〔註85〕詳見林豪《東瀛紀事》（臺灣銀行經濟研究室／編，臺灣文獻史料刊第七輯，1957.12），pp.27、29、49～51、61。

　　林豪記載呂梓的死亡經過，與丁日健的奏摺有所不同，也與《辛酉一歌詩》不同；但是《辛酉一歌詩》中指出呂梓去投靠「臭頭沙」，林豪指出蔡沙的外號就叫臭頭沙。

　　吳德功（1850～1924）的《戴案紀略》稱呂梓爲「呂仔梓」、「呂梓」。〔註86〕內容與林豪的記載大致相同。

　　蔡青筠（1868～1927）的《戴案紀略》稱呂梓爲「賊渠呂仔梓」、「呂梓」。〔註87〕內容與林豪、吳德功的記載大致相同。

　　（3）**陳肇興《啾啾吟》**（1862～1863）、**林占梅《潛園琴餘草》**、**吳子光《一肚皮集》**（1875）

　　在當時文人陳肇興、林占梅、吳子光的文學作品中，並沒有見到對呂梓個人的描寫。

（五）王仔萬（王萬）

1.《辛酉一歌詩》中的王仔萬

　　王萬在《辛酉一歌詩》中也比其他人多出一點點。歌中先敘述王萬在戴軍攻彰化縣城時，作爲內應。接著跳到他的死期，當霧峰林家的林文察（福建陸路提督）率官兵圍攻林晟的根據地四塊厝時，王萬也在林晟身邊。林晟將敗之前，王萬建議大家一起引爆火藥自殺，他說：「大家總著死，不免被那狗官來凌遲。」也展現出草莽的氣魄。當林晟的愛妾要逃命之際，王萬爲了成全林晟想和愛妾一起死的心願，立即引爆火藥，於是王萬炸死自己。

2. 統治論述中的王萬

（1）《大清穆宗毅皇帝實錄》與清國官員奏摺與文書

　　在《大清穆宗毅皇帝實錄》中，並沒有王萬的記載。

　　丁日健在同治4年（1865）年4到5月間奏〈會奏妥籌善後摺〉，提到官兵在水沙連東勢坑圍剿張阿乖時，當場格斃「漏逆僞先鋒張阿乖、陳進、王萬等十餘名」。〔註88〕這裡所指的王萬，不知道是不是就是同治1年（1862）

〔註86〕詳見《吳德功先生全集：施案紀略、戴案紀略、讓台記》（南投：臺灣省文獻會，1992.5.31），pp.10、18、40～41、53～54。

〔註87〕詳見蔡青筠《戴案紀略》（臺灣文獻叢刊第206種，臺灣銀行經濟研究室/編印，台北：臺灣銀行/發行，1964.11），pp.20、47、58～59。

〔註88〕見丁日健《治台必告錄》（下）（臺灣銀行經濟研究室/編，南投：臺灣省文獻委員會/印行，1997.6.30），p.516。

3 月爲戴潮春開彰化城門的王萬。

（2）林豪《東瀛紀事》（1870）、吳德功《戴案紀略》（1894）、蔡青筠《戴案紀略》（1923）

林豪（1831～1918）《東瀛紀事》稱王萬爲「奸民王萬」，書中對王萬的記載如下：〔註89〕同治 1 年（1862）3 月 17 日「奸民」王萬與同伙七、八人在彰化城內與兵勇打鬥，被官軍捉到，總理林大狗保舉讓王萬戴罪立功，王萬奉命帶勇守衛縣城，卻與戴軍裡應外合，3 月 20 日開城門引戴軍攻擊，官兵慘敗，縣城淪陷。王萬是林晟的「死黨」，在僞大元帥林晟的手下擔任「僞將軍」。〔註90〕同治 2 年（1863）11 月 3 日官兵收復彰化縣城後，王萬逃亡到林晟四塊厝「老巢」，林晟命王萬率死黨保護內寨。同治 3 年（1864）1 月，福建陸路提督林文察攻剿林晟四塊厝老巢，林文察極力招撫林晟的手下，「唯王萬罪大不赦」。王萬自知無法免死，建議林晟逃亡，林晟決定引火藥集體自焚，死前與王萬相對飲，最後，林晟的妻子引燃火藥，王萬一同被炸死。〔註91〕如果王萬如林豪所言，死在四塊厝，那麼丁日健奏摺中的漏逆王萬，應是另外一人，或是誤記。

在《辛酉一歌詩》中，提議引火藥自焚的人是王萬，而不是林晟；引燃火藥的人也是王萬，而不是林晟的妻子。在《辛酉一歌詩》中，王萬並沒有提出要逃亡；而在林豪的記載中，王萬曾建議林晟逃亡。整體來講，《辛酉一歌詩》中的王萬比林豪記載中的王萬更有氣魄。

吳德功（1850～1924）的《戴案紀略》稱王萬爲「奸民王萬」，書中對王萬的記載與林豪大致相同，但較爲詳細。〔註92〕同治 2 年（1863）9 月，王萬逃亡到林晟四塊厝「老巢」。關於王萬在四塊厝林巢被攻破前的反應，吳德功並沒有寫到王萬提議逃亡，最後被炸得「血肉分飛」。吳德功指出：「惟王萬罪惡滔天，自知不免，故願從而俱殲耳。」〔註93〕王萬罪惡滔天最主要應該

〔註89〕詳見林豪《東瀛紀事》（臺灣銀行經濟研究室/編，臺灣文獻史料刊第七輯，1957.12），pp.4～6、47、60。

〔註90〕詳見林豪《東瀛紀事》（臺灣銀行經濟研究室/編，臺灣文獻史料刊第七輯，1957.12），pp.4～6。

〔註91〕詳見林豪《東瀛紀事》（臺灣銀行經濟研究室/編，臺灣文獻史料刊第七輯，1957.12），pp.46～48。

〔註92〕詳見《吳德功先生全集：施案紀略、戴案紀略、讓台記》（南投：臺灣省文獻會，1992.5.31），pp.6～8、17、25、44、49～50。

〔註93〕詳見《吳德功先生全集：施案紀略、戴案紀略、讓台記》（南投：臺灣省文獻

是指他背叛官兵，開城門以引戴軍。吳德功對此事也批判臺灣道孔昭慈，指出當初王萬在彰化縣城內的「形跡畢露，自當斬首號令，以肅軍威，而猶姑息養奸」，最後讓王萬開門迎盜，後悔已來不及。〔註94〕

蔡青筠（1868～1927）的《戴案紀略》稱王萬爲「奸民王萬」。〔註95〕記載與吳德功大致相同，但較爲簡略。

在《辛酉一歌詩》中，彰化縣城正因爲有王萬做爲內應，開城門迎接戴軍，才讓戴軍輕易入城。

（3）陳肇興《咄咄吟》（1862～1863）、林占梅《潛園琴餘草》、吳子光
　　　《一肚皮集》（1875）

在當時文人陳肇興、林占梅、吳子光的文學作品中，並沒有見到對王萬個人的描寫。

（六）吳墻（吳仔墻、吳志高）（1826～1880）

吳墻，外號：吳仔墻，又名「吳志高」，嘉義縣店仔口（今台南縣白河鎮）人。

1.《辛酉一歌詩》中的吳仔墻、黃豬哥

《辛酉一歌詩》中吳墻與呂梓佔據大營，還將要送去補給臺灣鎭總兵林向榮的糧草武器，一搶而空。

後來，吳墻與黃豬哥，一起率眾進攻嘉義縣城。黃豬哥搶到百姓的錢之後，想要叛離戴軍，投靠官兵，卻不敢講出來；於是找吳墻一起叛變。《辛酉一歌詩》唱到這兩個人背叛戴軍的行爲時，以「蓋**生**神」來形容他們，「**生**」音「lan7」，就是男性的生殖器官，「**生**神」是很鄙視的用詞，可見《辛酉一歌詩》的歌者對兩人有負面的評價。但是接著又說這兩個人帶領臺灣鎭總兵林向榮前往解嘉義縣城之危，是一種「救城市」的舉動，可見《辛酉一歌詩》的歌者的立場不是很單純。

2. 統治論述中的吳仔墻

（1）《大清穆宗毅皇帝實錄》與清國官員奏摺與文書

〔註94〕詳見《吳德功先生全集：施案紀略、戴案紀略、讓台記》（南投：臺灣省文獻會，1992.5.31，pp.49～50）。

〔註94〕詳見《吳德功先生全集：施案紀略、戴案紀略、讓台記》（南投：臺灣省文獻會，1992.5.31，pp.8）。

〔註95〕詳見《吳德功先生全集：施案紀略、戴案紀略、讓台記》（南投：臺灣省文獻會，1992.5.31，p.3～9）、蔡青筠《戴案紀略》（臺灣文獻叢刊第206種，臺灣銀行經濟研究室/編印，台北：臺灣銀行/發行，1964.11，pp.1～7）。

在《大清穆宗毅皇帝實錄》中，沒有見到對吳墻（吳志高）的記載。

臺灣道丁日健在同治 3 年（1864）10 月〈覆台防廳葉峭巖書〉中提到：「彼吳志高事，尚不可含糊留患；其罪浮於吳者，非決計力除不可。」〔註 96〕但是沒有見到關於吳志高的詳細記載，不知吳志高因為何事而被丁日健列為必殺之人。

　　（2）林豪《東瀛紀事》（1870）、吳德功《戴案紀略》（1894）、蔡青筠《戴案紀略》（1923）

林豪（1831～1918）《東瀛紀事》稱吳墻為「吳仔墻」、「股首」。〔註 97〕林豪對吳墻的記載不多，他指出：「同安人吳仔墻在嘉義店仔口教讀，頗得眾心。戴逆以股首盧大鼻守店仔口，墻從之。及林鎮軍至，墻欲降，大鼻不可。墻乃以計分散其黨，伏壯士拉殺之。後吳帥進軍解嘉義之圍，頗得其助。」〔註 98〕吳墻雖曾經加入戴軍，但是林豪說他「頗得眾心」；又說同治 2 年（1863）1 月 10 日，福建水師提督吳鴻源解嘉義之圍，「頗得其助」。可見林豪對吳墻採取正面的論述。

吳德功（1850～1924）的《戴案紀略》稱吳墻為為「吳志高」。〔註 99〕他對吳志高有很友善的論述，並為吳志高曾經加入戴軍的行為做合理的解釋：「店仔口吳志高，余嘗到其家。其人身才五短，爾雅溫文，無武夫氣。平時為村學究，屢試不第，曉暢事機，一呼百諾，兼五十三莊總理，當戴逆勢熾，佯倚之，賊封為將軍。及林鎮出師，為運糧，堅壁自守，遠近數十莊，胥歸統轄。故賊不得越店仔口而窺郡城。其智力誠過人矣。」又說店仔口地靈，所以「人傑」。〔註 100〕吳德功不但誇吳志高為人中豪傑、才智過人、知書達禮；更說臺灣府城之所以得以保全，是因為吳志高防守店仔口的有功。在所有對吳志高的論述中，以吳德功的評價最高。

〔註 96〕見丁日健《治台必告錄》（下）（臺灣銀行經濟研究室/編，南投：臺灣省文獻委員會/印行，1997.6.30，pp.579）。

〔註 97〕詳見林豪《東瀛紀事》（臺灣銀行經濟研究室/編，臺灣文獻史料刊第七輯，1957.12，pp.26、28、58）。

〔註 98〕詳見林豪《東瀛紀事》（臺灣銀行經濟研究室/編，臺灣文獻史料刊第七輯，1957.12，p.58）。

〔註 99〕詳見《吳德功先生全集：施案紀略、戴案紀略、讓台記》（南投：臺灣省文獻會，1992.5.31，pp.10、19、33～34、36、54）。

〔註 100〕詳見吳德功《戴案紀略》（《吳德功先生全集：施案紀略、戴案紀略、讓台記》，南投：臺灣省文獻會，1992.5.31，p.34）。

在吳德功筆下的吳志高正好與王萬的角色顛倒，吳德功指出王萬背叛官兵，導致彰化城淪陷，罪惡深重；而吳志高假裝助戴軍，最後成爲官軍中的中流砥柱，使臺灣府城不致於淪陷，功勞很大。可見吳德功是站在清國統治者的角度來看這兩個人的功與過。

蔡青筠（1868～1927）的《戴案紀略》稱吳墻爲「吳志高」。〔註 101〕他對吳志高的評價也很高。同治 2 年（1863）1 月吳志高帶領福建水師提督吳鴻源前往嘉義縣城，蔡青筠藉機讚美吳志高：「生有機警」，曾經應考童子試，但是落榜；店仔口的莊民是「村愚無知，以吳有識，群聽其指揮」。從這一段記載，可見蔡青筠認爲吳志高因爲有知識而被村民推爲地方首領。接著蔡青筠說：「吳族大丁多，家資又裕」，於是又被推爲五十三莊的大總理。由此可見吳志高在店仔口的勢力龐大。吳德功明確指出吳志高嚴守店仔口使得臺灣府城得以保全；蔡青筠則說：「亦恐吳中梗故也」，語氣較爲保留。〔註 102〕

蔡青筠雖然也稱讚吳志高，但是他批評吳德功對吳志高的評語，認爲吳德功「頗有所祖」，他聽聞中的吳志高，並沒有像吳德功所說的那麼優秀。〔註 103〕

不同於林豪、吳德功、蔡青筠對吳志高的高度評價，當代歷史學者許達然認爲吳志高是一位兇殘蠻橫的地方土霸王，與吳德功所說的溫文儒雅截然不同。

許達然指出：「打擊戴潮春等人起事的土豪『義首』得到最高武職的是陳澄清和吳志高。……在台南縣白河，……誰和他（吳志高）作對誰就吃虧。他的勢力甚至伸展到嘉義縣，搞得『嘉義城紳士恨其舊惡』，要聯同知縣鄧宗堯及總兵劉明燈整他，但都沒得逞。吳志高囂張殘忍到叫手下攔截和他有瓜葛的，並挖出那人的雙眼。」〔註 104〕

〔註 101〕詳見蔡青筠《戴案紀略》（臺灣文獻叢刊第 206 種，臺灣銀行經濟研究室/編印，台北：臺灣銀行/發行，1964.11，pp.21、26、40、43、59、60）。

〔註 102〕詳見蔡青筠《戴案紀略》（臺灣文獻叢刊第 206 種，臺灣銀行經濟研究室/編印，台北：臺灣銀行/發行，1964.11，p.40）。

〔註 103〕詳見蔡青筠《戴案紀略》（臺灣文獻叢刊第 206 種，臺灣銀行經濟研究室/編印，台北：臺灣銀行/發行，1964.11，p.40）。

〔註 104〕詳見許達然〈十八及十九世紀臺灣民變與社會結構〉：「吳志高（1826～1882）科考不如意，但當台南縣白河附近 53 莊總理倒也稱心。……1862 年 10 月他阻擋（民變）起事者進入白河，第二年他率 72 莊鄉民聯同水師提督解圍嘉義，一下子就補用守備，賞戴司銜並戴藍翎。1865 年 4 月，他又同官兵去擒拿嚴辦和呂梓等人，加遊擊銜。」「1865 年長老會基督教傳入臺灣後，……吳志高討厭基督教，所以在白河就不可以信教，傳教，或建教堂。他刁難白河鎮

吳志高在《辛酉一歌詩》中所佔的份量並不多。在歌中，他先是據地為王，又搶奪官軍糧草，最後背叛戴軍，還被歌者譏諷為「蓋生神」。既沒有溫文儒雅的記載，也沒有勇猛強悍的詳細描寫；看起來只是眾多股首中的一位而已。

（3）陳肇興《咄咄吟》（1862～1863）、林占梅《潛園琴餘草》、吳子光
　　《一肚皮集》（1875）

在當時文人陳肇興、林占梅、吳子光的文學作品中，並沒有見到對吳墻個人的描寫。

（七）張三顯（？～1864）

1.《辛酉一歌詩》中的張三顯

張三顯《辛酉一歌詩》中所佔的篇幅不是很多，但卻與戴潮春有關。歌中以「七十二莊大哥」來稱呼他，並誇獎他「做大哥頂靈精」。這時，張三顯本來是戴軍中的大哥。後來，因為張三顯的兄長張阿天貪圖官府三千銀以及封官的懸賞，於是戴潮春被綁去送官。結果，官府沒有履行獎賞的承諾，張三顯才「生氣相招反青旗」。透過這一小段文字的敘述，隱然可見《辛酉一歌詩》的歌者批判官府無法取信於百姓，才會導致百姓的反抗。

2. 統治論述中的張三顯

（1）《大清穆宗毅皇帝實錄》與清國官員奏摺與文書

在《大清穆宗毅皇帝實錄》中，稱張三顯為「逆」、「張三灝」、「股首張三灝」。同治3年（1864）5月11日清穆宗諭中引述林文察〈官軍擒斬首逆彰化解圍摺〉：「張三灝、陳弄等逆尚各糾眾嘯聚」。〔註105〕同年7月18日清穆

水溪平埔族信長老會基督教，阻止他們重建教堂。他曾要跟長老會傳教士甘為霖（William Campbell，1841～1921）談判，但甘為霖不理睬，堅持在駐有英國領事的臺灣府才肯見他，使他更惱怒了。1875年1月26日夜他指使吳福、吳安、黃待、林鳥等一幫人襲擊白水溪教徒，燒房子，打傷潘春夫婦等人，並搶走六隻牛及一些衣物。兩天後，甘為霖在白水溪臨時教堂20英尺外的草厝過夜，吳志高又指使人去放火，幸虧甘為霖命大逃了。嘉義知縣後來雖帶人去查看現場，但只要吳志高賠100元，關禁他四個部下。其實在那裡，官方也奈何不了吳志高，仍讓他繼續在地方上『維持治安』。」（古鴻廷、黃書林、顏清苓/合編，《臺灣歷史與文化（四）》，台中：東海大學通識教育中心，2000.11，pp.98～99、161～162。）

〔註105〕詳見《大清穆宗毅皇帝實錄》（臺灣銀行經濟研究室/編，《清穆宗實錄選輯》，南投：臺灣省文獻委員會/印行，1997.6.30，p.74）。

宗諭中引述曾元福、丁日健〈生擒陳啞狗並獲僞太子戴能戴如川及股首張三
顯等多名沿海賊莊俱已肅清摺〉，提到「股首張三顯」。〔註106〕此外，在《大
清穆宗毅皇帝實錄》中，沒有再看到對張三顯的記載。

臺灣道台丁日健在同治 3 年（1864）年 4 月奏〈會攻小埔心生擒僞西王
陳啞狗張三顯等懲辦摺〉〔註107〕，與 7 月 18 日清穆宗論中所指的奏摺疑爲同
一份。丁日健奏摺中稱張三顯爲「逆首張三顯」、「著名巨股張三顯」、「要逆
張三顯」。〔註108〕丁日健指出張三顯與陳弄「同惡相濟」，「若二害不除，則各
股匪乘機響應，患無已時。」於是他「勒限彰化縣知縣凌定國、北協都司張
顯貴分剿逆首張三顯賊巢」，阻斷張三顯救援陳弄的道路。5 月 13 到 14 日官
兵圍剿張三顯，雙方激戰，焚毀賊巢 40 餘座，生擒 13 名逆夥，當場斬首的
有 87 人。張三顯逃亡張厝莊，5 月 19 日彰化縣知縣凌定國「統率兵勇突圍而
入，即將張三顯擒獲」，凌遲處死。

在丁日健報告剿匪的奏摺中，大多詳細描寫官兵與逆黨交戰的激烈戰
況，似乎有藉戰況之激烈、逆賊之兇悍，來突顯官兵的英勇和他自己的功勞。
在論述攻剿張三顯的戰役也是如此。因此，張三顯被形容爲要逆、巨逆、首
逆。

（2）林豪《東瀛紀事》（1870）、吳德功《戴案紀略》（1894）、蔡青筠《戴
案紀略》（1923）

林豪（1831～1918）在《東瀛紀事》中，指出張三顯是「七十五莊大姓」，
同治 2 年（1863）12 月林文察派官兵收復斗六門，戴潮春逃往張三顯家，臺
灣道丁日健下令：「得戴逆者官五品翎頂」，於是張三顯慫恿戴潮春自首，保
證會替他照顧家人。12 月 21 日，「逆首戴潮春由張三顯執送官軍」，丁日健立
即將戴潮春斬首。當天晚上張三顯就強暴戴潮春的「妻女」，「盡掠所有」，戴
潮春的妻子自焚而死，子女也都死亡。〔註109〕

〔註106〕詳見《大清穆宗毅皇帝實錄》（臺灣銀行經濟研究室/編，《清穆宗實錄選輯》，
　　　　南投：臺灣省文獻委員會/印行，1997.6.30，p.77）。
〔註107〕詳見丁日健《治台必告錄》（下）（臺灣銀行經濟研究室/編，南投：臺灣省文
　　　　獻委員會/印行，1997.6.30，pp.467～471）。
〔註108〕詳見丁日健《治台必告錄》（下）（臺灣銀行經濟研究室/編，南投：臺灣省文
　　　　獻委員會/印行，1997.6.30，pp.424、426、432、441、446～449、451～452、
　　　　462、470、477、492、497、570、572、592）。
〔註109〕詳見林豪《東瀛紀事》（臺灣銀行經濟研究室/編，臺灣文獻史料刊第七輯，
　　　　1957.12，pp.45～46）。

　　同治 3 年（1864）3 月「降賊張三顯」又聚眾「謀作亂」，以青旗爲號召。林豪指出張三顯會謀反的原因在於：「先是張三顯執送戴逆，自以爲功大賞薄，頗懷怨望，遂謀不軌。」〔註110〕3 月 27 日張三顯率一千多人攻擊彰化縣城，林文察從陳弄小埔心戰場回軍援救彰化，加上泉州人的村莊及鹿港義民助官剿匪，張三顯的軍隊潰敗。後來張三顯被他的族人綑綁送官，被處死。

　　以上林豪的記載，與丁日健的奏摺有所不同。

　　首先，丁日健奏報剿平戴潮春的奏摺中，不但沒有提及張三顯這個人的功勞；並指出戴潮春是在他和曾元福統丁之下，被官兵生擒，而不是由地方紳民獻出。〔註111〕

　　再來，林豪指出張三顯再度謀反的原因在於獻出戴潮春，卻沒有得到應有的獎勵，而下令懸賞的人正是丁日健，可見丁日健有責任。但是在丁日健在同治 3 年（1864）年 4 月奏〈彰屬餘匪復行勾結思逞摺〉〔註112〕中，主要在報告同治 3 年 3 月底彰化縣城被匪圍攻的戰況，他引用曾元福的函報：指出 3 月 27 日因爲阿罩霧林天河（林文察的叔叔林奠國）「強佔內山賴姓產業」，逼使賴姓、林姓各匪勾結洪檔，分爲兩股，一股攻阿罩霧，一股攻彰化縣城。3 月 30 日被官兵與義民擊潰。此時林文察才正啓程回彰化縣城，可見此一戰役的平定，林文察沒有功勞。在丁日健這份奏摺中沒有提到張三顯，將 3 月底彰化縣城被攻擊的禍首歸之於林文察的叔叔林奠國。

　　其次，關於張三顯被擒殺的經過，林豪指出是由張三顯的族人綑綁送官。而丁日健在〈會攻小埔心生擒僞西王陳啞狗張三顯等懲辦摺〉〔註113〕中卻指出張三顯是在 5 月 19 日被彰化縣知縣凌定國擒獲。

　　再對照《辛酉一歌詩》，歌中的論點與林豪的說法較接近。不過，綑綁戴潮春獻官的人不是張三顯，而是張三顯的兄長；但是沒有詳細交代張三顯被官兵攻剿擒拿的經過。

〔註110〕詳見林豪《東瀛紀事》（臺灣銀行經濟研究室/編，臺灣文獻史料刊第七輯，1957.12，pp.39～40）。

〔註111〕詳見丁日健〈會奏生擒僞東王戴萬生等剿滅巨股會匪彰屬西南大路肅清摺〉《治台必告錄》（下）臺灣銀行經濟研究室/編，南投：臺灣省文獻委員會/印行，1997.6.30，pp.451～452）。

〔註112〕詳見丁日健《治台必告錄》（下）（臺灣銀行經濟研究室/編，南投：臺灣省文獻委員會/印行，1997.6.30，pp.462～466）。

〔註113〕詳見丁日健《治台必告錄》（下）（臺灣銀行經濟研究室/編，南投：臺灣省文獻委員會/印行，1997.6.30，pp.467～471）。

綜合上述，丁日健的奏摺處處詆毀批評林文察的家族，並極力誇耀自己以及手下的官兵的功勞。而林豪的說法則被吳德功與蔡青筠的《戴案紀略》〔註 114〕繼承，他們的說法都顯示丁日健的奏摺似有虛假不實的地方。眞相到底如何？應已無人確知；而當事人也都早已作古。

（3）陳肇興《咄咄吟》（1862～1863）、林占梅《潛園琴餘草》、吳子光《一肚皮集》（1875）

在當時文人陳肇興、林占梅、吳子光的文學作品中，並沒有見到對張三顯個人的描寫。

3.《新編戴萬生作反歌》中的張三獻

在《新編戴萬生作反歌》指出戴潮春死前逃亡到「張屋莊」（張厝莊），投靠「張三獻」（張三顯），後來總兵像「鐵桶」一樣將張屋莊團團圍住；於是張三獻派人去告訴總兵，他爲了保全自己家人，將獻出戴潮春；總兵答應之後，張三獻回去問戴潮春：被官兵包圍，要怎麼辦？戴潮春一聽淚眼汪汪，向張三獻訴說他的初衷與無奈，指出人生難免一死。於是張三獻將戴潮春綁去送官。在《辛酉一歌詩》中指出獻萬生的人是張三顯的兄長張阿天，而張阿天獻戴潮春的原因是因爲貪圖官府的獎賞，後來由於官府沒有獎賞他們，張三顯便舉青旗造反。

在統治論述與《辛酉一歌詩》中都指出張三顯後來舉青旗造反，但是，《新編戴萬生作反歌》中舉青旗造反的人是「廖有富」，沒有提到張三顯。在林豪《東瀛紀事》、吳德功《戴案紀略》、蔡青筠《戴案紀略》三本書中，都指出張三顯因爲貪圖丁日健的懸賞，而獻出戴潮春，後來卻沒有得到獎賞，因而舉青旗造反。而在《新編戴萬生作反歌》中，張三顯變得比較善良正面，先是戴潮春自己逃到他家，而他家因而被官兵包圍，作者寫道：「張三獻眞受虧」，顯然他是無辜而值得同情的；後來他是爲了家人安全，也徵詢戴潮春意見，在戴潮春同意下，將他送官法辦。

（八）**女將**：洪花的妻子（李氏）、大腳甚、臭頭招、女嬌娘、北社尾王大媽、黃大媽、廖談細姨、客婆嫂

〔註114〕詳見《吳德功先生全集：施案紀略、戴案紀略、讓台記》（南投：臺灣省文獻會，1992.5.31，p.48、50～51、56）、蔡青筠《戴案紀略》（臺灣文獻叢刊第206種，臺灣銀行經濟研究室/編印，台北：臺灣銀行/發行，1964.11，pp.53、55、56、61）。

1.《辛酉一歌詩》與《相龍年一歌詩》中的女將

從林豪《東瀛紀事》、吳德功《戴案紀略》、蔡青筠《戴案紀略》的記載，發現有數位女性在戴潮春武裝反抗政府的事件中，表現甚至比男性還強悍、勇猛。謝國興在《官逼民反——清代臺灣三大民變》一書中指出：「戴案中另有具社會史意義而值得注意的一個現象，即婦女地位的突出，這是臺灣其他民變事件中極少見的。」〔註115〕在《辛酉一歌詩》中幾位戴軍中的女將，確實是勇猛過人，可惜描述仍嫌太少。而在《相龍年一歌詩》中，則只有提及洪花的妻子一人。

首先是洪花的妻子，林晟在同治1年（1862）5月封北勢湳洪木叢爲元帥，洪花是洪木叢手下的大將，《辛酉一歌詩》中只有「洪仔花出陣都是好伊某」這一句提到洪花的妻子，應當是說她比丈夫更善戰。在《相龍年一歌詩》中，則有兩句提到她：「洪花好恩某，大脚倡是伊的踏頭某。」說出洪花的妻子比他更厲害，她的外號叫「大脚倡」，可惜的是，洪花的妻子到底如何厲害，這兩首歌中都沒有論述。

此外，當戴軍在同治1年（1862）5月進攻嘉義縣城時，在《辛酉一歌詩》中，寫到負責巡城的「五個大哥」是「女將」，稱女性爲大哥、女將，可見是很勇猛的女性，也得到了大哥級的地位，就是：大脚甚、臭頭招、女嬌娘、北社尾王大媽、黃大媽這五個人。可惜，歌者只提及她們的姓名，沒有進一步的介紹。「大脚甚」是嚴辦的妻子，姓侯，又說姓魏，本來是有名的娼妓，嚴辦很怕她，每次出門都親自替她牽馬；「臭頭招」應該就是陳弄的妻子「無毛招」，姓陳。〔註116〕「北社尾」在今嘉義市西區北湖裏，「王大媽」，或許就是戴軍將軍「王新婦」的母親，自稱「一品正夫人」。〔註117〕

還有一位女性也很英勇，可惜在《辛酉一歌詩》中，也只有四句話介紹到她，而且完全看不出她的傑出之處。這四句歌詞是：「連累廖談小姨生命白白死，扐到寶斗溪就射箭：脚縫下著了二枝箭，站置動動晃。」「小姨」又寫

〔註115〕見謝國興，《官逼民反——清代臺灣三大民變》，台北：自立晚報社文化出版部，1993.3，p.111。

〔註116〕「大脚甚、臭頭招」的介紹見林豪《東瀛紀事》（臺灣銀行經濟研究室/編，《東瀛識略、東瀛紀事、臺灣紀事、台海見聞錄（合訂本）》，臺灣文獻史料叢刊第七輯，臺灣大通書局/印行，1997.6.30，pp.7、48～49）。

〔註117〕「王大媽」的介紹見林豪《東瀛紀事》（臺灣銀行經濟研究室/編，《東瀛識略、東瀛紀事、臺灣紀事、台海見聞錄（合訂本）》，臺灣文獻史料叢刊第七輯，臺灣大通書局/印行，1997.6.30，p.49）。

為細姨，就是妾。

在《辛酉一歌詩》中，唯一一位佔有較長篇幅的女性是一位客家婦女。〔註118〕在歌中，她列名同治1年（1862）5月戴軍進攻嘉義縣的大哥名單中。同治3年（1864）3月底，官兵攻打陳弄，由客家義首羅冠英（羅仔賊）當先鋒，陳弄以金錢獎賞，請客婆嫂將羅冠英擊斃。客婆嫂以言語詐術將羅冠英騙近身邊，趁羅不注意，快速連開兩槍，結果槍法很準，擊中兩個人，一位是元帥，一位是先鋒，官兵只好運著屍體，痛哭離去。從這一小段的敘述，可見這位客家婦女的膽量與能力。這位客婆嫂，或許就是小埔心（在今彰化縣埤頭鄉）陳弄（啞狗弄）的客家妻子，姓陳，綽號「無毛招」，據說她比陳弄還驍勇善戰。〔註119〕

2. 統治論述中的逆婦

（1）《大清穆宗毅皇帝實錄》與清國官員奏摺與文書

在《大清穆宗毅皇帝實錄》中，同治4年4月11日清穆宗諭中提到「悍賊」洪花的妻子「李氏身受鎗傷」，被「梟取首級示眾」。此外，《大清穆宗毅皇帝實錄》中沒有見到對戴軍陣營中的婦女之記載。〔註120〕

在臺灣道台丁日健的奏摺中，指出同治1年（1862）9月戴潮春攻佔斗六門與嘉義時，「洪花同其妻李氏騎馬上陣，當先揮殺，莫遏兇鋒，人所共憤。」〔註121〕同治3年（1864）5月21日官兵「擒獲」陳弄的妻子。〔註122〕同治4年（1865）4月2日官兵「陣斬偽女帥王大媽」。〔註123〕丁日健對這幾位女性的描寫僅止於此，除了簡單描寫洪花妻子一馬當先的「兇鋒」之外，沒有見

〔註118〕「客婆嫂」的解釋參見陳憲國、邱文錫編註《臺灣演義》（臺北：樟樹出版社，1997.8，p.123），陳弄妻子的介紹，見林豪《東瀛紀事》（臺灣銀行經濟研究室/編，《東瀛識略、東瀛紀事、臺灣紀事、台海見聞錄（合訂本）》，臺灣文獻史料叢刊第七輯，臺灣大通書局/印行，1997.6.30，pp.48～49）。

〔註119〕見林豪《東瀛紀事》（臺灣銀行經濟研究室/編，臺灣文獻史料刊第七輯，1957.12，pp.48～49、52、60）。

〔註120〕詳見《大清穆宗毅皇帝實錄》（臺灣銀行經濟研究室/編，《清穆宗實錄選輯》，南投：臺灣省文獻委員會/印行，1997.6.30，pp.19～20、26、43、45、46、56～58）。

〔註121〕詳見丁日健《治台必告錄》（下）（臺灣銀行經濟研究室/編，南投：臺灣省文獻委員會/印行，1997.6.30，p.492）。

〔註122〕詳見丁日健《治台必告錄》（下）（臺灣銀行經濟研究室/編，南投：臺灣省文獻委員會/印行，1997.6.30，p.469）。

〔註123〕詳見丁日健《治台必告錄》（下）（臺灣銀行經濟研究室/編，南投：臺灣省文獻委員會/印行，1997.6.30，p.499）。

到官兵與其他女性的實際交戰的描寫。

（2）林豪《東瀛紀事》（1870）、吳德功《戴案紀略》（1894）、蔡青筠《戴案紀略》（1923）

林豪（1831～1918）《東瀛紀事》記載戴軍中的女將有：偽征南大將軍嚴辦的妻子侯氏大腳甚、偽將軍廖談的妾蔡邁娘、偽將軍洪花的妻子、偽將軍呂梓的妻子、偽將軍王新婦的母親、偽將軍鄭大柴的妻子謝秀娘、偽大將軍陳弄的妻子無毛招。

林豪稱嚴辦的妻子侯氏爲「逆婦嚴侯氏」，或說姓魏，外號「大腳甚」。林豪指出她本來是「著名流娼」，「流毒尤劇，辦頗憚之，每出，親爲牽馬。」她在同治 1 年（1862）3 月「招黨助逆」，同年 9 月戴軍攻打嘉義縣城，她「立陣前督戰」。同治 2 年 2 月，她帶兵攻打湖仔內〔註124〕。後來被溝尾一位姓王的人抓到，被關在囚車中遊街，「被害者皆拋擲瓦石或錐刺之，甚痛極，無一言。」〔註125〕

林豪指出廖談的妾蔡邁娘性格激烈，每戰必定臨陣督軍。當廖談打算投降官兵時，蔡邁娘說：「勢敗而背人，非信也。審死於紅旗下，始瞑目耳！何爲束手就戮乎？」「西螺街舖戶半附官，蔡氏恨之，燒毀百餘間，談不能止。」最後她被官兵生擒，官員訊問她時，她說：「謀逆之事，皆己所爲，與夫無與。」最後被處死，曝屍數日，死不瞑目，有人用小紅旗覆蓋她的臉，她的眼睛才閤上。〔註126〕

林豪記載：洪花的妻子在同治 1 年（1862）9 月戴軍攻打嘉義縣城，她「立陣前督戰」。〔註127〕

林豪記載：呂梓的妻子是南靖厝人，同治 2 年 4 月官兵圍剿南靖厝，她中礮身亡，她的丈夫呂梓逃亡，5 月投降官兵。〔註128〕

〔註124〕臺灣有很多地方名爲「湖仔內」，無法確知嚴侯氏所攻打的地方在那一處。筆者母親的娘家地名也叫「湖仔內」，在彰化縣埔鹽鄉新水村內。

〔註125〕見林豪《東瀛紀事》（臺灣銀行經濟研究室/編，臺灣文獻史料刊第七輯，1957.12，pp.7、14、27、49、52）。

〔註126〕見林豪《東瀛紀事》（臺灣銀行經濟研究室/編，臺灣文獻史料刊第七輯，1957.12，pp.27、50、52）。

〔註127〕見林豪《東瀛紀事》（臺灣銀行經濟研究室/編，臺灣文獻史料刊第七輯，1957.12，pp.27）。

〔註128〕見林豪《東瀛紀事》（臺灣銀行經濟研究室/編，臺灣文獻史料刊第七輯，1957.12，pp.29）。

　　林豪記載：王新婦擔任戴軍中的僞將軍，他的母親高興得說：「吾子素日不凡，今果如此！」她還自己刻了一個「一品正夫人」的圖章。後來王新婦被官兵所殺，她爲子報仇，多次率眾攻打嘉義縣城，戰敗，逃去投靠呂梓，後來也被官兵擒拿處死。〔註129〕

　　林豪記載：鄭大柴攻打龜殼花莊，被擊斃，他的妻子謝秀娘是一位美女，爲夫報仇，多次攻打寶斗街。後來她改嫁給營兵，又到寶斗街，被群眾捉拿處死。〔註130〕

　　林豪記載：陳弄的妻子姓陳，外號「無毛招」。陳弄與妻子「性尤慘酷」。同治3年（1864）3月林文察督臺灣鎮總兵曾元福率軍進討陳弄，陳弄打算投降，他的妻子說：「今日雖降，難免一死。與其俯首受戮，何如悉力抗拒以緩須臾耶？」3月19日，陳弄的妻子計誘義首羅冠英，並率死黨開礮擊斃羅冠英等人。後來官兵終於攻破陳弄巢穴，陳弄的妻子自焚而死，而她的丈夫選擇逃亡，後來陳弄被地方紳士綁去獻官。〔註131〕

　　從林豪的記載中，可見這些女性的強悍與骨氣，她們的丈夫甚至不如她們的勇猛，當不敵官兵時，廖談、陳弄、呂梓都選擇逃亡、投降。這些女將的反抗精神比男性還強烈。但是林豪卻說他們是「人妖」，「皆戾氣所感，應劫數以禍生靈，爲王法所必誅者也」，對於她們「臨敵決戰，有勇有謀，刀臨頸上，至死不悔」，遠強過於一些貪生怕死的高官厚爵。〔註132〕顯然林豪對這些「禍水」也有著一份敬意，他對這幾位女將的描寫比《辛酉一歌詩》來得詳細與生動。

　　吳德功（1850～1924）《戴案紀略》對戴軍中女將的記載，與林豪大致相同。〔註133〕他指出：「從戴逆作亂者，惟陳弄與嚴辦最橫。弄妻與辦妻亦皆悍。」〔註134〕

〔註129〕見林豪《東瀛紀事》（臺灣銀行經濟研究室/編，臺灣文獻史料刊第七輯，1957.12，pp.49）。

〔註130〕見林豪《東瀛紀事》（臺灣銀行經濟研究室/編，臺灣文獻史料刊第七輯，1957.12，pp.32、49）。

〔註131〕見林豪《東瀛紀事》（臺灣銀行經濟研究室/編，臺灣文獻史料刊第七輯，1957.12，pp.48～49、52、60）。

〔註132〕見林豪《東瀛紀事》（臺灣銀行經濟研究室/編，臺灣文獻史料刊第七輯，1957.12，p.52）。

〔註133〕詳見《吳德功先生全集：施案紀略、戴案紀略、讓台記》（南投：臺灣省文獻會，1992.5.31，p.40、48、52～55）。

〔註134〕見《吳德功先生全集：施案紀略、戴案紀略、讓台記》（南投：臺灣省文獻會，

對於戴軍中的女將，吳德功的評語爲：「天之生逆賊也，必生逆婦以濟其惡。」「故嚴辦之妻，其夫恆爲牽馬。陳弄之妻，其鎗不虛發。廖談之妻，誓死紅旗下而目始瞑。王新婦之母，鄭大柴之妻，一則爲子報仇，一則爲夫報仇。此數女者，狼子狠心，殺人如草。其臨敵也，身爲人先，不避炮火。此洪範五行志所謂人妖者也。」〔註135〕吳德功的觀點與林豪極爲相似，將這幾位女性視爲「逆婦」，顯然也是採取統治者的角度來批判這幾位女將。

蔡青筠的《戴案紀略》對戴軍中女將的記載，與林豪、吳德功大致相同，〔註136〕書中對陳弄的妻子的記載比林豪、吳德功來得詳細。

蔡青筠指出「陳弄有妻妾數人，皆猛悍勝男子；與官兵戰，無役不從；在陣頭指揮，勁不可當，雖陳弄亦畏之。」〔註137〕當官兵攻破陳弄巢穴時，林豪與吳德功都只說陳弄逃亡，後被紳士綁交官府。而蔡青筠則有不同的記載：當官兵快攻破陳弄的內寨時，陳弄縱火燒內寨，趁亂逃跑，隨後陳弄爲了保全妻子，自行請求鄉紳將他綁送官府。但是，當官府斬殺陳弄之後，他的妻子卻選擇自焚，妾則逃亡。

從蔡青筠的記載，可見陳弄疼愛妻子的深情，但是他的妻子最後還是選擇自焚而死。這樣具有戲劇性的故事，在《辛酉一歌詩》與《相龍年一歌詩》卻沒有記載，不知原因何在。

（3）**陳肇興《咄咄吟》（1862～1863）、林占梅《潛園琴餘草》、吳子光《一肚皮集》（1875）**

在當時文人陳肇興、林占梅、吳子光的文學作品中，並沒有見到對戴軍中的女將之描寫。

（九）反抗統治者的臺灣府城百姓

咸豐11年（1861）臺灣府城反抗統治者的「眾百姓」，在《辛酉一歌詩》與《相龍年一歌詩》中，佔據很多的篇幅。但是在統治論述中，並沒有見到對咸豐11年（1861）臺灣府城百姓反抗官府的記載。因此，本小節只討論《辛

1992.5.31，p.52）。
〔註135〕見《吳德功先生全集：施案紀略、戴案紀略、讓台記》（南投：臺灣省文獻會，1992.5.31，pp.54～55）。
〔註136〕見蔡青筠《戴案紀略》（臺灣文獻叢刊第206種，臺灣銀行經濟研究室/編印，台北：臺灣銀行/發行，1964.11，pp.54、56、58～60）。
〔註137〕見蔡青筠《戴案紀略》（臺灣文獻叢刊第206種，臺灣銀行經濟研究室/編印，台北：臺灣銀行/發行，1964.11，p.56）。

酉一歌詩》與《相龍年一歌詩》中的論述。

從歌中可以生動的看到臺灣府城百姓強悍抗官的言行舉止，這兩首歌的歌者都認為是「民氣可用」，因為官府壓榨百姓，所以百姓造反有理，也因而演變成後來的「戴潮春事件」。就目前所見的戴潮春事件相關史料，幾乎都直接從同治 1 年（1862）臺灣道台孔昭慈前往彰化縣剿辦戴潮春的會黨寫起；但是，在《辛酉一歌詩》與《相龍年一歌詩》中，卻都從咸豐 11 年（1861）冬，臺灣府城對百姓開徵釐金，導致臺灣府城的商民罷市反抗，以此作為戴潮春反抗政府事件的序曲。在 1861 年的臺灣府城，官府是百姓的剝削者，但是，百姓的強悍卻也讓官員大吃一驚。

在《辛酉一歌詩》中，當官府張貼開徵釐金的公告之後，臺灣府城的五條港街居民，和五大姓氏的百姓，看到告示就罵起鄙視官員的三字經，立刻認定官府的行為是因為「孔道臺做官貪財利」，於是「要來剝削百姓錢」。導致臺灣府城最熱鬧的五條港街罷市三天。當地方總理與府城三郊商都決定力挺百姓之後，百姓更進一步訴諸武力反抗，他們盡可能武裝自己，帶著武器要去殺死周維新，雖然讓周維新逃過一劫，但是卻也將周維新的住處拆為平地。也因為這樣，臺灣道台孔昭慈嚇得暫時不敢在府城辦公，藉機前往彰化縣籌錢。可見府城百姓的強悍。

在統治論述的相關史料中，幾乎都記載臺灣道台孔昭慈之所以會前往彰化縣，是因為聽到彰化縣有戴潮春的會眾鬧事，他主動前去剿亂。但是，在《辛酉一歌詩》中，孔昭慈在前往彰化縣的途中才發現鹿港有天地會眾在鬧事，他一開始還感到害怕。後來，他才決定聽從淡水廳同知秋日觀的意見，主動出擊，剿平天地會眾。沒想到，當戴潮春的軍隊反攻彰化縣城時，戴潮春下令要殺官員與民壯，百姓還稱讚戴潮春的舉動，沒有人同情官員。可見，彰化縣城內的百姓對官府也很不滿。在歌中，可見百姓大多數是認同戴軍，甚至加入戴潮春的武裝軍隊。

在《相龍年一歌詩》中，當官府張貼開徵釐金的公告之後，臺灣府城的五條港街店家、五大姓氏的百姓，以及三郊頭家，立刻召開危機處理會議，先是罷市，接著也是全副武裝要去將周衣申凌遲處死，大家都認為既然決心要反抗，就要反抗到底。最後，他們也將周衣申的住家夷為平地，只是周衣申逃過一劫。

（十）臺灣府城的總理和三郊董事

和「眾百姓」一樣，咸豐 11 年（1861）臺灣府城反抗統治者的臺灣府城的總理和三郊董事，在《辛酉一歌詩》與《相龍年一歌詩》中，也佔據不少的篇幅。但是在統治論述中，並沒有見到對咸豐 11 年（1861）臺灣府城的總理和三郊董事反抗官府的記載。因此，本小節只討論《辛酉一歌詩》與《相龍年一歌詩》中的論述。

除了「眾百姓」之外，在《辛酉一歌詩》與《相龍年一歌詩》中，臺灣府城的地方總理與三郊董事（頭家）也強力反抗官府，並成為百姓堅強的後盾。

在《辛酉一歌詩》中，當百姓看到官府要開徵釐金的告示之後，雖然氣憤，卻也只能以罷市來抗議。後來，當地的總理才建議大家去找三郊商行的董事商量對策。三郊行董事了解狀況之後，立刻「氣沖天」，痛罵周維新與孔道台，還叫大家去將周維新活捉來打個半死，說：「有事三家行替恁來擔抵。」雖然三郊董事與總理沒有親身加入武裝反抗行列，但是卻是鼓勵百姓如此做的人。

在《相龍年一歌詩》中，沒有總理這一角色，但是，三郊商的行為卻比《辛酉一歌詩》還積極與反叛。歌中先寫三郊董事因為氣不過官府的強橫，才召集百姓來商量對策。接著，百姓也武裝自己，三郊董事也表示力挺百姓。比《辛酉一歌詩》更進一步，在《相龍年一歌詩》中的三郊董事主動寫密函去請戴潮春出面，決定暗中推翻政府。關於三郊在戴案中的主動角色，在統治論述的史料中都沒有被記載。

二、對武裝反抗政府人物的稱呼

從對人所採用的稱呼，可以見出歌者對該人物所採取的立場、評價，以下再從歌中對人物所使用的稱謂詞，來看《辛酉一歌詩》與《相龍年一歌詩》對這些反抗政府的人物所抱持的看法。

1.《辛酉一歌詩》與《相龍年一歌詩》中對戴軍的稱呼

（1）「大哥」、「眾大哥」

在《辛酉一歌詩》與《相龍年一歌詩》中，對所有參與反抗陣營的主要領導者，都一律以「大哥」、「眾大哥」來稱呼他們。在《辛酉一歌詩》中被稱為大哥的人非常多，例如：「恁虎晟大哥」、「洪家大哥」、「姓陳大哥啞口弄」、

「要攻彰化城大哥人頂多」、「大哥出令要拿金總」、「眾大哥會齊要攻山」、「大哥要出名」、「要攻西門街大哥是嚴辨」、「大哥呂仔主」、「打貓姓何大哥」、「眾大哥點兵攻打邦碑大囤營」、「大哥會香要攻是嘉義」、「要攻嘉義城大哥上蓋興」、「要攻大甲城，大哥上蓋多，多罔多，無路用」、「張、廖大哥」、「七十二莊大哥張三顯」、「眾大哥看著落閘喊罪過、兩邊大哥滿滿是」。比較特別的是，戴軍中的女性將領也被稱為「大哥」：「五個大哥巡城是女將」；此外，有一位「西螺囝仔」阿喜也被稱為「大哥」：「阿喜做大哥上蓋賢」。

由此可見，《辛酉一歌詩》的歌者對這些反抗政府的人物，採取比較肯定的作法，因此使用反抗陣營的敬稱「大哥」來稱呼這些人。

在《相龍年一歌詩》中，也是以大哥來稱呼這些人，但是次數很少，除了戴潮春被稱為大哥的句子外，只有兩處為：「牛欄埔趙仔辦真正偬真正偬，想卜入大哥可領令」以及「議卜二十名人大哥可領令」。整體來看，這首歌中的大哥級人物遠少於《辛酉一歌詩》，而且人名絕大多不相同。

（2）「眾好漢」、「眾兄弟」、「人馬」、「兵」

除了大哥級的人物之外，歌者對反抗政府的群眾，正面的稱呼有：「眾好漢」、「眾兄弟」、「眾百姓」、「人馬」、「兵」。負面的稱呼有：「賊仔」、「番軍賊馬」。

在《辛酉一歌詩》中，以大哥級的人物為主角，對一般的群眾描寫不多。有幾次反抗政府的軍隊為「人馬」，另有一次稱「賊仔」。事實上，「人馬」在《辛酉一歌詩》也用來稱呼官兵，以及戴軍的反叛者（黃豬哥、吳墻）的部隊；由此可見，作者似忽是採取一種比較中立的角度，盡量不偏袒任一方，也不刻意詆毀另一方。如：「人馬緊行緊大堆」、「人馬駐紮白沙墩」、「人馬一困咻，一困去，咻到諸羅山東門來為止」都是用來稱呼攻擊政府的軍隊。

在《相龍年一歌詩》中，對群眾的描寫比《辛酉一歌詩》多，稱謂也較多。正面的有：「眾好漢」、「眾兄弟」、「眾百姓」、「人馬」、「兵」。負面的有：「番軍賊馬」。

「眾好漢」是一種尊稱，一共有三次，都是用來指稱戴潮春的手下。歌詞如下：「戴萬生相招著相議，眾好漢聽一見。頭鬃拼咧纏，手袖拼咧別。」、「眾好漢入內領令旗」、「青天白日雨淋漓，眾好漢不敢去。」由此可見歌者欣賞這些人的反抗行為。

此外，有數次出現「眾兄弟」，一次是用來指稱臺灣府城中要去找周衣申

算帳的百姓，其它都是用來稱戴潮春的部眾。歌詞舉例如下：「眾兄弟等齊，就著去，掠卜周衣申受凌遲。」、「眾兄弟領兵三萬二」、「眾兄弟去到未幾時」、「眾兄弟看一見」，歌者模擬戴潮春的口吻時，也說：「勸轟眾兄弟，咱小錢銀著去趁。」顯然，歌者採取了與戴潮春同一立場的稱謂語。比兄弟再低一點的人，歌者以「兵」來稱呼他們，如：「眾兄弟領兵三萬二」、「戴萬生點兵人馬總萬千」、「一時發兵先打葫蘆墩」。此外，以「人馬」泛稱戴軍有兩次：「戲獅甲人馬無幾百」、「戴萬生點兵人馬總萬千」。

（3）「賊星」、「番軍賊馬」、「賊仔」

在《辛酉一歌詩》中，有一次稱戴軍中的群眾為「賊仔」：當臺灣鎮總兵林向榮被戴軍包圍斷糧時，從臺灣府城運來的糧草彈藥又被呂仔梓和吳墻率眾搶去，當這些人享用了一頓戰利品之後，歌者唱道：「賊仔食了就喝咻」，意思是說他們吃得很飽，又去找官兵挑釁。

又，《辛酉一歌詩》有兩次以「賊星」來指稱戴軍中的大哥：一次是稱「恁虎晟」，另一次是稱「啞狗弄」。兩次都是出現在這兩個人的根據地被官兵進久攻不下的時候，歌詞都是這樣：「賊星注伊要該敗」，星」就是星宿，賊星是說這兩個人都是賊星轉世投胎，歌者以天意的命定論來扭轉劇情，隨後，官兵就佔上風，並輕鬆打敗這兩個強悍的大哥。「賊」字顯然有貶意，同時歌者對這兩個人隨後被殺被分屍的遭遇，語氣也很平緩，甚至認為理所當然，如恁虎晟死之後，歌者接著唱道：「也著過刀即合理：裂四腿四角頭去現示。」可見歌者的立場也不純然站在戴軍這邊，也許是陳弄與林晟的所有行為也不是很受百姓認同，因此對這兩個人有此負面的用詞。

在《相龍年一歌詩》中，有兩次稱群眾為「番軍賊馬」。句子如下：「孔道台、周衣申暢飲吟詩未已時，人報番軍賊馬滿滿是。」、「賊馬留留去留行，行到杉行口。」都是用來指稱要去找周衣申和孔道台算帳的百姓，這裡採用了官方的立場。「番」是清朝對臺灣原住民的稱呼，「番軍」一詞反映出當時也有原住民加入反抗陣營，可能是住在臺灣府城的平埔族群西拉雅族人也說不定。

從對反抗政府的入物的稱謂語看來，《辛酉一歌詩》與《相龍年一歌詩》都是比較認同戴潮春的陣營，特別是《相龍年一歌詩》更是如此。

2. 統治論述中的「台屬賊匪」、「匪徒」、「賊黨」、「逆匪」、「會匪」

不同於《辛酉一歌詩》與《相龍年一歌詩》的「大哥」、「眾好漢」；在統

治論述中，這些反抗政府的臺灣群眾被稱爲「匪」、「賊」、「小醜」、「逆」、「孽」。

（1）《大清穆宗毅皇帝實錄》與清國官員奏摺與文書

在《大清穆宗毅皇帝實錄》中，稱這些反抗政府的臺灣群眾爲「台匪」、「台屬賊匪」、「台屬匪類」、「臺灣小醜」、「匪徒」、「匪眾」、「賊黨」、「逆匪」、「會匪」、「群醜」；他們的根據地被稱爲「賊莊」、「賊巢」、「賊寨」、「賊營」、「巢穴」、「逆莊」、「匪莊」。〔註138〕

閩浙總督慶瑞的奏摺中，稱這些反抗政府的臺灣群眾爲「匪徒」、「賊」、「賊匪」。〔註139〕臺灣道台丁日健在奏摺與信函中，稱這些反抗政府的臺灣群眾爲「群賊」、「股匪」、「匪徒」、「台匪」、「跳樑小醜」、「醜類」、「匪犯」、「匪黨」、「逆匪」、「土匪」、「會匪」；他們的根據地被稱爲「賊莊」、「賊巢」。〔註140〕福建陸路提督林文察在奏摺中稱這些反抗政府的臺灣群眾爲「彰逆」、「逆匪」、「逆犯」、「匪」、「逆」、；他們的根據地被稱爲「賊巢」。〔註141〕

（2）林豪《東瀛紀事》（1870）、吳德功《戴案紀略》（1894）、蔡青筠《戴案紀略》（1923）

林豪《東瀛紀事》、吳德功《戴案紀略》、蔡青筠《戴案紀略》稱這些反抗政府的臺灣群眾爲「會黨」、「賊」、「逆」、「匪」；他們的根據地被稱爲「賊營」、「賊莊」、「賊巢」。

（3）陳肇興《咄咄吟》（1862～1863）、林占梅《潛園琴餘草》、吳子光《一肚皮集》（1875）

在彰化舉人陳肇興在詠史詩《咄咄吟》中，稱這些反抗政府的臺灣群眾爲「匪」、「賊」、「群盜」、「逆」、「賊寇」。將他們比擬爲「妖」、「黃巾賊」、「狐

〔註138〕見《大清穆宗毅皇帝實錄》（臺灣銀行經濟研究室/編，《清穆宗實錄選輯》，南投：臺灣省文獻委員會/印行，1997.6.30，pp.19～21、25～26、31、34～36、38～39、45～48、51、54～57、61、83～84、91、96）。

〔註139〕見閩浙總督慶瑞同治1年（1862）4月24日〈奏爲臺灣彰化縣轄會匪滋事遴委大員馳赴督勦恭摺〉、同治1年6月4日〈奏再臺灣彰化縣轄會匪滋事摺〉（《清宮月摺檔臺灣史料（一）》，國立故宮博物院藏清代臺灣文獻叢編，台北：國立故宮博物院/出版，1994.10初版，pp.442～443、447～448）。

〔註140〕詳見丁日健《治台必告錄》（下）（臺灣銀行經濟研究室/編，南投：臺灣省文獻委員會/印行，1997.6.30，pp.418～420、422、424、426、428～429、431～433、436～437、441、447、461、467、470、477～478、597）。

〔註141〕林文察所上奏摺資料轉引自黃富三《霧峰林家的興起——從渡海拓荒到封疆大吏（1729～1864）》（台北市：自立晚報社文化出版部/出版，1987.10，pp.232、292、295）。

鼠」、「狼狐」。〔註142〕

在新竹文人林占梅的詩集《潛園琴餘草》中，稱這些反抗政府的臺灣群眾爲「賊」、「盜賊」、「逆」、「寇」。將他們比擬爲「妖」、「黃巾賊」、「么魔螻蟻」、「狼豕」、「跳梁小醜」、「群醜」、「釜魚穴蟻」。〔註143〕

廣東文人吳子光（1819～1883）《一肚皮集》，稱這些反抗政府的臺灣群眾爲「賊」、「寇」、「逆賊」、「賊黨」、「群兇」。〔註144〕

以上說法如出一轍，從清國君臣眼中看來，這些膽敢挑戰統治者的人都是大逆不道的逆賊，都是自不量力的敗類。而臺灣人林文察、陳肇興、林占梅，也是站在統治者的角度論述。

3.《新編戴萬生作反歌》中對戴軍的稱呼

在《新編戴萬生作反歌》中，對加入戴軍的群眾，有數種稱呼，分類如下：

（1）「賊」、「賊匪」、「逆賊」、「賊虫」、「賊子」、「賊匪黨」、「賊黨」、「賊兵」

《新編戴萬生作反歌》對戴軍的稱呼，在前半段，較少稱他們爲「賊」，但是，在後半段，卻都以負面的「賊」來稱呼他們，如：「來到半路『賊』來截」、「設計破『賊』報清王」、「『紅頭』雖多係『賊虫』」、「『賊匪』聞知心膽寒」、「『賊匪』死守」、「『賊子』喪膽又寒心」、「今日『賊匪』既殺敗」、「『賊匪』心驚不敢戰」、「內山『賊匪』」、「『賊匪』詭計多」、「『逆賊』心不良」、「『賊』多攻不破」、「『賊匪』不仁心」、「阿鹿也是『賊匪黨』」、「滿城『賊子』亂忙忙」、「又招『賊黨』攻彰化」、「『賊兵』初到銳難堪」。並稱他們的軍營爲「賊營」，如：「奪有『賊營』兩三個」、「廖鳳火房『賊營』近」、「南坑『賊營』」、「快去結水蔭『賊營』」、「『賊營』堅固攻不通」。從這些敘述可以發現，這是呼應統治論述的說法。

像「賊」這樣的稱呼，在《辛酉一歌詩》中雖然也有，但是很少見，而且如此稱呼的時候，批判也不如《新編戴萬生作反歌》來得強。而在《相龍

〔註142〕詳見陳肇興《咄咄吟》（《陶村詩稿》，南投：臺灣省文獻委員會／印行，1978.6，卷七、卷八，pp.91～138。）

〔註143〕見林占梅《潛園琴餘草簡編》（臺灣銀行經濟研究室／編，臺灣文獻叢刊第202種，1964.11，pp.130～132、137、141～144、152）。

〔註144〕見吳子光《臺灣遊記》（臺灣銀行經濟研究室／編，臺灣文獻叢刊第36種，1959.2，pp.24、51～53、56、58、111）。

年一歌詩》中，則完全沒有這種負面的稱呼。

（2）「紅頭」

由於戴軍頭包紅布，因此《新編戴萬生作反歌》中有多處以「紅頭」來稱呼戴軍。如：「『紅頭』失命十數條」、「『紅頭』雖多係『賊蟲』」、「就罵『紅頭』無彩工」、「不怕『紅頭』陣高強」、「『紅頭』無計讚石鑼」、「『紅頭』暗約毒心事」、「『紅頭』盤問詐耳聾」、「『紅頭』晉見心都虛」、「唬得『紅頭』失了魂」。從這些例句看來，以「紅頭」來論述戴軍時，似乎都是一些不好的情況，或是對戴軍有所批評的句子；「紅頭」一詞並不是很正面的稱呼。這種稱呼在，在《辛酉一歌詩》與《相龍年一歌詩》中，未曾見到。

（3）「兄弟」、「大會」、「人馬」、「兵」、「軍士」

《新編戴萬生作反歌》對戴軍的稱呼也有許多中立或正面的用詞，如：以「大會」、「人馬」稱戴軍的會眾，例如：「『大會』攔途在三庄」、「『大會人馬』就來圍」、「城內『大會』拾有玖」、「斷約『人馬』半夜來」、「先鋒『人馬』都過去」、「『大會』聽知心甚疑」、「『人馬』出到伯公下」、「點倒『人馬』來對陣」、「『大會』細作來探聽」、「初四『大會』到河東」、「帶等『人馬』就走裡」。

又，由於戴潮春已在彰化縣立國，因此，將他的軍隊與官兵都稱爲「兵」、「軍士」，這是不偏祖任何一方的說法。如：「彩龍帶『兵』就起行」、「午時交『兵』戰到暗」、「兩邊『軍士』看到呆」。

此外，《新編戴萬生作反歌》有少數幾句，以「兄弟」來稱呼戴軍，如：「『眾位兄弟』若來到」、「到位『兄弟』暗傳明」、「『兄弟』各各共心機」。兄弟一詞顯得比較親切與認同。

整體來講，《相龍年一歌詩》對戴軍人物的稱呼都是正面的論述，而且時常語帶尊敬；《辛酉一歌詩》雖然偶而有以「賊」來稱呼戴軍，但是大多數尊稱戴軍首領爲「眾大哥」，稱股眾爲「人馬」；而《新編戴萬生作反歌》則以負面的「賊」來得最多，而且在論述上，也對戴軍人物批判較多。

三、對百姓和戴潮春等人武裝反抗政府的看法

聚眾公然攻擊官員、反抗政府，從統治者的角度來看，是亂黨逆賊，大逆不道，禍及子孫。但是，在《辛酉一歌詩》與《相龍年一歌詩》中，卻不見得認同統治者這種觀點。

1.《辛酉一歌詩》與《相龍年一歌詩》的論點

（1）「謀反的代誌」、「謀出一代誌」、「反亂」、「叛反」、「反」

在《辛酉一歌詩》中，一開始是站在官員的立場，以「謀反」來認定戴潮春組織天地會的舉動，如：孔道台要官員辦戴潮春時，就說：「爲此戴萬生這個臭小弟，招那天地會，就是謀反的代誌。兩邊文武滿滿是，誰人敢辦伊？取伊首級來到此，行文再賞頂戴來厚伊。」這時戴潮春都還沒叛變，官府就可以下令將他斬首。但是整首歌的內容，卻很少用「謀反」加在戴潮春這些反抗軍身上。直到講到福建陸路提督林文察（林有理）要回來臺灣平亂，才又使用「反亂」這種負面的詞語。句子如下：「探聽臺灣置反亂，五人點兵過來要平臺灣。」後來，張三顯舉青旗起義，歌者也以「反」來形容他的舉動：「三顯生氣相招反青旗」。

在《辛酉一歌詩》的結尾，與《新刊臺灣陳辦歌》一樣，都訴諸道德教化，勸聽眾不要顛覆政府。《辛酉一歌詩》最後以「謀反」、「叛反」來定位戴潮春等人的起義，唱道：「此歌是實不是虛，留得要傳到後世，勸人子兒不當叛反的代誌。若是謀反一代誌，拿來活活就打死；不免官府受凌遲、田園抄去煞伶俐。」表面是勸人不要謀反，實際上是在告訴大家：如果謀反就會失去生命、財產、家園。也就是說，勸人不要謀反，不是因爲統治者至高至尊，也不是因爲官府本來就不能推翻；而是因爲輸在形勢比統治者弱，不得不忍耐。

在《相龍年一歌詩》中，則是站在百姓的角度，指出臺灣府城的百姓因爲無法忍受貪官污吏，所以決定「謀反」。歌詞如下：「三郊頭、五大姓。相招眾百姓來參議。未知眾百姓心內怎主意？眾百姓聽一見，眞不願，一時傳批甲謀反。」首先百姓先自行出馬，武裝自己前去找周衣申算帳；因爲能力不足，於是進一步決定「招伊（戴潮春）謀出一代志」，這裡並沒有加上「反」字。

（2）「『天地』乘勢遍地起」、「戴潮春的天年」

在《辛酉一歌詩》中，對戴潮春能夠成爲武裝民兵的老大，歌者採取天命的看法。如：寫到同治 1 年（1862）3 月 18 日，淡水廳同知秋日覬被殺之後，「『天地』乘勢遍地起」，以乘「勢」而起的角度來看戴潮春的起義，戴潮春自己也這麼認爲：「這就巧這就奇！我也無通批，頂下縣四散攏總是紅旗。該是我戴潮春的天年！」此外，當淡水廳同知秋日覬出發要去剿辦戴潮春時，彰化縣城內的百姓還流傳一首「讖語」：「雷鳴秋會止、秋鳴漓淋漓、三月十八破大墩、大小官員會攏死。」以天意不可違的神秘色彩，來合理化戴潮春

的起義。

　　而在《相龍年一歌詩》中，沒有看到訴諸天命的論述，但是對於戴潮春斬殺孔道台、周衣申的行為，歌者感嘆：「天地多未平」，顯然這是一個亂世。並指出官員被殺頭是他們自己活該，百姓都很高興。在這一首歌中，認為只要統治者不公不義，剝削人民；人民就可以起義反抗統治者，而不需要天意的安排。

　　2.《新編戴萬生作反歌》中的「戴萬生作反」

　　《新編戴萬生作反歌》指出戴潮春「作反」，並在戴潮春死後嘲笑他造反不成；不過，在這首歌中，指出戴潮春本人無意作亂造反，他組會黨純粹是自我防衛。戴潮春造反的導火線有四：一是林天河誣陷他造反；二是臺灣鎮道被林文察收買，硬是要以造反罪名剿辦他；三是戴潮春的兄弟批評「官府來迫反」，指出絕大多數的民心都向著戴潮春，建議他造反；四是林晟殺害秋日觀，局勢大亂，戴潮春因此被林晟拖累。

　　從以上的論述，可以發現《新編戴萬生作反歌》對於反抗政府、推翻政府等行為，抱持著否定的態度；不像《辛酉一歌詩》與《相龍年一歌詩》認為統治者若是不公不義、貪污腐敗，百姓就可以起來抗暴。不過，《新編戴萬生作反歌》對於謀反者戴潮春被逼上造反一途的諸多描寫，也反映出作者對造反者處境的同情。

第三節　《辛酉一歌詩》與《相龍年一歌詩》對官兵的詮釋

　　在《辛酉一歌詩》中的清國官員，被敘述較多的人物是：臺灣道台孔昭慈、臺灣鎮總兵林向榮、福建陸路提督林文察、淡水廳同知秋日觀、前北路協副將夏汝賢、官職不詳的周維新，其中以林向榮和孔昭慈的篇幅最多，在歌中死亡的有臺灣道台孔昭慈、臺灣鎮總兵林向榮、淡水廳同知秋日觀、前北路協副將夏汝賢。

　　在《相龍年一歌詩》中的清國官員，被敘述較多的人物是：臺灣道台孔昭慈、將軍周衣申（周維新），這兩位官員在這首歌中所佔的篇幅比《辛酉一歌詩》還多，敘述也更生動；兩人在歌中都被戴潮春所斬殺。周衣申（周維新）在《辛酉一歌詩》中只寫到他逃亡避難；但在《相龍年一歌詩》中，寫

他第一次逃亡，後來還是被戴潮春斬殺，百姓對他們的死感到十分高興。

　　《辛酉一歌詩》與《相龍年一歌詩》這兩首歌中，尚有一些官員的姓名被提及，但是因為沒有進一步的敘述，所以，在此就省略不討論。

一、對個別官員的描寫

（一）臺灣道台孔昭慈（？～1862）

　　孔昭慈在咸豐 4 年（1854）到 6 年（1856）間任職臺灣府北路理番鹿仔港海防捕盜同知，咸豐 6 年（1856）到 8 年（1858）任職臺灣府知府，咸豐 8 年（1858）3 月升任福建分巡臺灣兵備道。〔註 145〕同治 1 年（1862）3 月 20 日左右，死在彰化縣城。

1.《辛酉一歌詩》與《相龍年一歌詩》中的孔道台

　　在《辛酉一歌詩》和《相龍年一歌詩》中，對臺灣道台孔昭慈的敘述都比戴潮春還多，這兩首歌都從臺灣道台孔昭慈上任不久，因為清國援台的官銀未到，導致無法發官兵的薪餉寫起，突顯孔道台的困境。接著孔道台找來周維新（周衣申）商議，於是咸豐 11 年（1861）臺灣開始設釐金局，對百姓開徵釐金。孔昭慈對於這一種將政府財政困窘的難題轉嫁給百姓的做法很開心，在《辛酉一歌詩》中，唱道：「孔道臺聽著笑微微，荷老周維新好計智。」在《相龍年一歌詩》中，更進一步唱道孔道台因此開心得稱讚周衣申，說他「好計智」、「恩大如天」，事成之後還要將「朝廷國法」交給周衣申處理，要為他上奏皇帝，賞賜他高官。顯然是兩人私相授受，利益交換。

　　臺灣府城百姓在咸豐 11 年（1862）7 月（西曆）罷市抗議。除了罷市抗議以外，從歌中百姓對孔昭慈的怒罵，顯見孔道台在臺灣百姓心目中的地位。在《辛酉一歌詩》中，百姓痛罵：「孔道臺做官貪財利」，認定他是要「剝削百姓錢」；在《相龍年一歌詩》中，百姓和郊商除了痛罵：「孔道台做官貪財利」，更進一步策畫「謀反」行動。從歌中的敘述內容，可見這兩首歌的作者雖然批叛孔道台剝削百姓，但是對於他「無錢可用」的困境也有著生動的描

〔註 145〕孔昭慈的生平參見以下資料：《臺灣通志》〈職官・文職〉（《臺灣方志集成・清代篇——第一輯》，高賢治/主編，第 28 冊，臺北：宗青圖書出版公司/印行（轉印自：臺灣銀行「臺灣文獻叢刊第 73 種」），上冊 p.351）、許雪姬/總策畫《臺灣歷史辭典》【附錄】（台北：遠流出版事業有限公司/編輯製作，行政院文化建設委員會/發行，2004.5.18 一版，pp.A087、A092、A103）。

述，多少也同情他的困境。

《相龍年一歌詩》指出戴潮春之所以會起義，導火線在於孔昭慈剝削百姓，於是由臺灣府城百姓請出戴潮春來推翻官府。

在《辛酉一歌詩》中則不是這麼寫。在這首歌中，接著寫到孔昭慈擔心臺灣府城百姓報仇，於是孔道台「心肝內假無意」，藉機北上彰化縣鹿港鎮找郊商籌錢。行經嘉義縣時，孔道台發現彰化縣鹿港鎮有動亂，他「十分心驚疑」，之後發現是戴潮春的天地會眾在作亂，但是他也只能硬著頭皮前進。到彰化縣城之後，孔道台召集大小官員，商討剿辦戴潮春謀反的事，這時，戴潮春的會眾雖在許多地方鬧事，但卻還沒有到要推翻政府的程度；但是孔道台站在官方的立場，直接將他們的行為等同於「謀反」。於是，孔道台派遣淡水廳同知前去「戴萬生的首級」，才因此被天地會眾包圍，又因此致使保護官員的林晟反叛官府。從《辛酉一歌詩》中的敘述看來，孔昭慈派官兵去剿辦天地會眾與戴潮春，才是引發這場起義的導火線。

在《辛酉一歌詩》中，孔昭慈落得「吞金」自殺的下場。他死前曾經逃亡到蕃薯寮這個地方，而不是死在英勇對抗戴軍的戰鬥中。身為官員的首領，孔昭慈畏敵而自殺的作法，顯然不稱職。在《相龍年一歌詩》中，孔昭慈死於他殺，他的頭被戴潮春砍成兩半，歌者唱道「今日割肉殺頭正合該」，還說眾人對於孔道台的死，「暢心甲歡喜」。在《辛酉一歌詩》與《相龍年一歌詩》中，臺灣道台孔昭慈是一位剝削百姓的貪官。

2. 統治論述中的孔道台

（1）《大清穆宗毅皇帝實錄》與清國官員奏摺與文書

咸豐11年（1861）閩浙總督慶瑞對孔昭慈的考核評語爲：「年58歲，山東曲阜縣進士，該員結實可靠，老練精明。」〔註146〕這一段評語對孔昭慈是很大的誇獎，但是與《辛酉一歌詩》與《相龍年一歌詩》中的孔昭慈形象完全相反，歌中罵孔昭慈對百姓開徵釐金是「做官貪財利」的惡行；但是，從清國統治者的角度來看，清國的釐金制度是平定太平天國的權宜辦法，主要是爲了籌措軍費，因此，慶瑞評他「結實可靠」。再來，慶瑞評孔昭慈「老練

〔註146〕見閩浙總督慶瑞於咸豐11年（1861）9月30日〈奏爲遵旨酌保所屬各員恭摺・所保各員出具考語敬繕清單〉《清宮月摺檔臺灣史料（一）》，國立故宮博物院藏清代臺灣文獻叢編，臺北：國立故宮博物院/出版，1994.10 初版，p.439）。

精明」，孔昭慈欠錢懂得從百姓身上徵收，又力圖剿辦會黨，這似乎可以算是老練精明；然而，在《辛酉一歌詩》與《相龍年一歌詩》中，孔昭慈只是徒有小智，所以，欠軍餉他也只能發愁，還是周維新（周衣申）幫他想到開徵釐金的計策，在《相龍年一歌詩》中，甚至是他的妻子（孔夫人）替他出主意，安慰他別煩惱。又他在《辛酉一歌詩》中，因為害怕臺灣府城百姓報復，才自願替總兵林向榮北巡；半路發現鹿港有會黨鬧事，他一開始也是心驚膽跳。可見孔昭慈在《辛酉一歌詩》與《相龍年一歌詩》中，既不「結實可靠」也不「老練精明」。

　　閩浙總督慶瑞同治 1 年（1862）4 月 24 日〈奏為臺灣彰化縣轄會匪滋事遴委大員馳赴督勦恭摺〉指出：「匪首戴萬生結會滋事，臺灣孔昭慈督帶兵勇馳赴彰化勦捕」，「彰化縣城旋于二十日失守，孔昭慈不知下落。」〔註147〕在 6 月 4 日〈奏再臺灣彰化縣轄會匪滋事摺〉又指出：「彰化匪首戴萬生倡立添弟會名目造謠」，「本年三月初五日，臺灣道孔昭慈調募兵勇六百，循例春巡，順道赴彰勦辦」，「十八、十九兩日，賊以大股圍攻彰化縣城，孔昭慈、嘉義營參將夏汝賢、試用通判鈕成標督帶兵勇，登陴固守，槍炮齊施，傷斃賊匪多名」，「二十日黎明，縣城失陷，孔昭慈巷戰受傷，旋即仰藥殞命。」〔註148〕慶瑞報告說明孔昭慈死前曾與匪徒正面交火，還擊斃多名賊匪；後來又與賊匪「巷戰」，在近距離的肉搏戰中，孔昭慈因為受傷失去戰鬥力，立即服毒藥自殺。這段說明暗示孔昭慈是一位英勇不畏戰也不怕死的官員，他選擇剿辦會黨，而不是姑息養奸；衝突發生之後，他也沒有貪生怕死。但是在《辛酉一歌詩》與《相龍年一歌詩》中，卻沒有看到孔道台有英勇的表現，就連臺灣府城百姓的反抗，他也不敢法辦這些「暴民」，在《辛酉一歌詩》中，他更選擇逃跑，從危險的府城躲往彰化縣避難。

　　在《大清穆宗毅皇帝實錄》中，同治 1 年 4 月 24 日清穆宗諭引用閩浙總督慶瑞的奏摺：「臺灣彰化縣會匪滋事，臺灣道孔昭慈督兵剿捕，勇丁內變，

〔註147〕見《清宮月摺檔臺灣史料（一）》：「匪首戴萬生結會滋事，臺灣孔昭慈督帶兵勇馳赴彰化勦捕」，並令紳士林鳳成等募勇助戰。三月十七日遇賊于黎頭店，我軍連獲勝仗，詎林鳳成之勇內變，官兵均被殺害，彰化縣城旋于二十日失守，孔昭慈不知下落。」國立故宮博物院藏清代臺灣文獻叢編，台北：國立故宮博物院/出版，1994.10 初版，pp.442～443。
〔註148〕見《清宮月摺檔臺灣史料（一）》，國立故宮博物院藏清代臺灣文獻叢編，台北：國立故宮博物院/出版，1994.10 初版，pp.447～448。。

官兵被害，彰化縣失守，該道尙無下落。」〔註149〕同治 1 年（1862）5 月 11 日清穆宗下旨：「予福建彰化傷亡道員孔昭慈祭葬、世職加等。」〔註150〕同治 4 年（1865）5 月 18 日下旨爲孔昭慈建專祠，〔註151〕同治 4 年（1865）9 月 1 日又下旨賜孔昭慈諡號「剛介」。〔註152〕從孔昭慈死後的尊榮看來，清穆宗認爲孔昭慈沒有過失，而且爲國殉難，國家必須撫卹與爲他建立專祠。但是，在《辛酉一歌詩》與《相龍年一歌詩》中，百姓都爲孔昭慈的死感到歡欣鼓舞。由此可見這兩首歌的立場與統治論述截然不同。

（2）林豪《東瀛紀事》（1870）、吳德功《戴案紀略》（1894）、蔡青筠《戴案紀略》（1923）

林豪（1831～1918）《東瀛紀事》對孔昭慈的記載見於〈戴逆倡亂〉這一章。林豪指出孔昭慈字雲鶴，是山東曲阜人，進士出身。臺灣道孔昭慈由於聽到彰化縣「會黨滋蔓」，便在同治 1 年（1862）3 月 9 日北上，到彰化縣後，他立刻捉拿一位姓洪的總理，並將他處死；不過，林豪沒有交代這位總理被殺的原因。接著孔道台召淡水廳同知秋日覲到彰化「辦賊」。林豪接著寫到：「賊大懼，逆謀愈決。」顯示孔昭慈辦會黨時，會黨還沒有公開謀反，而是「官剿民反」。林豪站在統治者的預設立場，認爲會黨人士本來就是要謀反，只是官府的圍剿加速了會黨的謀逆。林豪認爲會黨「蓄謀已久」，及早剿辦隨然會加速會黨公開反叛，但是禍害較小；反之，慢一點剿辦雖然會黨會慢一點反叛，但是禍害較大。

林豪記載：3 月 17 日「賊黨」進攻彰化縣城，3 月 18 到 19 日左右，其間軍餉常無法如期發放，軍心因而鬆懈。孔昭慈派人通知鹿港人施九挺招募

〔註149〕見《大清穆宗毅皇帝實錄》（同治 1 年 5 月 18 日）（臺灣銀行經濟研究室/編，《清穆宗實錄選輯》，南投：臺灣省文獻委員會/印行，1997.6.30，p.24）。

〔註150〕見《大清穆宗毅皇帝實錄》（同治 1 年 5 月 11 日）（臺灣銀行經濟研究室/編，《清穆宗實錄選輯》，南投：臺灣省文獻委員會/印行，1997.6.30，p.24）。

〔註151〕見《大清穆宗毅皇帝實錄》同治 1 年 5 月 18 日：「予福建臺灣陣亡遊擊葉得茂等 31 員祭葬、世職，紳民兵勇 1319 名賞卹如例，一併附祀道員孔昭慈專祠。」（臺灣銀行經濟研究室/編，《清穆宗實錄選輯》，南投：臺灣省文獻委員會/印行，1997.6.30，p.93）。

〔註152〕見《大清穆宗毅皇帝實錄》同治 1 年 9 月 1 日：「追予福建臺灣殉難道員孔昭慈建立專祠，諡『剛介』。」（臺灣銀行經濟研究室/編，《清穆宗實錄選輯》，南投：臺灣省文獻委員會/印行，1997.6.30，p.99）。

千名壯勇救援，但是始終未見援軍。孔道台又誤信總理林大狗的建言，以為攻彰化縣城的「賊已就撫」，於是官員相賀，城守鬆懈，最後又因為義勇王萬引賊入城，造成彰化城淪陷。

林豪在書中批評孔昭慈固執己見又誤判形勢：其一是他的幕友汪季銘曾經極力勸諫，不要讓林晟護衛秋日覲去剿匪；孔昭慈不採納。其二是 3 月 17 日後，彰化縣城被賊黨包圍，孔昭慈主動問汪季銘的意見，汪季銘建議他突圍而出，退守鹿港，再調兵反攻；孔昭慈又不採納。等到 3 月 20 日彰化城淪陷後，孔昭慈再度問汪季銘的意見，汪季銘只寫了「朝聞道夕」四個字；孔昭慈知道汪季銘回答他：死路一條，於是就在傍晚「仰藥死」。〔註153〕

在閩浙總督慶瑞的奏摺中，指出孔道台曾經奮勇與賊交戰，還曾擊斃多名匪徒；但是在林豪《東瀛紀事》中，完全沒有這方面的記載，林豪的記載著重在突顯孔昭慈的「有勇無謀」，有勇是指他敢辦會黨，無謀是說他決策嚴重出錯。關於孔昭慈的錯誤決策，林豪有以下的批判：「彰邑之亂，雖曰天意，要亦人謀之不臧也。」〔註154〕「人謀」指的就是孔昭慈的決策。首先，他批評不應該讓與秋日覲有過節的林晟，帶勇隨秋日覲剿匪，同行的林奠國（林天河）〔註155〕也與林晟有計舊仇，根本不可能合作。再來，「官軍並出，邑治空虛」，造成彰化縣城被攻擊，這是孔昭慈「輕舉之失」。又，他主動問汪季銘意見，又不能聽從；又公然在市井之間張貼緝匪的懸賞公告，公開召禍；過於輕忽「方張之寇」，造成「賊膽愈橫」；被圍困時又期待「嗜利之徒」來救援，援兵難以召募；在危急時刻又減兵餉，造成軍心不穩；又以「內寇」王萬為心腹，造成禍起城內……。

最後，林豪指出孔昭慈等官員是「未嘗經事之書癡」，對於地方突來的變故，欠缺實務經驗。林豪認為孔昭慈是「庸劣之流」，「胸無一策，貽誤眾生。至於身攖世禍，求生不能，乃以一死塞責者，正未可因其死事之微，而寬其誤事之罪也。」林豪對孔昭慈的嚴厲批評，對照慶瑞對孔昭慈的報告，以及清穆宗豪不追究孔昭慈的失職，還為他建專祠的做法，又是兩個極端。

〔註153〕詳見林豪《東瀛紀事》（臺灣銀行經濟研究室/編，臺灣文獻史料刊第七輯，1957.12，pp.3～4、5、9）。
〔註154〕林天河就是林文察的叔叔林奠國，林豪誤將林天河記為「林天和」。見林豪《東瀛紀事》（臺灣銀行經濟研究室/編，臺灣文獻史料刊第七輯，1957.12，p.9）。
〔註155〕見林豪《東瀛紀事》（臺灣銀行經濟研究室/編，臺灣文獻史料刊第七輯，1957.12，p.9）。

吳德功（1850～1924）的《戴案紀略》對孔昭慈的記載承襲林豪的說法。〔註156〕吳德功對孔昭慈也是持批判的態度，見解與林豪大同小異。他指出孔昭慈派秋日覲出兵剿賊，「亦可謂得人矣」。但是，孔昭慈應當一開始就斬殺王萬，不應該姑息養奸；當彰化城中精兵盡出又遭攻擊時，孔道台爲何不「請紳民以召民兵爲守陴之計」？當時有貢生陳捷魁以蠟丸藏密告，暗示會有變故發生，卻反而被官府關入監獄，毫無防範之心；又不聽汪寶箴（字季銘）〔註157〕的建議，坐困愁城，使得百姓流離。最後，吳德功以「惜哉」來批評孔昭慈。〔註158〕

蔡青筠（1868～1927）的《戴案紀略》對孔昭慈的記載承襲林豪與吳德功的說法。他對孔昭慈也持批判的態度。〔註159〕蔡青筠指出：「孔道雖仕台有年，然平日徵歌選色，未膺鋸艱；其所爲形跡，故老類能言之。觀其用人之柄鑿，可見其識之昏庸。」〔註160〕

林豪、吳德功、蔡青筠的說法與《辛酉一歌詩》與《相龍年一歌詩》最大的不同在於：林豪、吳德功、蔡青筠認爲戴潮春的天地會蓄意謀逆在先，孔昭慈剿辦會黨的初衷值得肯定，孔昭慈錯在決策失當，用人不智。而《辛酉一歌詩》與《相龍年一歌詩》則指出是因爲孔昭慈剝削百姓，才會有天地會眾的聚眾反叛，認爲是官逼民反，孔昭慈罪該萬死；戴潮春等會黨則是爲民伸張正義的大哥。

（3）陳肇興《咄咄吟》（1862～1863）、林占梅《潛園琴餘草》、吳子光《一肚皮集》（1875）

以下討論文學作品中的孔昭慈形象，以與《辛酉一歌詩》與《相龍年一歌詩》作一比較。

陳肇興（1831～1876後）〔註161〕詠史詩《咄咄吟》中有一首〈孔觀察殉

〔註156〕詳見《吳德功先生全集：施案紀略、戴案紀略、讓台記》（南投：臺灣省文獻會，1992.5.31，pp.4、6、7、8～9）。

〔註157〕汪寶箴，字季銘，引自陳肇興《咄咄吟》（《陶村詩稿》，南投：臺灣省文獻委員會/印行，1978.6，卷七、卷八，p.95。）

〔註158〕詳見《吳德功先生全集：施案紀略、戴案紀略、讓台記》（南投：臺灣省文獻會，1992.5.31，p.9）。

〔註159〕詳見蔡青筠《戴案紀略》（臺灣文獻叢刊第 206 種，臺灣銀行經濟研究室/編印，台北：臺灣銀行/發行，1964.11，pp.3～4、6）。

〔註160〕詳見蔡青筠《戴案紀略》（臺灣文獻叢刊第 206 種，臺灣銀行經濟研究室/編印，台北：臺灣銀行/發行，1964.11，p.4）。

〔註161〕陳肇興的生卒年採用林翠鳳的說法，詳見：林翠鳳《陳肇興及其《陶村詩稿》之研究》（台中：弘祥出版社/發行，1999.8，pp.4～5）。

節詩）〔註162〕，詩中極力歌頌孔昭慈，並爲他招魂。陳肇興誇孔昭慈是中流砥柱，他的自殺是「千秋存大節，一死表孤忠」的行爲；死前還「罵賊皆皆裂，憂民淚未終」。由於孔昭慈與中國儒家先師孔丘（字仲尼）同爲山東曲阜人，又同姓，陳肇興還將他比附孔子，極力贊揚他是「節義」之人。

　　將陳肇興的說法與林豪、吳德功、蔡青筠的記載相對照，顯然陳肇興是對孔昭慈的誇獎過於濫情與不實，但卻近似閩浙總督慶瑞的奏摺。若再與《辛酉一歌詩》與《相龍年一歌詩》作一比較，更是天壤之別。

　　林占梅（1821～1868）的詩集《潛園琴餘草》對孔昭慈的敘述只有一句，見於〈聞警戒嚴作〉：「大星黯淡落空營」。林占梅自注：「鎭、道皆殉難。」「大星」是指孔昭慈和林向榮。〔註163〕「大星」是一種尊稱。

　　吳子光（1819～1883）《一肚皮集》中對孔昭慈的記載也只有三句，見〈奉旨建坊入祀昭忠祠贈忠信校尉羅公傳〉：「會臺澎觀察孔公昭慈巡海駐彰，檄淡水秋雁臣司馬治之」、「前後殺鎭道以下官十餘員」。吳子光尊稱孔昭慈爲「孔公」，指出孔道台被戴潮春等賊黨所殺。〔註164〕

3.《新編戴萬生作反歌》中的孔道

　　《新編戴萬生作反歌》對臺灣道孔昭慈的描寫，集中在同治1年3月，從他與總兵聯手出兵彰化縣，剿辦戴潮春；到同年3月20日他在彰化縣城內自殺身亡。作者指出：「孔道文官武不通」，因此派淡水廳同知秋日覲當先鋒，帶兵剿辦戴潮春。孔道台守在彰化縣城內，3月20日戴潮春要進入彰化縣城時，下令如果捉到孔道台，不可以殺他，戴潮春要和他商討「作反」，「一心要他來作主」；沒想到孔道台卻自殺身亡。

　　《新編戴萬生作反歌》對孔道台的描寫很少；而在《辛酉一歌詩》、《相龍年一歌詩》中，孔道台所佔的篇幅卻非常多，而且被指出他「貪財利」，引發百姓抗議，但在《新編戴萬生作反歌》卻沒有論及這些。

（二）周維新、周衣申（將軍）（？～1862）

　　周維新（周衣申）僅見於《辛酉一歌詩》與《相龍年一歌詩》中，未見

〔註162〕見陳肇興《咄咄吟》（《陶村詩稿》，南投：臺灣省文獻委員會/印行，1978.6，卷七、卷八，pp.94～95。）

〔註163〕見林占梅《潛園琴餘草簡編》（臺灣銀行經濟研究室/編，臺灣文獻叢刊第202種，1964.11，pp.132、141）。

〔註164〕見吳子光《臺灣遊記》（臺灣銀行經濟研究室/編，臺灣文獻叢刊第36種，1959.2，p.51）。

於統治論述中。因此本小節只討論歌仔中的周維新。

在《辛酉一歌詩》中，向臺灣道台孔昭慈獻計籌錢的人是周維新，官職不詳；在《相龍年一歌詩》中則說他是將軍周衣申。周維新與周衣申都可讀爲「Chiu I5-sin」，應是同一人。他在這兩首歌中與孔道台的對話不少，也是百姓的頭號必殺仇敵。

在《辛酉一歌詩》中，周維新因爲建議孔道台對臺灣府城商家課稅，讓孔道台贊賞不已，卻也導致府城商家痛罵他是「臭小弟」，指責他與孔道台「剝削百姓錢」，府城三郊行的頭家也痛斥他「無道理」，並下令：「將這周維新活活扐來打半死。」力挺百姓。於是百姓武裝自己，前去抓拿周維新，當周維新逃跑之後，歌者唱道：「周維新注得未該死」，以天意來解釋。但是，沒抓到周維新，百姓卻將他的住家夷爲平地，並取走所有可用之物。這種舉動，實在是搶奪他人財物。但是在《辛酉一歌詩》中完全沒有指責百姓太過火。最後，以百姓怒氣未消，「氣得搖頭合擺耳」來結束對周維新的描寫。周維新於是下落不明。

在《相龍年一歌詩》中，周衣申被稱爲周將軍，他建議孔道台從三郊商行下手，並表現出很強的政治野心，要孔道台將官府中大小事都交給他處理。如同《辛酉一歌詩》，引起百姓武裝反抗，痛罵周衣申是「奸臣」，並將他的家夷爲平地。由於周衣申逃過一劫，促使百姓請出戴潮春來起義，最後周衣申被戴潮春殺死，百姓歡欣鼓舞。

在《相龍年一歌詩》中，作者採取兩場立場的客觀呈現，周衣申的形象有正反兩極的評價。先是官府中的「小軍」與「孔夫人」都稱贊周衣申是一位「忠義」之人，孔道台更說他「恩大如天」。但是百姓卻氣得要將周衣申的頭割下來，打算抓他來凌虐至死。《相龍年一歌詩》的作者看似中立，其實是認同百姓的立場。

（三）臺灣鎮總兵林向榮（？～1862）

「林鎮臺」指的是臺灣鎮總兵官林向榮，福建同安人，於咸豐9年（1859）9月15日奉旨接任臺灣鎮。同治1年（1862）9月死於嘉義縣斗六門。

1.《辛酉一歌詩》與《相龍年一歌詩》中的林鎮台

林向榮，福建同安人，於咸豐9年（1859）9月15日奉旨接任臺灣鎮。

在《相龍年一歌詩》中，完全沒有敘述到臺灣鎮總兵林向榮；而在《辛

酉一歌詩》中，林向榮所佔的篇幅遠多於戴潮春，與孔昭慈並列為篇幅最多的兩大男主角，可惜，這兩位臺灣最高官員，在歌中的遭遇都以狼狽居多，而且都被戴軍逼得走投無路，比自殺了結；更不幸的是林向榮自殺沒有成功，只存一絲氣息的他，死前慘遭陳弄以殺豬刀加以屠宰。堪稱為所有官員中最為淒慘不堪的官員，而他卻又是當時臺灣最高軍事領袖，歌詞中對他極盡諷刺。

臺灣鎮總兵不能整年專駐府城，每年都必須巡視各地營伍，「乾隆 53 年（1788）林爽文事件平定後，規定總兵每年的巡查，北自淡水石門，南至鳳山水底寮。」〔註165〕在《辛酉一歌詩》中，林向榮先是不親自北巡，而將臺灣總兵極為重要巡視工作交給孔道台。隨後，當孔道台自殺死後，同治 1 年（1862）3 月下旬，報訊的人趕到府城去向林向榮求援，林向榮一聽怒氣沖天，整軍出發；從「人上多、點過精」這兩句，可見林向榮是精兵盡出。

從「林鎮臺人馬行路稀稀稀」這句，可見軍隊渙散，士氣低迷；而且第一次紮營休息，就被戴軍團團圍住，林向榮看到戴軍的紅旗高舉，竟然在軍營中暈倒，「腳風透腸」多種病併發。隨後臺灣府城接濟他的糧食有被戴軍搶奪一空，作者先是詳述糧食的豐富，接著寫到戴軍飽食一頓之後，又有精力與官兵交戰；之後寫到有官兵餓得偷摘菜葉，差點被嚴辦捉到，逃回軍營後屎尿流滿地。在這種對比之下，更突顯臺灣總兵林向榮的一籌莫展。

於是，林向榮決定棄營逃跑，官兵偽裝身分後，四散而去，林向榮急著逃命，途中還跌倒，十分狼狽；幸好他遇上同姓的林阿義，林阿義收了他的錢，滿心歡喜，帶他到鹽水港避難。直到戴軍中的黃豬哥與吳墻（吳仔墻）背叛戴軍，投降林向榮，才由他們帶領官兵前往解救嘉義縣城（同治 1 年 6 月 8 日）。可見，林向榮本身是無計可施。

林向榮 6 月到 8 月間一直留在嘉義縣城內，歌詞中寫道百姓的批評：「林鎮臺府內敢是無可喰？頂縣有紅旗、不敢去：駐站諸羅山拿人損番頭、渡飽過日子。」於是，林向榮再度怒氣沖天，馬上整軍出發。透過這一段描寫，可見林向榮還是不想被百姓看不起。可惜，林向榮再度出師不利，中途還被孩童觸霉頭。最後，官兵駐紮在斗六，卻再度被戴軍包圍，陷入斷糧困境，戴軍中的李

〔註165〕見許雪姬《清宮臺灣的綠營》〈第三章臺灣總兵官的職責〉（中央研究院近代史研究所專刊（54），臺北：國立中央研究院近代史研究所，1987.5 初版，p.171）。

龍溪竟然就請官兵中的臺灣屯勇，請林向榮棄營逃跑。從屯勇對李龍溪尊敬的態度，可見林向榮處境的艱難，結果林向榮一聽到屯勇的建議，第三次怒氣沖天，因爲害怕被戴軍凌遲而死，竟然決定要先自殺。同治 1 年（1862）9 月斗六門失守，身爲最高軍隊統帥，要死理當戰死沙場，可是，林向榮卻是畏戰自殺，這樣的呈現，讓林向榮尊嚴掃地。更慘的是，官兵中的臺灣屯勇一看到林向榮吞鴉片自殺快要死了，竟然火速將他抬送陳弄，歌者描述林向榮被屯勇扛著走的情形如下：「近來看、親像物、遠來看、親像呆子豬罟籠大豬。」可見，《辛酉一歌詩》的作者對林向榮不但不尊敬，更是十分鄙視。最後，林向榮就被陳弄以殺豬刀宰殺，陳弄還題了一首打油詩來嘲諷他。

在《辛酉一歌詩》中，林向榮可說是最不幸與窩囊的官員。

2. 統治論述中的臺灣鎮總兵林向榮

（1）《大清穆宗毅皇帝實錄》與清國官員奏摺與文書

在《大清穆宗毅皇帝實錄》中提及林向榮的地方並不多。〔註166〕

同治 1 年（1862）4 月 24 日清穆宗諭：「並飭總兵林向榮實力進剿」。〔註167〕同治 1 年（1862）5 月 4 日諭引福建巡撫徐宗幹奏〈臺灣匪徒滋事現籌剿辦情形摺〉：「總兵胡向榮到臺未久，恐難得力。」〔註168〕此處誤將林向榮寫成胡向榮，福建巡撫徐宗幹對林向榮剿匪的能力有所質疑，因此建議派熟悉臺灣的曾玉明帶兵渡台督辦。

同治 1 年（1862）6 月 4 日清穆宗諭引閩浙總督慶瑞奏〈查明臺灣會匪滋事情形摺〉：「總兵林向榮等聯絡泉莊，軍威已振」。〔註169〕

閩浙總督慶瑞在同治 1 年（1862）6 月 4 日〈奏再臺灣彰化縣轄會匪滋事摺〉爲林向榮無法援救彰化城，提出解釋：「臺灣鎮總兵林向榮所派援師，道梗無由得達。二十日黎明，縣城失陷。」〔註170〕但

〔註166〕詳見《大清穆宗毅皇帝實錄》（臺灣銀行經濟研究室/編，《清穆宗實錄選輯》，南投：臺灣省文獻委員會/印行，1997.6.30，pp.19～20、25、31、35～36、39～40、118）。

〔註167〕見《大清穆宗毅皇帝實錄》（臺灣銀行經濟研究室/編，《清穆宗實錄選輯》，南投：臺灣省文獻委員會/印行，1997.6.30，p.19）。

〔註168〕見《大清穆宗毅皇帝實錄》（臺灣銀行經濟研究室/編，《清穆宗實錄選輯》，南投：臺灣省文獻委員會/印行，1997.6.30，p.20）。

〔註169〕見《大清穆宗毅皇帝實錄》（臺灣銀行經濟研究室/編，《清穆宗實錄選輯》，南投：臺灣省文獻委員會/印行，1997.6.30，pp.25～26）。

〔註170〕見《清宮月摺檔臺灣史料（一）》，國立故宮博物院藏清代臺灣文獻叢編，台

是在同治 1 年（1862）8 月 28 日清穆宗諭：「總兵林向榮遷延不進，
坐耗餉需；亦經降旨暫行革職，仍責令會合嘉、彰兩縣士民聯莊堵
剿，以觀後效。」〔註171〕清穆宗將林向榮革職，指責他帶兵不力，
剿匪無勇；苦情的林向榮在不久之後死在斗六門。

關於林向榮死在斗六門的記載見於同治 1 年（1862）10 月福建巡撫徐宗幹奏〈臺
灣軍情復緊亟籌添兵濟餉前往援應摺〉，清穆宗在同治 1 年（1862）11 月 4 日
的諭中大發雷霆，指責徐宗幹先前奏稱：「林向榮攻毀潮洋厝等處匪巢，前赴斗
六一帶協剿。全台大局，尚為安定；各屬官民同心防禦，不至滋蔓為害。」清
穆宗痛批臺灣官員「徒事粉飾」、「日久無功」，並指出：「可見匪勢不少衰，我
軍守禦並未得力。」此時，清穆宗並要徐宗幹查明「林向榮及斗六軍營文武各
官下落」，可見林向榮下落不明。〔註172〕天高皇帝遠，官員奏摺送達清穆宗手
上通常多已過了一個月，在同治 1 年（1862）12 月 21 日清穆宗在諭中指出林
向榮當時出征時，「郡城精銳兵勇」全部被他帶去剿匪，結果，在斗六門戰役後，
「兵勇散亡」。〔註173〕由此可見，林向榮統兵無方，損兵又折將。

雖然林向榮沒有功蹟，但是在同治 1 年（1862）12 月 21 日清穆宗仍下旨：
「復福建臺灣陣亡已革總兵官林向榮原官」，並為他「祭葬」、給予「世職」。
〔註174〕過了六年之後，同治 7 年（1868）12 月 9 日清穆宗又下旨：「追予福
建臺灣陣亡總兵官林向榮建立專祠。」〔註175〕

（2）林豪《東瀛紀事》（1870）、吳德功《戴案紀略》（1894）、蔡青筠《戴
案紀略》（1923）

林豪（1831～1918）《東瀛紀事》以官銜總兵來尊稱林向榮，稱他為「挂
印總兵林向榮」、「林鎮」，書中對林向榮的記載篇幅比孔昭慈多出一倍以上。

北：國立故宮博物院/出版，1994.10 初版，pp.447～448。。

〔註171〕見《大清穆宗毅皇帝實錄》（臺灣銀行經濟研究室/編，《清穆宗實錄選輯》，
　　　　南投：臺灣省文獻委員會/印行，1997.6.30，p.31）。

〔註172〕見《大清穆宗毅皇帝實錄》（臺灣銀行經濟研究室/編，《清穆宗實錄選輯》，
　　　　南投：臺灣省文獻委員會/印行，1997.6.30，pp.36～37）。

〔註173〕見《大清穆宗毅皇帝實錄》（臺灣銀行經濟研究室/編，《清穆宗實錄選輯》，
　　　　南投：臺灣省文獻委員會/印行，1997.6.30，p.39）。

〔註174〕見《大清穆宗毅皇帝實錄》（臺灣銀行經濟研究室/編，《清穆宗實錄選輯》，
　　　　南投：臺灣省文獻委員會/印行，1997.6.30，p.40）。

〔註175〕見《大清穆宗毅皇帝實錄》（臺灣銀行經濟研究室/編，《清穆宗實錄選輯》，
　　　　南投：臺灣省文獻委員會/印行，1997.6.30，p.118）。

〔註176〕在同治1年3月20日彰化縣城淪陷後，林向榮先派遣安平協副將王國忠（嘉義人）、遊擊顏常春到嘉義協助守城。4月7日林向榮帶兵3000名，「全師北上」，4月9日在枋埤（崩埤，在今台南縣後壁鄉）紮營，被數萬名的戴軍攻擊，糧道被戴軍佔據，林向榮的軍隊潰散。5月臺灣道洪毓琛派官兵護送糧草救援林向榮，官兵卻在「荒野」遇到林向榮，當時他身邊「僅有二卒」，於是一起退守安溪寮（在今台南縣後壁鄉），5月9日移駐鹽水港（在今南縣鹽水鎮），「收合潰眾」。隨後林向榮率800名精兵救援被包圍了三個月的嘉義縣城，6月8日林向榮擊破賊營，進駐嘉義縣城。

　　7月，臺灣道洪毓琛催促他趕快進軍斗六門，林向榮「灑淚出師」。當時有人建議他走海路前往收復彰化縣，因為戴軍大多是漳州人，臺灣沿海莊民多是泉州人，對官府較有利，但是林向榮仍循漳州人較多的內山路線進軍。要駐軍斗六門時，副將王國忠建議他駐軍城外，反對駐軍斗六門街中，因為這樣容易被敵人團團圍住；但是林向榮不採納，隨後戴軍包圍斗六門，佔據官兵的糧道。林向榮和數千名兵勇困守斗六門，連戰爭的利器——戰馬都殺來裹腹。9月17日副將王國忠帶兵突圍，被戴軍生擒，死前還怒目痛罵戴軍。隨後，臺灣屯番引戴軍入城，林向榮「仰藥死」。

　　吳德功（1850～1924）的《戴案紀略》〔註177〕與蔡青筠（1868～1927）的《戴案紀略》〔註178〕對林向榮的記載與林豪大致相同，不再詳述。

　　關於林向榮的作為，林豪認為林向榮「舉足一誤，全局皆錯，用違其才，終至僨事」，是一位「不明地利、不諳民情」的人，這種人本不應擔任「大將」。林豪也批評臺灣道洪毓琛是一位「儒生」，不了解「斗六處群賊之中，非用武之地」；林向榮手握兵符，本可以否絕洪道的催促，但是他卻「驅三千人於必死之地」。相於對林向榮的嚴厲批叛，林豪稱讚副將王國忠是「海疆良將」，指出他是一位「守死善道、仁之至、義之盡」的人。

　　林豪對林向榮的記載與看法，與清國官員的奏摺大致相同，都認為林向榮的能力不足已剿亂，最後是吃毒藥自殺身亡。但是《辛酉一歌詩》中，林

〔註176〕詳見林豪《東瀛紀事》（臺灣銀行經濟研究室/編，臺灣文獻史料刊第七輯，1957.12，pp.10～11、25～27、30～33、40、57、59、61）。

〔註177〕詳見《吳德功先生全集：施案紀略、戴案紀略、讓台記》（南投：臺灣省文獻會，1992.5.31，pp.11～12、16～17、19、23～24、28～30、33、37、37、41）。

〔註178〕詳見蔡青筠《戴案紀略》（臺灣文獻叢刊第206種，臺灣銀行經濟研究室/編印，台北：臺灣銀行/發行，1964.11，pp.12～13、21、26、31～32、40、44、47）。

向榮自殺未果，最後被陳弄以殺豬刀分屍而死。對於林向榮懼敵而自殺一事，林向榮並沒有受到嚴厲批判。筆者以為，林向榮身為最高軍事領袖，理當與敵人頑強對抗，而他卻懦弱地服毒自殺，實在是對「總兵」一職的莫大的侮辱。

（3）陳肇興《咄咄吟》（1862～1863）、林占梅《潛園琴餘草》、吳子光《一肚皮集》（1875）

陳肇興（1831～1876 後）詠史詩《咄咄吟》〔註179〕中有一首詩〈九月十七日聞斗六失陷，總戎殉節，感賦二十韻〉〔註180〕，陳肇興在注中指出同治1年9月17日斗六門被攻破之後，「向榮仰藥而死，其妻在任聞訃，服毒殉之。」〔註181〕詩中吟詠林向榮，稱他為「千騎將」；稱戴潮春等人為「眾么麼」（眾妖魔）、「喪家狗」、「赴火蛾」。又稱讚林向榮自殺的行為無愧「大義」；而戴潮春等人的行為，百姓如同被「毒螫」一般痛苦。從這首詩可以見出陳肇興對林向榮的高度評價與《辛酉一歌詩》截然相反。

林占梅（1821～1868）的詩集《潛園琴餘草》對林向榮的敘述只有一句，見於〈聞警戒嚴作〉：「大星黯淡落空營」。林占梅自注：「鎮、道皆殉難。」「大星」是指孔昭慈和林向榮。〔註182〕「大星」是一種尊稱。

吳子光（1819～1883）《一肚皮集》中沒有對林向榮個人的記載。

3.《新編戴萬生作反歌》中的林總兵

在《新編戴萬生作反歌》有一位「休總兵」，他收受林文察的賄賂，要來臺灣剿辦戴潮春，「休總兵」可能是「林總兵」之誤寫。在同治1年他先是無計守住嘉義縣城，隨後又死在斗六，《新編戴萬生作反歌》批評他：「志謀不足害自身」，加上帶兵不機警嚴密，被敵人裡應外合所打敗。在這首歌中，林總兵所佔的篇幅很少，而在《辛酉一歌詩》中，林向榮被論述的地方甚多，但是，形象更狼狽不堪。

〔註179〕見陳肇興《咄咄吟》（《陶村詩稿》，南投：臺灣省文獻委員會/印行，1978.6，卷七、卷八，pp.91～138。）

〔註180〕見陳肇興《咄咄吟》（《陶村詩稿》，南投：臺灣省文獻委員會/印行，1978.6，卷七、卷八，pp.111～112。）

〔註181〕見陳肇興《咄咄吟》（《陶村詩稿》，南投：臺灣省文獻委員會/印行，1978.6，卷七、卷八，p.112。）

〔註182〕見林占梅《潛園琴餘草簡編》（臺灣銀行經濟研究室/編，臺灣文獻叢刊第202種，1964.11，pp.132、141）。

（四）淡水廳同知秋日覲（？～1862）

淡水廳同知秋日覲，字雁臣，浙江山陰人。咸豐 6 年（1856）10 月接任口葛瑪蘭廳通判，咸豐 7 年（1857）3 月轉任淡水廳同知，任期約 1 年；咸豐 11 年（1861）以前任職彰化縣知縣；咸豐 11 年（1861）再度接任淡水廳同知，同治 1 年（1862）3 月 19 日死於任內。〔註 183〕

1.《辛酉一歌詩》中的秋大老

在《相龍年一歌詩》中，完全沒有敘述到淡水廳同知秋日覲；而在《辛酉一歌詩》中，秋日覲也佔有少許篇幅，他的死開啓了戴潮春與林晟的起義。秋日覲先是在彰化縣城迎接北巡的孔道台，接著向孔道台強力推銷自己的勇猛能幹，駁斥夏汝賢打算對戴潮春妥協的建議，認爲戴潮春勢力不足懼怕，並指出當官不應該逃避剿辦戴潮春這種人。從這一段毛遂自薦的敘述，可見秋日覲的自信。可惜，他出師不利，竟然被孔道台增派去保護他的臺灣鄉勇背叛，最後被他的手下砍下腦袋。

《辛酉一歌詩》對秋日覲的死語帶嘲諷，說他死後不久，下起雨來，百姓說這是老天爺爲秋日覲流的眼淚；只是流下的不是傾盆大雨，卻是兩、三滴骯髒的雨滴而已。

2. 統治論述中的淡水同知秋日覲

（1）《大清穆宗毅皇帝實錄》與清國官員奏摺與文書

在《大清穆宗毅皇帝實錄》中論及秋日覲的地方很少。同治 1 年（1862）9 月 1 日清穆宗下旨：「予福建彰化殉難同知秋日覲」「祭葬、世職」。〔註 184〕清廷對秋日覲的死採取撫卹的正面作法；但是沒有進一步去討論秋日覲的功過。

閩浙總督慶瑞同治 1 年（1862）4 月 24 日〈奏爲臺灣彰化縣轄會匪滋事遴委大員馳赴督勦恭摺〉，指出戴潮春在彰化倡立添弟會，爲非作歹，3 月 17 日與官兵在犁頭店交戰，「我軍連獲勝仗」，但是慶瑞沒有指出帶隊剿匪的人是秋日覲，只在奏摺後面指出淡水同知秋日覲殉難。〔註 185〕在同治 1 年（1862）

〔註 183〕秋日覲在臺灣任官的資料詳見許雪姬/總策畫《臺灣歷史辭典》【附錄】（台北：遠流出版事業有限公司/編輯製作，行政院文化建設委員會/發行，2004.5.18 一版，pp.A107、A134、A114）。

〔註 184〕見《大清穆宗毅皇帝實錄》（臺灣銀行經濟研究室/編，《清穆宗實錄選輯》，南投：臺灣省文獻委員會/印行，1997.6.30，p.33）。

〔註 185〕見《清宮月摺檔臺灣史料（一）》，國立故宮博物院藏清代臺灣文獻叢編，台北：國立故宮博物院/出版，1994.10 初版，pp.442～443。

6月4日慶瑞〈奏再臺灣彰化縣轄會匪滋事摺〉中，他才明確指出孔昭慈「飭令淡水同知秋日覲率勇協勦」，「行至大墩地方，遇賊數千，我軍接仗獲勝。詎職員林晟所募之勇內受，兵勇傷亡甚多，秋日覲、游紹芳均被戕害。」〔註186〕關於秋日覲所率軍隊接連打勝仗的記載，未見於其它史料，可能是慶瑞粉飾官兵戰鬥力的謊話。

（2）林豪《東瀛紀事》（1870）、吳德功《戴案紀略》（1894）、蔡青筠《戴案紀略》（1923）

林豪（1831～1918）《東瀛紀事》對淡水同知秋日覲的記載不多。〔註187〕林豪指出秋日覲以前（咸豐11年以前）任職彰化縣知縣的時後，「以武健爲治，豪右屏息」；同治1年（1862）3月孔昭慈召他到彰化縣剿會黨，他「以辦賊自任」。3月17日他帶一千多名官兵前往大墩（在今台中市）剿辦會黨，林晟與林天和（林天河之誤寫，就是林奠國）在烏日莊（在今台中縣烏日鄉）曾與會黨交戰，到大墩之後，林晟手下的壯勇反戈相向，官兵退入民家的竹圍內。3月18日秋日覲被他的部下所殺。

在林豪的記載中，提及秋日覲的三名部下，其一是秋日覲平日很寵信的家丁「貓仔鹿」，他在大墩見官兵潰敗，搶先砍下秋日覲的腦袋，獻給戴潮春搶功；戴潮春見到秋日覲的首級，又驚嚇又後悔，痛罵貓仔鹿：「以奴殺主，大不忠也。」於是給錢後請貓仔鹿立刻遠行。其二是僕從顏大漢，他力戰而死；其三是15歲的幼僕小黃，秋日覲被殺後，他用身體保護秋日覲的屍體，爲秋日覲擋刀而死。

吳德功（1850～1924）的《戴案紀略》〔註188〕與蔡青筠（1868～1927）的《戴案紀略》〔註189〕對秋日覲的記載與林豪大致相同，不再詳述。

吳德功與蔡青筠在《戴案紀略》中都對秋日覲的死感到惋息，吳德功說：「以秋公之曾理煩劇，素時剛健精明，而致是失者，不可解也。」〔註190〕於

〔註186〕見《清宮月摺檔臺灣史料（一）》，國立故宮博物院藏清代臺灣文獻叢編，台北：國立故宮博物院/出版，1994.10初版，pp.447～448。。

〔註187〕詳見林豪《東瀛紀事》（臺灣銀行經濟研究室/編，臺灣文獻史料刊第七輯，1957.12，pp.4、9、54、58）。

〔註188〕詳見《吳德功先生全集：施案紀略、戴案紀略、讓台記》（南投：臺灣省文獻會，1992.5.31，pp.4～6、10）。

〔註189〕詳見蔡青筠《戴案紀略》（臺灣文獻叢刊第206種，臺灣銀行經濟研究室/編印，台北：臺灣銀行/發行，1964.11，pp.3～4）。

〔註190〕詳見《吳德功先生全集：施案紀略、戴案紀略、讓台記》（南投：臺灣省文獻

是吳德功指出這一次的變故，除了「人謀」不當，或許也有天意在。蔡青筠說：「獨惜秋公以精明強悍之材，而蹈輕敵妄出之弊；雖曰盡忠，無補國事。」〔註191〕認爲秋日覲輕舉妄動，白白喪失性命。

　　林豪、吳德功、蔡青筠三人記載的秋日覲形象，與《辛酉一歌詩》中力主剿辦會黨的秋日覲形象，極爲相近。無論在統治論述中，或是《辛酉一歌詩》中，秋日覲剛強不懼的行事風格，與畏敵而服藥自殺的孔昭慈、林向榮相比，秋日覲得到較多的尊敬。

　　（3）陳肇興《咄咄吟》（1862～1863）、林占梅《潛園琴餘草》、吳子光《一肚皮集》（1875）

　　陳肇興（1831～1876後）〔註192〕詠史詩《咄咄吟》與林占梅（1821～1868）的詩集《潛園琴餘草》，都未見秋日覲的記載。

　　吳子光（1819～1883）《一肚皮集》中對秋日覲的記載只有一句，見〈奉旨建坊入祀昭忠祠贈忠信校尉羅公傳〉：「會臺澎觀察孔公昭慈巡海駐彰，檄淡水秋雁臣司馬治之」。「淡水秋雁臣司馬」就是淡水廳同知秋日覲，字雁臣。〔註193〕

3.《新編戴萬生作反歌》中的秋分府

　　在《新編戴萬生作反歌》中，稱秋日覲爲「秋分府」，說他：「剛強又分明」，他在同治1年3月奉孔道台命令，帶兵剿辦戴潮春。林晟自願帶義勇當他的先鋒隊，秋日覲接受林晟，最後被林晟所殺。歌中批評秋日覲「不認眞」，竟然將昔日與他有仇的林晟收來當義民。《新編戴萬生作反歌》，也稱秋日覲爲「秋公」，對他雖有批評，但也有著尊敬。

　　關於秋日覲的死，《新編戴萬生作反歌》說是林晟殺了他；在《辛酉一歌詩》則說是林晟的手下反叛官兵，但是秋日覲是被他自己的手下所殺。

（五）前北路協副將夏汝賢（？～1862）

　　夏汝賢，咸豐11年（1861）曾任北路協副將，同治1年3月他的職務是嘉義營參將〔註194〕。他在咸豐11年曾勒索過戴潮春，結果，不但沒有成功，

會，1992.5.31，pp.5～6）。
〔註191〕詳見蔡青筠《戴案紀略》（臺灣文獻叢刊第206種，臺灣銀行經濟研究室/編印，台北：臺灣銀行/發行，1964.11，pp.4）。
〔註192〕陳肇興的生卒年採用林翠鳳的說法，詳見：林翠鳳《陳肇興及其《陶村詩稿》之研究》（台中：弘祥出版社/發行，1999.8，pp.4～5）。
〔註193〕見吳子光《臺灣遊記》（臺灣銀行經濟研究室/編，臺灣文獻叢刊第36種，1959.2，p.51）。
〔註194〕見《清宮月摺檔臺灣史料（一）》，國立故宮博物院藏清代臺灣文獻叢編，臺

還逼使戴潮春組會黨自保。

1.《辛酉一歌詩》與《相龍年一歌詩》中的夏協臺、夏大老

在《辛酉一歌詩》中，夏汝賢所佔的篇幅與秋日觀差不多。他先是在彰化縣城迎接北巡的孔道台，之後，當他一聽到孔道台說要派人去斬殺戴潮春時，他立刻下跪，告訴孔道台不可以出兵剿辦戴潮春，並建議孔道台找戴潮春來利益交換，封官職給戴潮春。可惜，秋日觀立刻極力批叛夏汝賢的想法，隨後，他還被孔道台派去剿辦戴潮春。《辛酉一歌詩》並沒有提到夏汝賢與戴潮春的恩怨，但是卻寫出夏汝賢對戴潮春的懼怕。

在《辛酉一歌詩》中，夏汝賢死於勦辦會黨途中，而且是自殺。《辛酉一歌詩》對夏汝賢比較友善，指出他的死是被「連累」的，顯然作者認為他本來是不需要死的。也許是因為夏汝賢主張與戴潮春和談，所以在歌中得到比較平和的敘述。

在《相龍年一歌詩》中，只有一句講到夏汝賢：「夏大老死了罪過」，指出他被戴潮春殺死，但是卻沒有說明詳情與原因。

2. 統治論述中的前北協副將夏汝賢

（1）《大清穆宗毅皇帝實錄》與清國官員奏摺與文書

在《大清穆宗毅皇帝實錄》中論及夏汝賢的地方只有一句。同治1年（1862）4月24日清穆宗諭：「其啓釁根由，並孔昭慈實在下落及副將夏汝賢等殉難情形，一併查明具奏。」〔註195〕閩浙總督慶瑞同治1年（1862）4月24日〈奏為臺灣彰化縣轄會匪滋事遴委大員馳赴督勦恭摺〉中指出「前署北路協副將夏汝賢」於3月20日彰化城被攻陷之後「殉難」。〔註196〕同治1年（1862）6月4日慶瑞〈奏再臺灣彰化縣轄會匪滋事摺〉對夏汝賢死前的英勇事蹟有以下記載：「十八、十九兩日，賊以大股圍攻彰化縣城，孔昭慈、嘉義營參將夏汝賢、試用通判鈕成標督帶兵勇，登陴固守，槍炮齊施，傷斃賊匪多名。」可見夏汝賢沒有懼敵潛逃，而是與敵人正面交戰。在3月20日之後，夏汝賢「遇害」。〔註197〕從遇害此一用詞，就可知戴潮春等人是「害」，是會害人的賊黨。

　　　　北：國立故宮博物院/出版，1994.10 初版，pp.443、448。
〔註195〕見《大清穆宗毅皇帝實錄》（臺灣銀行經濟研究室/編，《清穆宗實錄選輯》，南投：臺灣省文獻委員會/印行，1997.6.30，p.20）。
〔註196〕見《清宮月摺檔臺灣史料（一）》，國立故宮博物院藏清代臺灣文獻叢編，台北：國立故宮博物院/出版，1994.10 初版，pp.442～443。
〔註197〕見《清宮月摺檔臺灣史料（一）》，國立故宮博物院藏清代臺灣文獻叢編，台

　　（2）林豪《東瀛紀事》（1870）、吳德功《戴案紀略》（1894）、蔡青筠《戴
　　　　案紀略》（1923）

　　林豪（1831～1918）《東瀛紀事》對夏汝賢的記載篇幅與秋日覲差不多。
〔註198〕林豪指出四川人夏汝賢在咸豐11年（1861）冬任職北路協副將，他
懷疑當時任職北路協稿識的部下戴潮春不效忠自己，向戴潮春索取賄賂，被
戴潮春拒絕，就革去戴潮春士襲的武職。逼使戴潮春成為平民，於是組織天
地會。同治1年3月17日夏汝賢隨同秋日覲前去大墩剿辦戴潮春，後來他
被捉到彰化縣城內，全家人都被關起來，飽受侮辱，夏汝賢「以憤死」。

　　吳德功（1850～1924）的《戴案紀略》〔註199〕與蔡青筠（1868～1927）
的《戴案紀略》〔註200〕對夏汝賢的記載與林豪大致相同。吳德功指出夏汝賢
「以貪酷激變，一家售辱死。」蔡青筠承襲吳德功的說法。

　　在官員的奏摺、《大清穆宗毅皇帝實錄》、《辛酉一歌詩》、《相龍年一歌
詩》中，都沒有提及夏汝賢索賄一事；官員的奏摺還說夏汝賢死前英勇奮戰。
而，林豪卻嚴詞批評夏汝賢對戴潮春索賄，指責他是戴案的導火線，因為他
為官貪污，才逼使戴潮春謀逆。吳德功只點出夏汝賢「貪酷激變」，可見他
認為夏汝賢是一位貪官酷吏，他的不當行為激起了「變亂」。

　　關於夏汝賢的死，《辛酉一歌詩》指出夏汝賢在勦辦會黨失敗後自殺。閩
浙總督慶瑞的奏摺〔註201〕，則說夏汝賢是「遇害」，林豪《東瀛紀事》、吳德
功與蔡青筠的《戴案紀略》，都記載他在彰化城中受辱而死。〔註202〕

　　（3）陳肇興《咄咄吟》（1862～1863）、林占梅《潛園琴餘草》、吳子光
　　　　《一肚皮集》（1875）

　　　　北：國立故宮博物院/出版，1994.10初版，pp.447～448。。

〔註198〕詳見林豪《東瀛紀事》（臺灣銀行經濟研究室/編，臺灣文獻史料刊第七輯，
　　　　1957.12，pp.1、3、6）。

〔註199〕詳見《吳德功先生全集：施案紀略、戴案紀略、讓台記》（南投：臺灣省文獻
　　　　會，1992.5.31，pp.3、7、10）。

〔註200〕詳見蔡青筠《戴案紀略》（臺灣文獻叢刊第206種，臺灣銀行經濟研究室/編
　　　　印，台北：臺灣銀行/發行，1964.11，pp.1、5～6）。

〔註201〕見《清宮月摺檔臺灣史料（一）》，國立故宮博物院藏清代臺灣文獻叢編，臺
　　　　北：國立故宮博物院/出版，1994.10初版，pp.447～448。

〔註202〕詳見林豪，《東瀛紀事》（臺灣銀行經濟研究室/編，《東瀛識略、東瀛紀事、
　　　　臺灣紀事、台海見聞錄（合訂本）》，臺灣文獻史料叢刊第七輯，臺灣大通書
　　　　局/印行，1997.6.30，p.6），《吳德功先生全集：施案紀略、戴案紀略、讓台
　　　　記》（南投：臺灣省文獻會，1992.5.31，p.7）。

在陳肇興（1831～1876 後）詠史詩《咄咄吟》〔註203〕、林占梅（1821
～1868）詩集《潛園琴餘草》〔註204〕、吳子光（1819～1883）《一肚皮集》
〔註205〕中，沒有見到對夏汝賢的記載。

（六）福建陸路提督林文察（1828～1864）〔註206〕

林文察，字密卿，諱有理，賜諡剛湣。林家是彰化縣阿罩霧莊望族（在
今台中縣霧峰鄉甲寅村）。咸豐 4 年（1854）5 月，林文察協助官方勦平「小
刀會」而擔任武職（游擊），咸豐 9 年（1959）後，林文察與林文明兄弟先後
率領台勇內渡協助勦平太平天國革命軍，林文察戰功彪炳，從游擊升爲參將、
副將、總兵、福建陸路提督（1863），曾兼署福建水師提督（1863）。〔註207〕
他與林晟的家族有莫大的舊恨新仇。

1.《辛酉一歌詩》中的林有理

在《相龍年一歌詩》中，完全沒有敘述到林文察；而在《辛酉一歌詩》
中，林文察所佔的篇幅，與戴潮春差不多。

在林向榮死後，《辛酉一歌詩》接著寫到林文察從清國內地「點兵過來要
平臺灣」，接著講到他攻打四塊厝大哥林晟。當林晟被林文察捉到之後，由
於林晟已被火藥炸傷，於是林文察還稱他爲「晟叔仔」，好心的勸他喝下退火
傷的茶，但是，林晟認爲林文察不可能泯舊仇，於是林晟決定咬舌自殺，他
的屍體還被林文察大卸八塊，分送被林晟侵犯過的村莊。

最後，歌中寫到林文察接到清國內地發來的文書，要他去中國平定太平
天國，林文察接到命令之後，趕緊帶兵前漳州。林走前，他告訴弟弟林文明：

〔註203〕見陳肇興《咄咄吟》（《陶村詩稿》，南投：臺灣省文獻委員會/印行，1978.6，
　　　　卷七、卷八，pp.91～138。）
〔註204〕見林占梅《潛園琴餘草簡編》（臺灣銀行經濟研究室/編，臺灣文獻叢刊第 202
　　　　種，1964.11，pp.132、141）。
〔註205〕見吳子光《臺灣遊記》（臺灣銀行經濟研究室/編，臺灣文獻叢刊第 36 種，
　　　　1959.2，pp.24、51～54、56、58、111、115）。
〔註206〕林文察生卒年見《臺灣霧峰林氏族譜》的〈先伯祖剛湣公家傳〉（林幼春撰）、
　　　　〈世譜〉（臺灣銀行經濟研究室編，《臺灣霧峰林氏族譜》，南投：臺灣省文獻
　　　　委員會/印行，1994.12.31，pp.116～119、239）。
〔註207〕林文察升遷記載，見《大清穆宗毅皇帝實錄》（臺灣銀行經濟研究室/編，
　　　　《清穆宗實錄選輯》，南投：臺灣省文獻委員會/印行，1997.6.30，pp.26、
　　　　40、49～51）。又見黃富三《霧峰林家的興起——從渡海拓荒到封疆大吏
　　　　（1729～1864）》（台北市：自立晚報社文化出版部/出版，1987.10，p.251）。

「若是敗兵的代誌、臺灣勇愛來去。」於是，他「點兵緊如箭、總到漳州直直去」。

在《辛酉一歌詩》中的所有官員，林文察是最幸運的官員，因爲作者對他不但沒有負面的敘述，最後，還以他高貴的爲國奉獻的情操做結。也許因爲他是這些官員中唯一的臺灣人，也或許作者對霧峰林家有著好感吧。

2. 統治論述中的福建陸路提督林文察

（1）《大清穆宗毅皇帝實錄》與清國官員奏摺與文書

在《大清穆宗毅皇帝實錄》中林文察出現的次數頗多。〔註208〕

候補副將林文察在同治1年因爲「勇敢善戰」〔註209〕，清穆宗在同治1年7月10日諭：「林文察在浙剿匪，朝廷察其奮勇，昨已特簡四川建昌鎮總兵。」〔註210〕在戴潮春起義發生一年半之後，派駐臺灣的官員不但無法結束動亂，更對於彰化縣城與斗六門的失守束手無策。

同治2年7月28日，閩浙總督左宗棠與福建巡撫徐宗幹會銜合奏〈嘉義粵勇潰散請將貽誤之護提督革職拏問摺〉〔註211〕，奏請將將駐臺灣剿匪不力的福建水師提督吳鴻源革職拏問，並派林文察渡台剿辦；於是同治2年8月25日清穆宗諭：「所有福建水師提督即命林文察署理；責令速起程渡台剿匪。」〔註212〕林文察在9月從泉州整軍待發〔註213〕，直到10月2日才出發，在10月14日抵達鹿耳門，由安平登陸。〔註214〕其間，福建巡撫徐宗幹覺得林文察

〔註208〕詳見《大清穆宗毅皇帝實錄》（臺灣銀行經濟研究室/編，《清穆宗實錄選輯》，南投：臺灣省文獻委員會/印行，1997.6.30，pp.21、26、28、32、34、38、40、49～51、54～58、60～61、70～74、76、78～83、89～90）。

〔註209〕見《大清穆宗毅皇帝實錄》同治1年5月7日諭（臺灣銀行經濟研究室/編，《清穆宗實錄選輯》，南投：臺灣省文獻委員/印行，1997.6.30，p.21）。

〔註210〕見《大清穆宗毅皇帝實錄》同治1年5月7日諭（臺灣銀行經濟研究室/編，《清穆宗實錄選輯》，南投：臺灣省文獻委員會/印行，1997.6.30，p.27）。

〔註211〕轉引自黃富三《霧峰林家的興起——從渡海拓荒到封疆大吏（1729～1864）》（台北市：自立晚報社文化出版部/出版，1987.10，p.252）。

〔註212〕見《大清穆宗毅皇帝實錄》（臺灣銀行經濟研究室/編，《清穆宗實錄選輯》，南投：臺灣省文獻委員會/印行，1997.6.30，pp.49～50）。

〔註213〕見《大清穆宗毅皇帝實錄》同治2年10月9日諭：「林文察已抵蚶江口，配船候渡。」（臺灣銀行經濟研究室/編，《清穆宗實錄選輯》，南投：臺灣省文獻委員會/印行，1997.6.30，p.51）。

〔註214〕見林文察同治2年10月29日〈統帥抵台訪查各路軍情，迅籌全局分割督辦情形〉，轉引自黃富三《霧峰林家的興起——從渡海拓荒到封疆大吏（1729～1864）》（台北市：自立晚報社文化出版部/出版，1987.10，p.276）。

一人身兼福建陸路提督及水師提督，有所不妥，於是同治 2 年 10 月 18 日清穆宗決定讓曾元福接任福建水師提督，林文察接任陸路提督。〔註 215〕

　　從 8 月底下旨，直到同治 2 年 11 月 22 日清穆宗卻還在質問林文察是不是已經抵台。〔註 216〕在同治 2 年 12 月 24 日清穆宗才知道林文察已抵達臺灣，諭中對林文察寄予厚望，要求他「速清餘孽」。〔註 217〕接著，在 12 月 29 日清穆宗接到林文察奏〈克復斗六土城，嘉義肅清，移兵彰化〉一摺，稱林文察「剿辦尚屬認眞」，要求「林文察等務當乘此軍威，力加掃蕩，並與曾玉明、丁日健和衷商辦，迅奏膚公，毋得稍分畛域。」〔註 218〕可見，清穆宗認爲臺灣官員難以合作無間，所以諭令不得「稍分畛域」。

　　同治 3 年 1 月 27 日清穆宗接獲林文察奏〈圍攻林、洪各逆老巢，疊獲勝仗〉一摺」，清穆宗將臺灣餘匪的剿辦工作交由林文察，在摺中林文察指出他打算留 5000 名兵勇剿匪，清穆宗諭令曾元福率所屬兵勇先行撤回福建內地。〔註 219〕直到 3 月 5 日清穆宗仍在催促曾元福回內地，將臺灣剿匪工作交由丁日健、林文察、曾玉明等人搜捕」。〔註 220〕隨後由於太平天國軍隊侵入福建省，

〔註 215〕見《大清穆宗毅皇帝實錄》同治 2 年 10 月 18 日諭：「林文察既已攜帶陸路提督印信赴臺，即著毋庸兼署水師提督，臺灣軍務如林文察一人可以辦竣，而曾元福才具尚堪勝任，所有水師提督一缺，即著左宗棠等飭令曾元福內渡，奏請接獲。」（臺灣銀行經濟研究室/編，《清穆宗實錄選輯》，南投：臺灣省文獻委員會/印行，1997.6.30，p.51）。

〔註 216〕見《大清穆宗毅皇帝實錄》同治 2 年 11 月 22 日諭：「前據徐宗幹奏稱：林文察已抵蚶江口配船候渡，現在已否抵台？著左宗棠、徐宗幹迅飭該署提督速行渡台督兵會剿，毋稍遲緩。」（臺灣銀行經濟研究室/編，《清穆宗實錄選輯》，南投：臺灣省文獻委員會/印行，1997.6.30，p.54）。

〔註 217〕見《大清穆宗毅皇帝實錄》同治 2 年 12 月 24 日：「林文察現已放洋，收泊臺灣，著左宗棠、徐宗幹即知照該署提督迅即馳赴嘉義，會同曾元福相機進攻，速清餘孽。」（臺灣銀行經濟研究室/編，《清穆宗實錄選輯》，南投：臺灣省文獻委員會/印行，1997.6.30，pp.55～56）。

〔註 218〕見《大清穆宗毅皇帝實錄》同治 2 年 12 月 29 日：「林文察奏〈克復斗六土城，嘉義肅清，移兵彰化〉一摺，官軍克彰化後，林文察會同總兵曾元福進攻斗六逆巢，並將附近逆黨巢穴數十莊悉數攻毀」，「剿辦尚屬認眞」，「林文察等務當乘此軍威，力加掃蕩，並與曾玉明、丁日健和衷商辦，迅奏膚公，毋得稍分畛域。」（臺灣銀行經濟研究室/編，《清穆宗實錄選輯》，南投：臺灣省文獻委員會/印行，1997.6.30，p.56）。

〔註 219〕見《大清穆宗毅皇帝實錄》（臺灣銀行經濟研究室/編，《清穆宗實錄選輯》，南投：臺灣省文獻委員會/印行，1997.6.30，pp.57～58）。

〔註 220〕見《大清穆宗毅皇帝實錄》（臺灣銀行經濟研究室/編，《清穆宗實錄選輯》，南投：臺灣省文獻委員會/印行，1997.6.30，pp.60～61）。

同治 3 年 4 月 23 日清穆宗諭：「左宗棠擬調林文察內渡剿賊」，「飭催林文察迅速由台內渡，趕赴延、邵等處迎頭截擊。」〔註 221〕但是林文察沒有立即內渡，同治 3 年 5 月 11 日清穆宗接獲林文察奏〈官軍擒斬首逆，彰化解圍〉摺，清穆宗諭令將臺灣剿匪及善後事宜，交由曾元福、丁日健負責；諭令林文察儘速率眾內渡，因為：「是臺灣逸匪，尚須趕緊搜捕；惟江、浙髮逆擾及建寧、寧化等處，閩省西路之防尤為喫重。」〔註 222〕

臺灣道丁日健在同治 3 年 5 月 26 日上〈會攻小埔心生擒偽西王陳啞狗弄張三顯等懲辦摺〉，其中大肆批評林文察；清穆宗收到此摺後，在同治 3 年 7 月 18 日諭：「丁日健奏：『署陸路提督林文察於破林巢後，安住家園五十餘日，頓兵不出；兼有胞叔林天河倚勢作威，眾議沸騰。又協剿陳逆，未能攻克；在彰逗遛月餘，剿匪事宜竟置不問。又與署水師提督曾玉明紮營彰城，兵勇騷擾，紳民怨恨離心』等語。林文察等以專閫大員，當此軍務喫緊之時，宜如何振刷精神，激勵將士；若如該道所奏，節次頓兵逗遛、縱勇滋擾，實屬大負委任！著左宗棠、徐宗幹確切查明；如實有前項情事，即著嚴行參辦，毋稍徇隱。」〔註 223〕清穆宗大發雷霆，下令查辦林文察。隨後，同治 3 年 8 月 15 日清穆宗接獲左宗棠奏摺，指出「林文察以餘匪復熾，諉過於地方官」，清穆宗痛批：「是該處文武意見不合，互相攻詰，殊屬不成事體！」表現上看起來是罵臺灣道丁日健與福建陸路提督林文察兩人互鄉攻訐，但是林文察卻由因「日久尚未赴調」，「以防剿遷延，福建署提督林文察、曾玉明下部議處。」〔註 224〕

隨後，同治 3 年（1864）8 月 24 日清穆宗接獲林文察奏報陳弄被官兵擒斬的經過，內容與先前徐宗幹、曾元福所奏有很大的出入。清穆宗諭令「左宗棠、

〔註 221〕見《大清穆宗毅皇帝實錄》（臺灣銀行經濟研究室/編，《清穆宗實錄選輯》，南投：臺灣省文獻委員會/印行，1997.6.30，pp.70～71）。

〔註 222〕見《大清穆宗毅皇帝實錄》（臺灣銀行經濟研究室/編，《清穆宗實錄選輯》，南投：臺灣省文獻委員會/印行，1997.6.30，p.74）。

〔註 223〕見《大清穆宗毅皇帝實錄》（臺灣銀行經濟研究室/編，《清穆宗實錄選輯》，南投：臺灣省文獻委員會/印行，1997.6.30，p.78）。

〔註 224〕見《大清穆宗毅皇帝實錄》：「茲覽左宗棠所奏：林文察以餘匪復熾，諉過於地方官，是該處文武意見不合，互相攻詰，殊屬不成事體！著左宗棠、徐宗幹督飭胡肇智將實在情形確切查明，分別嚴參懲辦，以肅官常。另片奏：『林文察等日久尚未赴調』等語，已明降諭旨，將該總兵交部議處矣。仍著左宗棠飭調該總兵等迅速內渡，毋再延緩。」（臺灣銀行經濟研究室/編，《清穆宗實錄選輯》，南投：臺灣省文獻委員會/印行，1997.6.30，pp.80～81）。

徐宗幹切實查明具奏，俾將來列保各員，不至有遺漏冒濫之弊。」〔註225〕林文察並沒有因此得到清穆宗的信任，直到，同治3年10月1日清穆宗准福建巡撫徐宗幹奏，免除對林文察的處分。〔註226〕

同治3年11月3日林文察在漳州與太平軍交戰，中槍身亡；12月1日清穆宗接獲左宗棠奏摺，指出林文察會陣亡是因爲他「倉卒進剿，致後路被賊抄襲，兵勇敗潰」。〔註227〕同治3年12月5日清穆宗諭令：「予福建漳州陣亡署提督林文察祭葬、世職加等，謚『剛愍』。」〔註228〕

曾經以勇猛善戰掘起於清國政壇的林文察，最後因爲有勇無謀而身死異鄉，其間因爲丁日健奏報他剿台匪不力，被清穆宗責怪他遲不赴福建內地剿匪，差一點被議罪。反觀丁日健，自從同治2年9月抵臺灣之後，就勤於寫奏摺報告自己剿匪的功蹟，大多數的功勞都被丁日健攬去，清穆宗因此對丁日健贊賞有加，穆宗對林文察逐漸失去信任與信心。

從清國官員與清穆宗的奏摺中看來，林文察快速掘起，權傾一時；卻也迅速墜落，特別在回台平定戴潮春起義軍的過程中，丁日健功多賞厚，而林文察最後卻還被下部議處。反觀《辛酉一歌詩》，歌中將平定戴潮春事件的首功歸給林文察，並描寫出林文察急赴內地爲國家效命的忠臣行徑；在歌中，丁日健反而顯得無關緊要。

（2）林豪《東瀛紀事》（1870）、吳德功《戴案紀略》（1894）、蔡青筠《戴案紀略》（1923）

林豪（1831～1918）《東瀛紀事》對林文察的記載篇幅不多，僅止於簡單的正面描述，沒有對林文察個人發表評論。〔註229〕林豪指出同治2年陸路提督林文察總辦臺灣軍務，10月從泉州出發，在嘉義縣麥寮（在今雲林縣麥寮鄉）登岸。

〔註225〕詳見《大清穆宗毅皇帝實錄》（臺灣銀行經濟研究室/編，《清穆宗實錄選輯》，南投：臺灣省文獻委員會/印行，1997.6.30，p.82）。

〔註226〕見《大清穆宗毅皇帝實錄》（臺灣銀行經濟研究室/編，《清穆宗實錄選輯》，南投：臺灣省文獻委員會/印行，1997.6.30，p.83）。

〔註227〕見《大清穆宗毅皇帝實錄》（臺灣銀行經濟研究室/編，《清穆宗實錄選輯》，南投：臺灣省文獻委員會/印行，1997.6.30，p.87）。

〔註228〕見《大清穆宗毅皇帝實錄》（臺灣銀行經濟研究室/編，《清穆宗實錄選輯》，南投：臺灣省文獻委員會/印行，1997.6.30，p.90）。

〔註229〕詳見林豪《東瀛紀事》（臺灣銀行經濟研究室/編，臺灣文獻史料刊第七輯，1957.12，pp.16、39、45、46～47、49、62）。

　　在林豪《東瀛紀事》中，林文察是一位善於用計與剿亂的將領，同治 2 年 11 月官兵進攻斗六門，無法攻下。林文察一方面派兵聯絡 241 個莊，要百姓寫切結書，一方面派先峰隊先攻破斗六門以外的賊莊，又派他的弟弟林文明在水沙連處防堵戴軍逃入內山。於是戴潮春放棄斗六門而逃亡。可見林文察計策成功。隨後回到阿罩霧（在今台中縣霧峰鄉），率軍攻擊四塊厝的林晟，最後，林晟被官兵分屍而死。同治 3 年 3 月林文察率官兵攻打小埔心陳弄，3 月底林文察從小埔心回軍，援救被賊眾包圍的彰化縣城。隨後又回小埔心，後來「林帥勒諸軍番休進攻」〔註 230〕，終於攻破陳弄根據地。

　　吳德功（1850～1924）的《戴案紀略》大多尊稱林文察為「林帥」，並在書中的「總評」中稱林文察為「林宮保」；而林豪則大以官銜稱他為「提督林文察」，只有一次稱他為「林帥」。可見吳德功比林豪還敬重林文察。在吳德功的《戴案紀略》中對林文察的記載也比林豪來得多一些。〔註 231〕吳德功指出同治 1 年（1862）4 月戴潮春與林晟率眾攻擊阿罩霧前厝莊（在今台中縣霧峰鄉甲寅村），原因出在戴潮春的哥哥戴萬桂曾與林文察家族爭奪田地；林晟所屬的後厝莊則曾與林文察家族械鬥。當時，林文察與林文明都在清國內地「征髮匪」，林家差一點就被攻破。〔註 232〕由於林文察是臺灣人，熟悉臺灣情形，因此閩浙總督左宗棠命令他帶兵回台剿亂，同治 2 年 10 月福建陸路提督林文察在嘉義縣麥寮（在今雲林縣麥寮鄉）登岸。〔註 233〕同治 2 年 12 月 3 日（應為 11 月 3 日之誤）官兵收復彰化縣城，隔天，林文察由阿罩霧進駐市仔尾街（在今彰化市）。〔註 234〕

　　同治 3 年（1864）1 月林文察將林晟分屍示眾，當時，戴軍中的偽將軍黃丕建被捉，送交到林文察，曾經是叛軍的降將葉虎鞭向林文察表示願意為黃丕健做保，但是林文察不接受，斬了黃丕建。〔註 235〕吳德功指出林文察與林

〔註 230〕見林豪《東瀛紀事》（臺灣銀行經濟研究室/編，臺灣文獻史料刊第七輯，1957.12，p.49）。

〔註 231〕詳見《吳德功先生全集：施案紀略、戴案紀略、讓台記》（南投：臺灣省文獻會，1992.5.31，pp.10、44、46、49～52、55～56）。

〔註 232〕見《吳德功先生全集：施案紀略、戴案紀略、讓台記》（南投：臺灣省文獻會，1992.5.31，p.10）。

〔註 233〕詳見《吳德功先生全集：施案紀略、戴案紀略、讓台記》（南投：臺灣省文獻會，1992.5.31，p.44）。

〔註 234〕見《吳德功先生全集：施案紀略、戴案紀略、讓台記》（南投：臺灣省文獻會，1992.5.31，p.46）。

〔註 235〕見《吳德功先生全集：施案紀略、戴案紀略、讓台記》（南投：臺灣省文獻會，

晟有「不共戴天之仇」，所以攻打林晟時特別賣力。〔註236〕同治 3 年 3 月 27 日張三顯等賊眾攻擊彰化縣城，3 月 29 日林文察從小埔心回軍市仔尾，賊黨因而一哄而散。〔註237〕同年 4 月，林文察率領官兵攻打小埔心陳弄，「林帥親督諸軍，晝夜猛攻」，終於成功。〔註238〕

蔡青筠（1868～1927）的《戴案紀略》對林文察的記載與林豪、吳德功大致相同，他稱林文察為「提督林文察」或「林帥」。〔註239〕蔡青筠的《戴案紀略》有幾個地方描寫較為詳細，其一是同治 2 年 12 月（應是 11 月）3 日官兵進入彰化城後，4 日下午，「提督林文察由阿罩霧進兵，經勝月胥、烏日莊，進紮市仔尾，勢如破竹」。〔註240〕其二是描寫林文察在同治 3 年 1 月進攻四塊厝林晟的戰役，比吳德功更為詳細。〔註241〕其三是描寫同治 3 年 4 到 5 月林文察攻剿小埔心陳弄的經過。

林豪、吳德功、蔡青筠三人都指出同治 2 年 10 月林文察是在嘉義縣麥寮港（在今雲林縣麥寮鄉）登岸。但是在林文察自己的奏摺中，則說他是在 10 月 2 日從泉州出發，10 月 14 日抵達鹿耳門，由安平登陸。〔註242〕想必是林豪誤記，吳德功、蔡青筠加以承襲。

關於林文察在同治 2 年 12 月（11 月之誤）4 日進軍彰化縣城一事，在統治論述中，只見於吳德功與蔡青筠的記載，特別是蔡青筠的記載強調林文察的軍隊英勇善戰。而在《辛酉一歌詩》與《相龍年一歌詩》中也沒有提到。

林豪、吳德功、蔡青筠三人都指出林文察在同治 3 年 4 月到 5 月的小埔

　　　　　1992.5.31，p.49）。
〔註236〕見《吳德功先生全集：施案紀略、戴案紀略、讓台記》（南投：臺灣省文獻會，
　　　　　1992.5.31，p.50）。
〔註237〕見《吳德功先生全集：施案紀略、戴案紀略、讓台記》（南投：臺灣省文獻會，
　　　　　1992.5.31，p.51）。
〔註238〕見《吳德功先生全集：施案紀略、戴案紀略、讓台記》（南投：臺灣省文獻會，
　　　　　1992.5.31，p.52）。
〔註239〕詳見蔡青筠《戴案紀略》（臺灣文獻叢刊第 206 種，臺灣銀行經濟研究室/編
　　　　　印，台北：臺灣銀行/發行，1964.11，pp.50～51、53～56）。
〔註240〕見蔡青筠《戴案紀略》（臺灣文獻叢刊第 206 種，臺灣銀行經濟研究室/編印，
　　　　　台北：臺灣銀行/發行，1964.11，p.51）。
〔註241〕見蔡青筠《戴案紀略》（臺灣文獻叢刊第 206 種，臺灣銀行經濟研究室/編印，
　　　　　台北：臺灣銀行/發行，1964.11，pp.54～55）。
〔註242〕見林文察同治 2 年 10 月 29 日〈統帥抵台訪查各路軍情，迅籌全局分剿督辦
　　　　　情形〉，轉引自黃富三《霧峰林家的興起——從渡海拓荒到封疆大吏（1729
　　　　　～1864）》（台北市：自立晚報社文化出版部/出版，1987.10，p.276）。

心戰役中為主要統帥，而且居功最大。但是在丁日健的奏摺中，則指出丁日健他自己是小埔心戰役背後負責調兵遣將的人，而實際出兵擒斬陳弄的是曾元福；丁日健還藉機批評林文察剿匪不力。陳弄的死有兩種不同的說法，清穆宗也提出嚴厲的質問。在同治 3 年（1864）8 月 24 日清穆宗諭議政王軍機大臣等：「陳啞狗一犯，前據徐宗幹、曾元福奏報，均稱於 5 月 23 日生擒正法；本日據林文察奏：『該逆受傷，泅水逃遁。該逆之族垵坮、大突等莊，跟蹤圍捕，於 24 日該莊頭等將陳逆獻出。』情形既有互異，則下手出力即迥不相同；著左宗棠、徐宗幹切實查明具奏，俾將來列保各員，不至有遺漏冒濫之弊。」﹝註243﹞但是最後並沒有見到進一步的真相釐清報告。林豪、吳德功、蔡青筠三人的記載（特別是蔡青筠），與林文察的奏摺內容較為類似；而與丁日健的說法較不相同。

　　不過在《辛酉一歌詩》與《相龍年一歌詩》中，攻打小埔心的將領是曾玉明與曾元福，歌中沒有提到林文察與丁日健。而且攻下小埔心的功勞最大的人是一位風水地理師，而不是官員。

（3）陳肇興《咄咄吟》（1862～1863）、林占梅《潛園琴餘草》、吳子光《一肚皮集》（1875）

　　陳肇興（1831～1876 後）詠史詩《咄咄吟》﹝註244﹞與林占梅（1821～1868）的詩集《潛園琴餘草》﹝註245﹞沒有特別記載到林文察個人。

　　在吳子光（1819～1883）《一肚皮集》中對林文察的記載只有一處：「居之久，曾、林二提軍與丁觀察先後統兵至，內外夾攻，所有失守地方，以次收復。」﹝註246﹞吳子光將收復臺灣的功勞歸於林文察等官員，並沒有進一步去討論這幾位官員的個別功蹟。從吳子光的敘述與用詞，可見他採取的是統治論述觀點。

　　在所有的清國官員中，林文察的形象最討好，雖然他被丁日健不斷以奏摺加以攻詰，但是，無論在《辛酉一歌詩》或是統治論述中，他都是一位勇

﹝註243﹞詳見《大清穆宗毅皇帝實錄》（臺灣銀行經濟研究室/編，《清穆宗實錄選輯》，南投：臺灣省文獻委員會/印行，1997.6.30，p.82）。

﹝註244﹞見陳肇興《咄咄吟》（《陶村詩稿》，南投：臺灣省文獻委員會/印行，1978.6，卷七、卷八，pp.91～138。）

﹝註245﹞見林占梅《潛園琴餘草簡編》（臺灣銀行經濟研究室/編，臺灣文獻叢刊第 202 種，1964.11，pp.132、141）。

﹝註246﹞見吳子光《臺灣遊記》（臺灣銀行經濟研究室/編，臺灣文獻叢刊第 36 種，1959.2，p.52）。

猛善戰、愛國心切的將領，得到很多的肯定。

3.《新編戴萬生作反歌》中的林友利

《新編戴萬生作反歌》稱林文察為「林友利」或「林有利」，這應當是「林有理」的誤寫。林文察在這首歌中的形象很差，他的家族先是以族大人多，霸佔了戴潮春家的田產家園；後來戴潮春組會黨自保，林文察的叔叔就誣告戴潮春要造反，林文察並賄絡臺灣總兵，請他剿辦戴潮春。戴潮春因而被逼上造反一途。歌中也指出林晟與林文察誓不兩立，於是林晟率眾攻打阿罩霧林家，掘林家祖焚，打算壞林家風水。

歌中提及林文察官職為「提督」，他本來在清國內地剿討「長毛」（太平天國軍），由於臺灣總兵林向榮在斗六死亡，林文察就連夜帶兵到嘉義縣，先收會斗六，又進攻彰化縣城，隨後圍剿林晟家屋，將林晟分屍。後來大墩（在今台中市）張友富舉青旗造反，林文察罵他「無仁義」，說「今日不滅留禍根」，後來張友富投降，以「白銀」助林文察「發軍餉」，而得以全活。不久，林文察就回唐山出征。

林文察在《新編戴萬生作反歌》中的形象以負面為主，雖然他剿賊很勇猛，但是他陷害戴潮春，賄絡官員，都是很負面的作法。而《辛酉一歌詩》對林文察則是正面的論述。

二、對官員的稱呼

在《辛酉一歌詩》中，有一次提到清穆宗：「為此同治君坐天要狼狽」，稱他為「同治君」，稱他當皇帝為「坐天」，指出戴潮春組織天地會將使得清穆宗的皇帝生涯狼狽不堪。

在《大清穆宗毅皇帝實錄》與其它統治論述中，對官員的稱呼有時以他們的職稱加上姓名，如：「臺灣道孔昭慈」、「總兵林向榮」；有時直接稱官員姓名，如：「曾玉明」、「林文察」，有時以姓加上職銜，如「孔道」、「林鎮」、「丁道」、「林帥」。在《辛酉一歌詩》與《相龍年一歌詩》中，對官員的稱呼除了採用他們官銜之外，有時會以一些對官員的泛稱來稱呼他們。

《辛酉一歌詩》與《相龍年一歌詩》對官員的稱呼大致相同，說明如下。

1. 直呼其名諱、外號：林有理（有理仔）、大小曾

林文察，字密卿，諱有理，賜諡剛愍。林家是彰化縣阿罩霧莊望族（在今台中縣霧峰鄉甲寅村）。在《辛酉一歌詩》中他的官職是福建陸路提督，但

是在這首歌中，完全不尊稱他的官銜，而直接稱他「林有理」，如：「林有理置唐山置做官，探聽臺灣置反亂，五人點兵過來要平臺灣。」甚至到歌詞最後，林文察要前往福建征戰，《辛酉一歌詩》的作者竟直接稱他為「有理仔」，並也直接稱林文察的弟弟林文明的名諱「有田」。

採取這種稱呼，有兩種可能，一種是鄙視對方，另一種是將對方當作自己人。從歌詞中對林文察的敘述，看不出作者有鄙視林文察的意思，而且最後來突顯林文察為了幫國家平定太平天國，「點兵緊如箭，總到漳州直直去」；臨走前還告訴林文明：「若是敗兵的代誌、臺灣勇愛來去。」呈現他為國奉獻的高尚情操。據此，筆者推測《辛酉一歌詩》的作者，可能因為同是臺灣人，因而對林文察特別有好感。但是，如果是這樣，林文察在這首歌中所佔的篇幅有顯得不夠多。

除了直接稱林文察為林有理之外，《辛酉一歌詩》還以外號「大小曾」直接稱呼曾玉明與曾元福。筆者猜測這是因為兩人同姓，而且還曾互換過官職，為了避免混淆，所以採用這種稱呼。《辛酉一歌詩》中對大小曾沒有任何貶抑之詞，曾玉明先前曾任職於彰化北協，戴潮春是他的舊屬，也曾調停前後唇林家的恩怨。也許歌中直稱大小曾，也是一種將對方視為自己人的稱法。

「大曾」是「曾玉明」，「小曾」是「曾元福」。〔註247〕同治1年（1862）5月13日，福建福寧鎮總兵曾玉明帶600名兵力，抵達鹿港。同治2年（1863）2月，署臺灣掛印總兵。同治2年（1863）4月，記名總兵北路協副將曾元福領兵1000名在鹿港登岸。7月12日，奉命接任福建水師提督。〔註248〕大小曾的職務在同治3年（1854）4月6日互換，曾玉明改任福建水師提督，曾元福改任臺灣鎮總兵。〔註249〕

2. 以官銜或官階稱之：「孔道台」、「林鎮台」、「府城大府」、「雷本縣」、「馬本縣」、「周本縣」、「吳撤臺」、「夏協臺」

以官職官銜來尊稱該位官員，是《辛酉一歌詩》與《相龍年一歌詩》對

〔註247〕大小曾的由來見林豪《東瀛紀事》（臺灣銀行經濟研究室/編，臺灣文獻史料叢刊第七輯，p.15）。

〔註248〕曾元福接任水師提督一事，見《大清穆宗毅皇帝實錄》同治2年7月12日諭議政王軍機大臣等（臺灣銀行經濟研究室/編，《清穆宗實錄選輯》，南投：臺灣省文獻委員會/印行，1997.6.30，pp.47～48）。

〔註249〕見《大清穆宗毅皇帝實錄》同治3年4月6日「諭議政王軍機大臣等」（臺灣銀行經濟研究室/編，《清穆宗實錄選輯》，南投：臺灣省文獻委員會/印行，1997.6.30，pp.65～66）。

官員最常使用的稱呼。作者使用這種方式稱呼官員，不見得表示他尊重或認同這些官員，作者只是使用了統治者的語彙來稱呼這些官員；而實際上，這些官員在歌中的形象不見得很好，特別是都因畏敵而自殺的孔道台和林鎮台，他們是當時臺灣最高文武官員，可是，處境都很狼狽，死的時後，百姓還顯得十分高興。

《辛酉一歌詩》與《相龍年一歌詩》都稱福建分巡臺灣兵備道孔昭慈爲「孔道台」，他在咸豐8年（1858）3月由臺灣知府升任臺灣道。

《辛酉一歌詩》稱臺灣鎮總兵官林向榮爲「林鎮台」，他是福建同安人，於咸豐9年（1859）9月15日奉旨接任臺灣鎮。稱臺灣府的知府洪毓琛爲「府城大府」。同治1年（1862）3月他已經升爲湖北省漢黃德道，卸下臺灣府知府一職，正打算渡海離台。因爲臺灣道孔昭慈在彰化自殺，他決定留下來處理變局，於是「紳民懇留，奏調台澎道」。〔註250〕

《辛酉一歌詩》中稱雷以鎮爲「雷本縣」，他在同治1年（1862）春接任彰化縣知縣。〔註251〕稱馬慶釗爲「馬本縣」，約在咸豐11年（1861）擔任過彰化縣知縣，在《相龍年一歌詩》中，稱他爲「馬大老」、「馬老爺」。〔註252〕稱曾任北路協副將的夏汝賢爲「夏協臺」，在《相龍年一歌詩》則稱他爲「夏大老」。稱福建水師提督吳鴻源爲「吳撇臺」，他在同治1年（1862）12月率軍抵臺灣府城。同治2年（1863）7月12日，因爲吳鴻源染病，清穆宗准福建巡撫徐宗幹之請，令曾元福接任福建水師提督。〔註253〕

《相龍年一歌詩》中的「周本縣」不知爲何人，「本縣」應是知縣的自稱詞，如果周本縣是知縣，當時臺灣府有四個縣：彰化縣、嘉義縣、臺灣縣、鳳山縣，從咸豐年間到同治3年，沒有一位知縣姓周。〔註254〕

〔註250〕洪毓琛的資料，見林豪《東瀛紀事》（臺灣銀行經濟研究室/編，臺灣文獻史料叢刊第七輯，pp.9～10）。

〔註251〕雷以鎮在臺灣任官的資料詳見許雪姬/總策畫《臺灣歷史辭典》【附錄】（台北：遠流出版事業有限公司/編輯製作，行政院文化建設委員會/發行，2004.5.18一版，pp.A121、A135）。

〔註252〕馬慶釗在臺灣任官的資料詳見許雪姬/總策畫《臺灣歷史辭典》【附錄】（台北：遠流出版事業有限公司/編輯製作，行政院文化建設委員會/發行，2004.5.18一版，pp.A107、A125、A135）。

〔註253〕曾元福接任水師提督一事，見《大清穆宗毅皇帝實錄》同治2年7月12日諭議政王軍機大臣等（臺灣銀行經濟研究室/編，《清穆宗實錄選輯》，南投：臺灣省文獻委員會/印行，1997.6.30，pp.47～48）。

〔註254〕詳見許雪姬/總策畫《臺灣歷史辭典》【附錄】（台北：遠流出版事業有限公司

　　3. **一般敬稱**（太爺、大老）：「丁太爺」、「白太爺」、「高少爺」、「馬老爺」、

「理蕃大老」、「秋大老」、「陳大老」、「洪大老」、「王大人」

　　「大老」與「太爺」都是對官員的一般敬稱，在道光年間刊行的《新刊臺灣陳辦歌》中，也常見此種稱法。可見，《辛酉一歌詩》與《相龍年一歌詩》的作者，並不是站在戴軍的立場，否則不會以敬稱來稱呼這些官員。

　　《辛酉一歌詩》稱新任臺灣道台丁日健爲「丁太爺」。稱嘉義縣知縣白鸞卿爲「白太爺」。「高少爺」可能是指高廷鏡。咸豐 11 年（1861）冬接任彰化縣知縣，同治 1 年（1862）春免職；同治 1 年（1862）5 月曾再度接任彰化縣知縣，不久又卸任。〔註255〕

　　《辛酉一歌詩》稱淡水同知秋日覲爲「秋大老」。稱鹿港理番同知廉興爲「理蕃大老」。「臺灣陳大老、洪大老點兵伏山城」的「陳大老」、「洪大老」應該都是官員。

　　《相龍年一歌詩》中的「馬大老」、「馬老爺」，與《辛酉一歌詩》的「馬本縣」應爲同一人，就是馬慶釗，同治 1 年 3 月初，臺灣道台孔昭慈北上彰化要勦辦戴潮春的天地會，馬慶釗也出示懸賞公告，鼓勵官民捉拿天地會的會首送官。卻也因此，激化戴潮春天地會會眾的不滿情緒與反抗行動。〔註256〕「夏大老」應當就是夏汝賢，就是《辛酉一歌詩》中的「夏協臺」。同治 1 年（1862）3 月時他的職務是「嘉義營參將」，而先前的職務是「北路協副將」。〔註257〕

三、對「官兵」的描寫

1.《辛酉一歌詩》與《相龍年一歌詩》中的官兵形象

　　在《辛酉一歌詩》中，對官方軍隊（官兵）的描寫遠不及對戴軍的描寫，

　　/編輯製作，行政院文化建設委員會/發行，2004.5.18 一版，pp.A117～136）。

〔註255〕高廷鏡任職彰化縣知縣的資料詳見許雪姬/總策畫《臺灣歷史辭典》【附錄】（台北：遠流出版事業有限公司/編輯製作，行政院文化建設委員會/發行，2004.5.18 一版，p.A135）。

〔註256〕詳見林豪《東瀛紀事》：「臺灣道孔昭慈聞會黨滋蔓，於同治元年 3 月初九北至彰化，執總理洪某殺之。檄召淡水同知秋日覲。日覲前任彰化，以武健爲治，豪右屏息，至則以辦賊自任。而同知馬慶釗請出賞格購諸會首。賊大懼，逆謀愈決。」（臺灣銀行經濟研究室/編，《東瀛識略、東瀛紀事、臺灣紀事、台海見聞錄（合訂本）》，臺灣文獻史料刊第七輯，臺灣大通書局/印行，1997.6.30，p. pp.3～4）。

〔註257〕見《清宮月摺檔臺灣史料（一）》，國立故宮博物院藏清代臺灣文獻叢編，臺北：國立故宮博物院/出版，1994.10 初版，pp.443、448。

而且官兵的氣勢絕大多數都不如武裝的百姓與戴潮春的軍隊。

首先，臺灣府城的百姓武裝反抗孔道台、周維新的過程中，完全不見官兵出面抵禦，周維新只能逃亡，孔道台只能內心害怕，並找機會前往彰化縣避難。由此可見官兵的無能為力。

到達彰化縣城之後，孔道台派秋日觀去剿辦戴潮春，秋日觀所帶的官兵顯然讓孔道台不放心，於是，還特別請林晟召募 400 名臺灣民壯，去保護官員。可見，官兵的戰鬥力不佳；再加上護官的臺灣民壯接連反叛官府，促使彰化縣城被戴軍輕易攻下，官兵屍體堆成小山丘，孔道台逃亡後自殺。

臺灣鎮總兵林向榮所率領的精兵也不堪戰鬥，先是出兵行軍時，就士氣渙散，然後，第一次紮營就被戴軍包圍，最後官兵個個偽裝成百姓，四散逃亡，一點戰鬥力與氣魄都沒有。於是，也是因為保護官員的臺灣屯勇反叛官府，林向榮死得很不堪。

後來，林文察等五位官員陸續來台平亂，但是，在《辛酉一歌詩》中依然沒有看到官兵勇猛的表現；細看歌中幾位大哥被官府捉到的原因，如果不是因為臺灣人的出力，就是因為風水地理的關係。如：戴軍中的張三顯兄弟為了領賞，捉戴潮春送官；陳弄與林晟的根據地，官兵久攻不下，陳弄是因為被地理師破壞風水，才會失敗被捉，林晟是因為被手下背叛，才會落入林文察手中；呂梓是因為他的朋友臭頭沙（蔡沙）出賣他，才被官府捉到。

在《辛酉一歌詩》中極力鋪寫戴軍的大哥級人物，以突顯戴軍人才濟濟，兵力強盛。雖然有數次的攻城掠地沒有成功，但是，戴軍的氣勢始終比官軍強盛；戴軍中的多位大哥，如：林晟、呂梓，臨死前，也比官員被殺前，來得更有氣魄，寧死不屈。

在《相龍年一歌詩》中，對官方軍隊（官兵）的描寫幾乎沒有。但是，這首歌從頭到尾極力鋪敘百姓勇猛的武裝反抗行為，首先臺灣府城的百姓輕易就將周將軍的家夷為平地，過程中完全看不到官兵出場，只說周將軍逃跑。後來，戴潮春四處召募會眾，還斬殺了孔道台、周衣申（周將軍）、周本縣、夏大老、馬老爺，攻佔彰化縣城；這中間，也完全沒有寫到官兵的反擊，戴潮春的軍隊幾乎是攻無不克，官員人頭應聲落地。可見，官兵的軟弱無能，不堪一擊。

2. 統治論述中的官兵形象
（1）《大清穆宗毅皇帝實錄》與清國官員奏摺與文書

　　不同於《辛酉一歌詩》與《相龍年一歌詩》軟弱無能的官兵形象；在清國官方的文獻中，官兵雖然時常慘敗，但是也常有英勇的表現，尤其是在臺灣道丁曰健的奏摺中，更是極力宣揚自己領軍有方，官兵勢如破竹的英勇表現。同時，在《大清穆宗毅皇帝實錄》與清國官員奏摺與文書中，對官兵的記載遠多於對賊匪的記載，顯然官兵是主角，而戴潮春等「賊黨」成為配角。

　　在閩浙總督慶瑞的奏摺中，官兵的形象都極為英勇，即使官兵寡不敵眾，也都沒有逃跑，而是在奮戰中殉職，雖不幸「遇害」，但無愧職守。

　　同治1年（1862）4月24日慶瑞〈奏為臺灣彰化縣轄會匪滋事遴委大員馳赴督勦恭摺〉中指出官兵在同治1年（1862）3月17日與賊交戰，「我軍連獲勝仗」，而將後來官兵均被殺害的罪過全推給林晟。〔註258〕同治1年（1862）6月4日慶瑞〈奏再臺灣彰化縣轄會匪滋事摺〉中，官兵的表現依然英勇，3月17日官兵與數千名賊交戰，官兵以寡擊眾，「我軍接仗獲勝」；當彰化縣城被賊攻擊時，「孔昭慈、嘉義營參將夏汝賢、試用通判鈕成標督帶兵勇，登陴固守，槍炮齊施，傷斃賊匪多名。」後來會失守是因為寡不敵眾，但是臺灣道孔昭慈仍然拼命與賊「巷戰」，受傷後才服毒藥自殺。〔註259〕

　　在福建巡撫徐宗幹的奏摺中，一開始就對總兵林向榮及其軍隊不信任，建議朝廷派曾玉明率軍征台。〔註260〕徐宗幹在同治1年的奏摺中，先是聲稱臺灣「官民同心防禦」，賊黨「不至滋蔓」，臺灣「大局尚稱安定」。〔註261〕隨後，斗六門失守，徐宗幹指出「官軍正在圍逼彰化縣城，另股匪黨竄陷斗六，嘉義可危，郡城亦將震動。」清穆宗因此震怒，痛批臺灣官員粉飾軍情、誇大軍功，指責官軍「日久無功」。〔註262〕

〔註258〕見《清宮月摺檔臺灣史料（一）》，國立故宮博物院藏清代臺灣文獻叢編，台北：國立故宮博物院/出版，1994.10 初版，pp.442～443。

〔註259〕見《清宮月摺檔臺灣史料（一）》，國立故宮博物院藏清代臺灣文獻叢編，台北：國立故宮博物院/出版，1994.10 初版，pp.447～448。。

〔註260〕詳見《大清穆宗毅皇帝實錄》同治1年5月4日諭、同治1年5月27日諭（臺灣銀行經濟研究室/編，《清穆宗實錄選輯》，南投：臺灣省文獻委員會/印行，1997.6.30，pp.20～21、24～25）。

〔註261〕詳見《大清穆宗毅皇帝實錄》同治1年10月21日諭（臺灣銀行經濟研究室/編，《清穆宗實錄選輯》，南投：臺灣省文獻委員會/印行，1997.6.30，p.35）。

〔註262〕詳見《大清穆宗毅皇帝實錄》同治1年11月4日諭（臺灣銀行經濟研究室/編，《清穆宗實錄選輯》，南投：臺灣省文獻委員會/印行，1997.6.30，pp.35～36）。

在同治 2 年 2 月 19 日清穆宗接獲徐宗幹奏〈臺灣各路官軍疊獲勝仗，並內地援師抵郡會剿摺〉，誇獎福建水師提督吳鴻源所率領的官兵「軍威益振」。〔註263〕但是在同治 2 年 3 月 28 日清穆宗對吳鴻源的統兵能力，以及臺灣兵勇的能力都有所質疑，因為解嘉義縣之圍的主要功勞不在官兵，卻是「笨港紳民之力居多」。〔註264〕不過，在 4 月 22 日清穆宗又接獲徐宗幹奏報臺灣官軍獲勝的捷報。〔註265〕

在同治 2 年 8 月 3 日，清穆宗接獲閩浙總督左宗棠的奏摺，指出福建水師提督吳鴻源所率領抵台的「粵勇潰散」，希望能派林文察回台平亂。清穆宗痛斥福建水師提督吳鴻源「調度乖方」，致使臺灣「師老財匱、勇丁譁潰」，將他革職拏問。

同治 2 年 8 月 25 日清穆宗接獲病故的臺灣道洪毓琛在 6 月 3 日所上的奏摺，指稱臺灣「軍務遷延、兵餉匱絀」。〔註266〕

從同治 2 年（1863）11 月起，清穆宗持續接獲臺灣官員所奏的捷報，奏摺中官兵勢如破竹，所向批靡；相反的，戴潮春等逆賊則是一一被「撲滅」。同治 2 年 11 月 22 日接獲丁日健奏〈直抵彰化逆巢，連獲大捷，並請將出力官紳、兵勇等擇保摺〉〔註267〕，同治 2 年 12 月 6 日又接獲丁日健〈剿破葭投老巢，撲滅逆匪巨股摺〉〔註268〕，同治 2 年 12 月 24 日接獲徐宗幹奏〈克復彰化縣城〉及曾玉明、丁日健合奏〈會師克復彰化並攻克要隘情形〉〔註269〕，同治 2 年

〔註263〕詳見《大清穆宗毅皇帝實錄》同治 2 年 2 月 19 日諭（臺灣銀行經濟研究室/編，《清穆宗實錄選輯》，南投：臺灣省文獻委員會/印行，1997.6.30，p.42）。

〔註264〕詳見《大清穆宗毅皇帝實錄》同治 2 年 3 月 28 日諭（臺灣銀行經濟研究室/編，《清穆宗實錄選輯》，南投：臺灣省文獻委員會/印行，1997.6.30，pp.44～45）。

〔註265〕詳見《大清穆宗毅皇帝實錄》同治 2 年 4 月 22 日諭（臺灣銀行經濟研究室/編，《清穆宗實錄選輯》，南投：臺灣省文獻委員會/印行，1997.6.30，pp.45～46）。

〔註266〕詳見《大清穆宗毅皇帝實錄》同治 2 年 8 月 25 日諭（臺灣銀行經濟研究室/編，《清穆宗實錄選輯》，南投：臺灣省文獻委員會/印行，1997.6.30，pp.49～50）。

〔註267〕詳見《大清穆宗毅皇帝實錄》同治 2 年 11 月 22 日諭（臺灣銀行經濟研究室/編，《清穆宗實錄選輯》，南投：臺灣省文獻委員會/印行，1997.6.30，p.54）。

〔註268〕詳見《大清穆宗毅皇帝實錄》同治 2 年 12 月 6 日諭（臺灣銀行經濟研究室/編，《清穆宗實錄選輯》，南投：臺灣省文獻委員會/印行，1997.6.30，p.55）。

〔註269〕詳見《大清穆宗毅皇帝實錄》（臺灣銀行經濟研究室/編，《清穆宗實錄選輯》，

12月29日接獲林文察奏〈克復斗六土城嘉義肅清移兵彰化摺〉〔註270〕，同治3年1月27日接獲曾元福、丁日健合奏〈生擒首逆剿滅巨股會匪摺〉及林文奏〈圍攻林洪各逆老巢疊獲勝仗摺〉〔註271〕，同治3年3月8日接獲曾元福奏〈肅清嘉義克復斗六摺〉及林文察奏〈擒獲首逆內山肅清摺〉〔註272〕，同治3年5月11日接獲林文察奏〈官軍擒斬首逆彰化解圍摺〉及丁日健奏〈擊敗彰化餘匪暨攻毀曾厝崙一帶賊莊摺〉〔註273〕，同治3年7月18日接獲徐宗幹奏〈臺灣官軍攻克彰化小埔心賊壘生擒渠逆平毀賊莊摺〉及曾元福、丁日健各奏〈生擒陳啞狗並獲僞太子戴能、戴如川及股首張三顯等多名沿海賊莊俱肅清摺〉〔註274〕，同治3年8月24日接獲林文察奏〈臺灣大局底定撤隊內渡摺〉〔註275〕，同治4年（1865）1月15日接獲曾元福奏〈巨逆洪欉被礮震斃全台肅清摺〉〔註276〕，同治4年2月29日接獲丁日健奏〈官軍剿滅全股踞逆並搜捕餘匪妥辦善後摺〉〔註277〕，同治4年4月11日接獲丁日健奏〈督軍搜拏巨匪並查辦善後妥籌防海及擒獲嘉義逆首等犯正法摺〉〔註278〕，清穆宗「以福建臺灣全境肅清，賞道員丁日健布政使銜，總兵曾元福提督銜」。

　　從以上官員奏摺的名稱，就可以明顯看出官員對官兵連連獲勝，而逆賊巨匪則一一被擒斬。這樣的敘述在《相龍年一歌詩》完全沒有出現，在《辛酉一歌詩》中出現的比率也很不高，這是因爲《辛酉一歌詩》與《相龍年一

　　　　　南投：臺灣省文獻委員會/印行，1997.6.30，pp.55～56）。
〔註270〕詳見《大清穆宗毅皇帝實錄》（臺灣銀行經濟研究室/編，《清穆宗實錄選輯》，
　　　　　南投：臺灣省文獻委員會/印行，1997.6.30，pp.56～57）。
〔註271〕詳見《大清穆宗毅皇帝實錄》（臺灣銀行經濟研究室/編，《清穆宗實錄選輯》，
　　　　　南投：臺灣省文獻委員會/印行，1997.6.30，pp.57～58）。
〔註272〕詳見《大清穆宗毅皇帝實錄》（臺灣銀行經濟研究室/編，《清穆宗實錄選輯》，
　　　　　南投：臺灣省文獻委員會/印行，1997.6.30，p.61）。
〔註273〕詳見《大清穆宗毅皇帝實錄》（臺灣銀行經濟研究室/編，《清穆宗實錄選輯》，
　　　　　南投：臺灣省文獻委員會/印行，1997.6.30，p.74）。
〔註274〕詳見《大清穆宗毅皇帝實錄》（臺灣銀行經濟研究室/編，《清穆宗實錄選輯》，
　　　　　南投：臺灣省文獻委員會/印行，1997.6.30，pp.77～78）。
〔註275〕詳見《大清穆宗毅皇帝實錄》（臺灣銀行經濟研究室/編，《清穆宗實錄選輯》，
　　　　　南投：臺灣省文獻委員會/印行，1997.6.30，pp.81～82）。
〔註276〕詳見《大清穆宗毅皇帝實錄》（臺灣銀行經濟研究室/編，《清穆宗實錄選輯》，
　　　　　南投：臺灣省文獻委員會/印行，1997.6.30，pp.90～91）。
〔註277〕詳見《大清穆宗毅皇帝實錄》（臺灣銀行經濟研究室/編，《清穆宗實錄選輯》，
　　　　　南投：臺灣省文獻委員會/印行，1997.6.30，pp.91～92）。
〔註278〕詳見《大清穆宗毅皇帝實錄》（臺灣銀行經濟研究室/編，《清穆宗實錄選輯》，
　　　　　南投：臺灣省文獻委員會/印行，1997.6.30，pp.92～93）。

歌詩》主要描寫的時間著重在戴潮春起義的前因與勝利階段，《相龍年一歌詩》著重在咸豐 11 年孔道台開徵釐金，到同治 1 年 3 月戴潮春攻下彰化縣城，殺了孔道台為止；《辛酉一歌詩》著重在咸豐 11 年孔道台開徵釐金，到同治 1 年 9 月總兵林向榮在斗六門被陳弄宰殺為止；至於官兵後來收復失地、剿匪的經過，所佔篇幅約只有 4 分之 1，描寫重點仍著重在「大哥」的窮途末路，而不是官兵的英勇。

（2）林豪《東瀛紀事》（1870）、吳德功《戴案紀略》（1894）、蔡青筠《戴案紀略》（1923）

林豪（1831～1918）《東瀛紀事》對官兵的描寫比官員的奏摺來得平實與真實。

當同治 1 年 3 月 17 日秋日覲率官兵出兵大墩後，閩浙總督奏報官兵連獲勝仗，但是林豪卻只說「賊負嶼拒戰」。〔註 279〕隨後戴軍攻擊彰化縣城，因為軍餉出問題，城中「軍心稍懈」，後來孔道台又誤信「賊已就撫」，官員相賀，命令守城者回家休息。「賊之入城，營兵猶巷戰」，而孔道台則自殺，夏汝賢受辱憤死。在林豪的記載中雖然有提及官兵與賊激戰的事蹟，但是對於官兵輕敵、鬆懈的行為也加以描寫；反觀閩浙總督慶瑞的奏摺，則只報告官兵英勇的一面，甚至有誇大之嫌。〔註 280〕

林豪描寫鹿港官兵時，也指出：「時文武多藏匿」，只有水師遊擊江國珍督軍固守汛地。鹿港之所以沒有被戴軍攻下，全靠當地紳民的自我防衛。〔註 281〕當同治 1 年 5 月曾玉明率官兵抵達鹿港之後，官兵多次與賊交戰，但無法抑制賊勢，官兵士氣渙散。〔註 282〕一直到同治 2 年 10 月官軍仍屢次失利戰敗，而能與戴軍呈對峙局面的是不認同戴軍的臺灣士紳和百姓。即使在同治 2 年 9 月丁日健抵台，10 月林文察抵台，出力最多的仍是臺灣士紳與台勇。大清帝國的綠營兵不但為數不如台勇，表現也不如台勇。

林豪不客氣的批評大清國在台的官軍並非「勁旅」，他說：「按平戴逆之

〔註 279〕詳見林豪《東瀛紀事》（臺灣銀行經濟研究室/編，臺灣文獻史料刊第七輯，1957.12，p.4）。

〔註 280〕詳見林豪《東瀛紀事》（臺灣銀行經濟研究室/編，臺灣文獻史料刊第七輯，1957.12，pp.4～5）。

〔註 281〕詳見林豪《東瀛紀事》（臺灣銀行經濟研究室/編，臺灣文獻史料刊第七輯，1957.12，p.13）。

〔註 282〕詳見林豪《東瀛紀事》（臺灣銀行經濟研究室/編，臺灣文獻史料刊第七輯，1957.12，pp.13～15）。

亂，戰蹟殊無可觀。蓋賊以社鼠城狐之智，與棘門灞上之師，搏戲三年，祇堪一噱。」〔註283〕並指出臺灣的義民烈士功勞甚大。

在吳德功（1850～1924）的《戴案紀略》中對臺灣綠營兵有深入的評論，吳德功指出彰化縣城會淪陷有三個原因：第一，「營兵糧餉甚薄，兼以當道刻扣銀米」，軍餉又常遲發，造成「營兵半兼爲商，全無訓練」。加上城中精兵隨秋日觀出城剿會黨，城內只剩三、四百名老弱營兵，所以不敵戴軍。〔註284〕這樣的檢討卻未見於官員的奏摺中。

蔡青筠（1868～1927）的《戴案紀略》說法雖大多抄自林豪與吳德功，但是描寫秋日觀在同治 1 年 3 月出兵剿會黨的地方，蔡青筠指出秋日觀「到大里杙遇賊，敗之；小戰皆捷」。〔註285〕這樣的說法未見於林豪與吳德功。

（3）**陳肇興《咄咄吟》（1862～1863）、林占梅《潛園琴餘草》、吳子光《一肚皮集》（1875）**

陳肇興（1831～1876 後）在詠史詩《咄咄吟》中尊稱曾玉明率領的軍隊爲「王師」，詩中對官兵充滿信心。〔註286〕但是後來官兵的行爲卻讓他深感失望，在〈感事漫興〉詩中，他批評彰化縣城的官兵：「城破猶聞官索米，兵來唯見吏徵糧；紛紛文武遭誅戮，敢信捐軀盡國殤。」〔註287〕陳肇興家住彰化縣城內，他爲官兵的批評，可信度頗高。雖然陳肇興也批評官兵，但是他仍是站在統治論述的立場；所以，當同治 2 年 2 月 12 日福建水師提督吳鴻源解了嘉義縣城的圍之後，陳肇興高興的寫了一首〈花朝喜聞官軍羅山大捷嘉圍以解〉詩，歌頌嘉義城的百姓與官軍。〔註288〕但是，在〈克復林圮埔在軍中偶興〉一詩中，陳肇興說道：「頻年殺賊不逢官」，指出殺賊的都是臺灣紳民，而非官兵。〔註289〕身爲臺灣人的陳肇興，他雖認同統治者的立場，但是他所

〔註283〕詳見林豪《東瀛紀事》（臺灣銀行經濟研究室/編，臺灣文獻史料刊第七輯，1957.12，p.19）。
〔註284〕詳見《吳德功先生全集：施案紀略、戴案紀略、讓台記》（南投：臺灣省文獻會，1992.5.31，pp.8～9）。
〔註285〕詳見蔡青筠《戴案紀略》（臺灣文獻叢刊第 206 種，臺灣銀行經濟研究室/編印，台北：臺灣銀行/發行，1964.11，p.3）。
〔註286〕見陳肇興〈端午飲家與三茂才舍中聞大軍登岸口占示喜〉（《陶村詩稿》，南投：臺灣省文獻委員會/印行，1978.6，卷七、卷八，p.98。）
〔註287〕見陳肇興《陶村詩稿》（南投：臺灣省文獻委員會/印行，1978.6，卷七、卷八，pp.104～105。）
〔註288〕見陳肇興《陶村詩稿》（南投：臺灣省文獻委員會/印行，1978.6，卷七、卷八，pp.120～121。）
〔註289〕見陳肇興《陶村詩稿》（南投：臺灣省文獻委員會/印行，1978.6，卷七、卷

關心的是臺灣百姓的安危，而非統治者的利益。

在林占梅（1821～1868）的詩集《潛園琴餘草》與吳子光（1819～1883）《一肚皮集》中，對官兵的描寫很少，臺灣義首、義民才是他們的主要描寫人物。

3.《新編戴萬生作反歌》中的官兵形象

在《新編戴萬生作反歌》中，官兵被論及的地方不多。與戴軍作戰的主要兵力是「義首」率領的「義民」、「義勇」、「兵」，而非官員所帶領的營兵。從這樣的描寫手法，就可以知道官兵的不堪用武。

第四節　《辛酉一歌詩》與《相龍年一歌詩》對「義民」、「台勇」的詮釋

在《辛酉一歌詩》與《相龍年一歌詩》中，從清國內地派來鎮守臺灣的綠營兵不堪一擊，《相龍年一歌詩》中未見對於台勇及義民的敘述，在《辛酉一歌詩》中則是臺灣本地的「民壯」、「台勇」紛紛加入戰局，負責保護官員，對抗戴軍，但是他們不時有背叛官兵的行為發生。

「義民」是指在變亂發生時期，協助清國統治者，討剿叛亂犯，維持地方安定的漢人。通常義民是以集體型態出現，也就是「民間自衛武裝組織」，帶頭的人就是「義首」。義民在平日是一般百姓，與固定領軍餉的營兵不同。在清國內地也有義民的出現。〔註290〕

臺灣籍的臨時傭兵，稱為「臺勇」、「民壯」。滿清統治臺灣期間禁止臺灣人當兵，臺灣的班兵都是由內地派來。不過，因為臺灣人熟悉環境，加上官吏藉機貪汙，雇用臺灣兵又可免支付內地眷糧及行糧，尤其是戰爭爆發，兵力不足，因此時常需要台勇助戰。所以清領時期，臺灣兵不可或缺。〔註291〕由於不是編制內的正規軍，因此，無法稱為「兵」，稱為「台勇」、「民壯」，這樣的稱呼反映出清國政府將臺灣人視為次等國民的現實。

八，p.133。）
〔註290〕本段有關「義民」的解說參考丁光玲《清代臺灣義民研究》（台北：文史哲出版社，1994.9 初版，pp.2～4）。
〔註291〕對臺灣人在清領時期當兵的研究，詳見許雪姬《清宮臺灣的綠營》〈第七章綠營中的臺灣兵——附台勇〉（中央研究院近代史研究所專刊（54），臺北：國立中央研究院近代史研究所，1987.5 初版，pp.380～383）。

一、義首：羅冠英（？～1864）

義首羅冠英（羅阿賊），字福澤，是彰化縣東勢角莊（在今台中縣東勢鎮）的客家人，他是地名的「勇首」，駐軍在翁仔社（在今台中縣豐原市），同治1年（1862）3月底到4月初，戴潮春與林晟帶領數萬人，合攻阿罩霧前厝莊（今台中縣霧峰鄉甲寅村）林家，羅冠英曾帶領200名客家屯勇前來協助擊退戴、林的軍隊。〔註292〕後來也數次帶兵到大甲城，擊退戴、林的軍隊。〔註293〕

1.《辛酉一歌詩》與《相龍年一歌詩》中的羅阿賊

在《辛酉一歌詩》中，羅冠英只有出現在攻打陳弄時，而且一上場就戰死了。在歌中，描寫他被陳弄陣營中的「客婆嫂」騙住，作者寫到羅冠英聽到客婆嫂的聲音，心情很興奮，毫無防備之心，因而被客婆嫂用搶擊斃。文武官員只好邊哭邊抬他的棺木回營。

《辛酉一歌詩》的作者是 Holo 人（福佬人），可能不喜歡客家人羅冠英，也或許是，作者對協助官兵的臺灣人比較不具好感。相反的，在統治論述中，對羅冠英的記載很多，而且極力歌頌他，請見下面分析。

2. 統治論述中的義首羅冠英

（1）《大清穆宗毅皇帝實錄》與清國官員奏摺與文書

在丁日健的奏摺中稱羅冠英爲「義首」，丁日健指出羅冠英在同治1年3月之後力守淡水廳與彰化縣界，力保淡水、大甲門戶。〔註294〕同治2年9月丁日健抵台之後，在11月曾經派他進剿犁頭店一帶賊巢。〔註295〕丁日健稱贊他是「內山最爲得力之義首五品銜藍翎羅冠英」，同治3年派他協剿小埔心陳弄，好不容易攻破陳弄竹圍城的外圍，逼近竹圍內，沒想到羅冠英卻受傷陣亡。〔註296〕

〔註292〕羅冠英救援霧峰林家的記載，詳見林獻堂〈先伯父文鳳公家傳〉（臺灣銀行經濟研究室編，《臺灣霧峰林氏族譜》，南投：臺灣省文獻委員會/印行，1994.12.31，p.109）。

〔註293〕羅冠英救援大甲的記載，詳見林豪《東瀛紀事》〈大甲城守〉（臺灣銀行經濟研究室/編，臺灣文獻史料叢刊第七輯，pp.19～24）。

〔註294〕詳見丁日健《治台必告錄》（下）（臺灣銀行經濟研究室/編，南投：臺灣省文獻委員會/印行，1997.6.30，p.426）。

〔註295〕詳見丁日健《治台必告錄》（下）（臺灣銀行經濟研究室/編，南投：臺灣省文獻委員會/印行，1997.6.30，pp.429、445）。

〔註296〕詳見丁日健《治台必告錄》（下）（臺灣銀行經濟研究室/編，南投：臺灣省文獻委員會/印行，1997.6.30，p.468）。

於是，同治 3 年 7 月 18 日清穆宗下旨爲「陣亡團首羅冠英建立專坊」。
〔註 297〕

（2）林豪《東瀛紀事》（1870）、吳德功《戴案紀略》（1894）、蔡青筠《戴案紀略》（1923）

林豪（1831～1918）《東瀛紀事》對羅冠英也是讚譽有加，書中時常直接稱羅冠英爲「冠英」，只有一次在他的姓名上加上「義首」二字。〔註 298〕 在〈翁仔社屯軍始末〉中，林豪說：「羅冠英，小名阿察，剛直敢戰」，並指出他是「東勢角」（在今台中縣東勢鎮）客家人，受張世英委託，與廖廷鳳、廖世元、林傳生管帶「粵勇數千」，駐軍在翁仔社（在今台中縣豐原市）。同治 1 年 3 月秋日覲要出兵剿會黨之前，曾經邀他招募 400 名壯勇協剿，羅冠英也應邀前往，但是中途就聽聞秋日覲遇害，他因此撤軍。隨後，竹塹總辦團練林占梅與他結交。不久，他又隨淡水廳候補通判張世英收復大甲城，並保護林文明回阿罩霧林家。「賊憤恨」，攻打羅冠英，但是都無法得逞。羅冠英兩次援兵大甲城，功勞很大。同治 2 年 2 月張世英派他進攻四張犁戴潮春根據地，2月 27 日他攻入「賊巢」，「毀掘戴逆祖墳」，其後又多次打敗賊眾。〔註 299〕

同治 3 年 3 月 19 日羅冠英「率壯士急擊」小埔心陳弄巢穴，被陳弄的妻子以哀兵之計欺騙，深入賊寨後，他與壯士數十人中礮身亡。後來他的弟弟羅坑帶領客家義民，協助林文察剿匪，也爲羅冠英報仇，終於攻破陳弄巢穴。
〔註 300〕

吳德功（1850～1924）的《戴案紀略》〔註 301〕 與蔡青筠（1868～1927）的《戴案紀略》〔註 302〕 對羅冠英的論述與林豪大致相同。此處不再詳述。

〔註 297〕 見《大清穆宗毅皇帝實錄》（臺灣銀行經濟研究室/編，《清穆宗實錄選輯》，南投：臺灣省文獻委員會/印行，1997.6.30，p.78）。

〔註 298〕 詳見林豪《東瀛紀事》（臺灣銀行經濟研究室/編，臺灣文獻史料刊第七輯，1957.12，pp.21、23～24、38～39、42～44、49）。

〔註 299〕 詳見林豪《東瀛紀事》（臺灣銀行經濟研究室/編，臺灣文獻史料刊第七輯，1957.12，pp.42～44）。

〔註 300〕 詳見林豪《東瀛紀事》（臺灣銀行經濟研究室/編，臺灣文獻史料刊第七輯，1957.12，pp.48～49）。

〔註 301〕 詳見《吳德功先生全集：施案紀略、戴案紀略、讓台記》（南投：臺灣省文獻會，1992.5.31，pp.13～14、25、28、32、35～36、44、52、54）。

〔註 302〕 詳見蔡青筠《戴案紀略》（臺灣文獻叢刊第 206 種，臺灣銀行經濟研究室/編印，台北：臺灣銀行/發行，1964.11，pp.5、9、16、26～27、31、38、42、49～51、56）。

（3）陳肇興《咄咄吟》（1862～1863）、林占梅《潛園琴餘草》、吳子光《一肚皮集》（1875）

在陳肇興（1831～1876 後）詠史詩《咄咄吟》〔註 303〕與林占梅（1821～1868）的詩集《潛園琴餘草》〔註 304〕中，沒有特別提及羅冠英個人。

而在吳子光（1819～1883）《一肚皮集》中，稱羅冠英為「羅將軍」、「羅公」，他有一篇為羅冠英寫的傳記：〈奉　旨建坊入祀昭忠祠贈忠信校尉羅公傳〉〔註 305〕。吳子光指出：羅冠英，字福澤，原籍廣東潮州，祖先移民到臺灣東勢角莊。吳子光說東勢角莊必有偉人產生，因為「地靈人傑」。可見他認為羅冠英是「應運生而備國家之用」的「偉人」。在戴潮春作亂之初，曾以金銀珠寶招納羅冠英，羅冠英痛批：「羅某雖貧，豈作賊乎？」後來他屯兵翁子社，對穩定淡水廳功勞極大。

吳子光指出羅冠英總是打勝仗，原因在於他「以死自誓」，使得「賊望見羅家軍旗幟，則人人無鬥志，爭走數舍外避之。」吳子光指出陳弄是群賊中最兇悍的人，羅冠英在攻打陳弄時，被飛礮擊斃。吳子光之所以指出陳弄是最兇悍的賊，其用意在於為羅冠英的死做合理化解釋，因為陳弄如果不夠強，羅冠英不就死得太輕易。吳子光並指出戴亂能平定，「皆公倡義力也」。

由於特別為羅冠英寫的個人傳記，吳子光將羅冠英極度美化，並誇飾他的功勞與軍威。在其他的統治論述中，羅冠英也都極為英勇善戰，戰績豐碩；但是在《辛酉一歌詩》對羅冠英的論述就比較負面，而且篇幅不多。

3.《新編戴萬生作反歌》中的「羅澤」、「澤哥」、「澤兄」

在《新編戴萬生作反歌》中，羅冠英被稱為「羅澤」、「澤哥」、「澤兄」（字福澤），他是整首歌中的第一主角，最了不起的英雄。

在吳子光〈奉　旨建坊入祀昭忠祠贈忠信校尉羅公傳〉〔註 306〕中，吳子

〔註 303〕見陳肇興《咄咄吟》（《陶村詩稿》，南投：臺灣省文獻委員會/印行，1978.6，卷七、卷八，pp.91～138。）

〔註 304〕見林占梅《潛園琴餘草簡編》（臺灣銀行經濟研究室/編，臺灣文獻叢刊第 202種，1964.11，pp.132、141）。

〔註 305〕吳子光〈奉旨建坊入祀昭忠祠贈忠信校尉羅公傳〉收在吳子光《一肚皮集》（卷四傳上，本書依據 1875 年吳氏雙峰草堂自刊本翻印，臺灣先賢詩文集彙刊第三輯 2，龍文出版社/印行，1997.6.30，第二冊，pp.258～267）。後又被收錄於吳子光《臺灣遊記》（臺灣銀行經濟研究室/編，臺灣文獻叢刊第 36 種，1959.2，pp.51～54）。

〔註 306〕吳子光〈奉旨建坊入祀昭忠祠贈忠信校尉羅公傳〉收在吳子光《一肚皮集》

光指出：在戴潮春作亂之初，曾以金銀珠寶招納羅冠英，羅冠英痛批：「羅某雖貧，豈作賊乎？」但是在《新編戴萬生作反歌》中，指出羅冠英被戴潮春包圍，不得不投靠戴潮春，也深受戴潮春信任，戴潮春誇他是「虎將」。不過作者爲羅冠英降戴潮春找出合理解釋，認爲他是爲了「先謀脫身后主張」。他始終都沒有助戴潮春造反，找到機會就又號召義民，與廖鳳（廖廷鳳）擔任義首，與「紅頭」交戰，屢獲勝仗，他是一個有「仁心」的人，不會爲了趕盡殺絕而「燒庄」。他也解大甲城之危，並建議用水攻打敗陳弄。可惜，他卻死在陳弄陣營中，中鎗身亡，死後，備享尊榮，作者稱讚：「澤兄仁心爲國危」，總兵也爲他的死而哭泣。

　　羅冠英在《新編戴萬生作反歌》中的仁義形象，與林豪《東瀛紀事》、吳德功《戴案紀略》、蔡青筠《戴案紀略》、吳子光〈奉　旨建坊入祀昭忠祠贈忠信校尉羅公傳〉等著作立場極爲相似；但是在《辛酉一歌詩》中，羅冠英卻被稱爲「羅阿賊」，還說他被女人計誘，死在女人手裡。

二、義民、台勇、民壯

　　清國統治臺灣時期，在臺灣人的起義事件中，原本沒有武裝的臺灣人，分成了三種人，第一種是反抗政府的人，通常源自於「官逼民反」，統治者稱爲「逆賊」；第一種人應第一種人生產生，目的在協助政府剿平叛亂，並保衛鄉土，統治者稱爲「義民」或「台勇」；第三種臺灣人就是無辜無助的非武裝百姓。這三種人的角色並非固定不變，而會因立場、時勢而轉變。

　　在戴潮春事件中，除了武裝反抗統治者以外，由於戴軍成員多爲漳州移民，清領時期臺灣漢人「漳泉械鬥」、「閩客械鬥」的舊恨新仇又在此時發酵，促使較多的泉州移民、客家移民站在協助官方的這一邊，不過也有少數的泉州移民、客家移民加入戴軍，漳州移民也有人成爲義民。〔註307〕

（卷四傳上，本書依據 1875 年吳氏雙峰草堂自刊本翻印，臺灣先賢詩文集彙刊第三輯 2，龍文出版社/印行，1997.6.30，第二冊，pp.258～267）。後又被收錄於吳子光《臺灣遊記》（臺灣銀行經濟研究室/編，臺灣文獻叢刊第 36 種，1959.2，pp.51～54）。

〔註307〕詳見林豪《東瀛紀事》（臺灣銀行經濟研究室/編，臺灣文獻史料刊第七輯，1957.12，pp.5、12、42～45、30）、《吳德功先生全集：施案紀略、戴案紀略、讓台記》（南投：臺灣省文獻會，1992.5.31，pp.7、8、15～16、23～24）、蔡青筠《戴案紀略》（臺灣文獻叢刊第 206 種，臺灣銀行經濟研究室/編印，台北：臺灣銀行/發行，1964.11，pp.7、26）。

在剿平戴潮春等人的過程中，官兵常顯得缺乏戰鬥力，臺灣義民與臺灣壯勇才是平定戴潮春事件的主要出力者，他們在人數上也遠多出官兵。

1.《辛酉一歌詩》與《相龍年一歌詩》中的臺灣勇

在《辛酉一歌詩》中，明明正無錢可用的孔道台，爲了保護自己，要北巡時，還是多雇用 32 位民壯隨行。在秋日覲要去大墩剿辦戴潮春時，孔道台更請林晟多雇用 400 位民壯，請他們保護官員的安全。沒想到，這些民壯中有人響應戴潮春，對官員反兵相向，秋日覲因此人頭落地。同樣的，戴潮春之所以能輕易攻佔彰化城，也是因爲城內的王萬裡應外合，而王萬原本也被官府委託，請他率領民壯保護彰化城。但是，也有許多官府雇用的民壯，死在彰化縣城中。

在《辛酉一歌詩》中，提及林向榮有 8 位屯勇（遁勇），也背叛他，當戴軍中的李龍溪召喚這八個人時，他們還稱李龍溪爲「大哥」，並聽從李龍溪的吩咐，讓林向榮氣得決定自殺；當林向榮自殺快死之前，他們不但不同情與傷心，還趕在林向榮斷氣以前，粗魯的將林向榮扛去送交陳弄處理。

在《相龍年一歌詩》中，彰化城被戴潮春（戴潮春）攻佔之後，「義民將勇死死大舞堆」。可見戴軍的氣勢與作戰能力遠強於官兵與民壯。

《辛酉一歌詩》的最後，敘述林文察帶領「臺灣勇」前去清國內地，協助清國政府平定太平天國，呈現出臺灣人急於在清國統治者面前力求表現的一面。林文察最後說：「若是敗兵的代誌，臺灣勇愛來去。」臺灣勇未必一定要去幫清國打仗，但是，身爲次級國民的臺灣人，藉由報效國家的軍事行爲，卻可以提升自己的地位，林文察就是最好的例子。

2. 統治論述中的台勇、義民、勇丁

（1）《大清穆宗毅皇帝實錄》與清國官員奏摺與文書

在《大清穆宗毅皇帝實錄》中，有關義民、台勇的記載很多，這些人被泛稱爲「義民」、「義勇」、「紳團」、「勇」、「勇丁」、「丁壯」，其中社會地位較高的地方菁英被稱爲「紳士」、「義首」、「團首」。〔註308〕

以下綜合官員奏摺與清穆宗諭令，舉例說明。

清穆宗在同治 1 年（1862）4 月 24 日接獲閩浙總督慶瑞〈奏爲臺灣彰化

〔註308〕詳見《大清穆宗毅皇帝實錄》（臺灣銀行經濟研究室/編，《清穆宗實錄選輯》，南投：臺灣省文獻委員會/印行，1997.6.30，pp.19～20、25～27、31、35～36、40、42～43、45、48～50、53～54、56～58、78、92、93、107）。

縣轄會匪滋事遴委大員馳赴督勦恭摺〉，慶瑞報告：「臺灣孔昭慈督帶兵勇馳赴彰化勦捕，並令紳士林鳳成等募勇助戰。……詎林鳳成之勇內變，官兵均被殺害。」〔註 309〕清穆宗諭：「紳士林鳳成所募之勇因何生變？」〔註 310〕同治 1 年（1862）6 月 4 日又接獲閩浙總督慶瑞〈奏再臺灣彰化縣轄會匪滋事摺〉：「臺灣道孔昭慈調募兵勇六百，……並飭令淡水同知秋日觀率勇協勦。……詎職員林晟所募之勇內受，兵勇傷亡甚多。……該匪愈聚愈多，蜂擁登城，鹿港紳董帶勇馳援，……道梗無由得達。」〔註 311〕「林鳳成」是「林晟（林日成）」的誤寫。「兵勇」是營兵加上台勇的組合，出現的機率很多，可見此時臺灣的官員無法單獨仰賴營兵，而必須召募臺灣壯勇助陣。可是募勇也有其危險性，因為他們畢竟是臺灣人，一旦官兵與臺灣人發生衝突時，台勇可能會站在臺灣人這一邊，反而為害官兵。如林晟所帶的兵勇就是如此。但是，由於官兵本身自衛能力都顯不足，因此還是需要依賴臺灣人的保護，因此孔昭慈一心期盼「鹿港紳董帶勇馳援」，可惜援軍未到，官兵也就成為待宰羔羊。

　　從官員與清穆宗的諭中，顯見清國駐台官兵對台勇十分依賴。同治 1 年 7 月 10 日清穆宗接獲徐宗幹奏摺，指出曾玉明已在鹿港登陸，鹿港人「軍功施九挺等募勇協勦」，在浙江剿討太平天國軍（髮匪）的參將林文明（臺灣人）「激於義憤」，表明願回臺灣剿亂，清穆宗令他帶「台勇一千名」回臺灣，因為當時台勇也在浙江協助官兵剿亂。〔註 312〕同治 1 年 8 月 28 日清穆宗諭：「曾玉明督同官兵義勇進軍彰化，接仗數十次，疊獲全勝。」〔註 313〕同治 1 年 10 月 21 日清穆宗諭：「徐宗幹務當飭令在事文武聯絡紳勇，速行剿除。」〔註 314〕

〔註 309〕見《清宮月摺檔臺灣史料（一）》，國立故宮博物院藏清代臺灣文獻叢編，台北：國立故宮博物院/出版，1994.10 初版，pp.442～443。

〔註 310〕見《大清穆宗毅皇帝實錄》（臺灣銀行經濟研究室/編，《清穆宗實錄選輯》，南投：臺灣省文獻委員會/印行，1997.6.30，pp.19～20）。

〔註 311〕見《清宮月摺檔臺灣史料（一）》，國立故宮博物院藏清代臺灣文獻叢編，台北：國立故宮博物院/出版，1994.10 初版，pp.447～448。。

〔註 312〕見《大清穆宗毅皇帝實錄》（臺灣銀行經濟研究室/編，《清穆宗實錄選輯》，南投：臺灣省文獻委員會/印行，1997.6.30，p.26）。

〔註 313〕見《大清穆宗毅皇帝實錄》（臺灣銀行經濟研究室/編，《清穆宗實錄選輯》，南投：臺灣省文獻委員會/印行，1997.6.30，p.31）。

〔註 314〕見《大清穆宗毅皇帝實錄》（臺灣銀行經濟研究室/編，《清穆宗實錄選輯》，南投：臺灣省文獻委員會/印行，1997.6.30，p.35）。

同治 2 年 3 月 16 日清穆宗諭：「西螺義民請給劄諭清莊練勇。」〔註315〕同治 2 年 4 月 22 日清穆宗諭：「通判張世英調集番丁、督率義勇，直攻四張犁，將戴逆巢穴焚毀，是該處丁壯尚爲可用。」〔註316〕

同治 2 年 11 月 22 日清穆宗接獲臺灣道丁日健抵台的奏摺，諭：「該道現因兵力尚單，擬令軍功范義庭等招募勇丁，前赴竹塹城聽候調用；著即愼加挑選，毋令奸細溷跡，致與賊匪勾合。」〔註317〕這一段話說明丁日健從內地帶去臺灣的官兵太少，清穆宗不得不准他在臺灣招募義民，但是也擔心會有不法的臺灣人乘機混入，反而成爲潛藏的危機。

丁日健在戴亂平定之後，列了〈請卹清單〉與〈咨部請獎清單〉各一份〔註318〕，其中包含官兵義勇，陣亡傷斃待撫卹的人遠比存活請獎的人還多，其中義民台勇爲數不少，可見義民台勇參戰也是充滿風險；但是，如果能夠活下來，就能被統治者獎賞，甚至封官，這也是臺灣人晉身官途的大好機會。

（2）林豪《東瀛紀事》（1870）、吳德功《戴案紀略》（1894）、蔡青筠《戴案紀略》（1923）

在林豪（1831～1918）《東瀛紀事》中，協助官兵的臺灣人稱「義勇」，反抗官兵的臺灣人稱爲「逆賊」。書中對於義民台勇的記載也很多，英勇善戰的臺灣義勇與缺乏戰鬥力的官兵，成爲明顯對比。特別是對竹塹人林占梅、塗庫義民陳澄清，以及他們所募的台勇有詳細的記載與贊賞。〔註319〕但是在《辛酉一歌詩》與《相龍年一歌詩》中，完全沒有提及林占梅及陳澄清。

在吳德功（1850～1924）的《戴案紀略》〔註320〕與蔡青筠（1868～1927）的《戴案紀略》〔註321〕中，也是採取與林豪相同的立場，「義民」與「賊」勢

〔註315〕見《大清穆宗毅皇帝實錄》（臺灣銀行經濟研究室/編，《清穆宗實錄選輯》，南投：臺灣省文獻委員會/印行，1997.6.30，p.43）。

〔註316〕見《大清穆宗毅皇帝實錄》（臺灣銀行經濟研究室/編，《清穆宗實錄選輯》，南投：臺灣省文獻委員會/印行，1997.6.30，p.45）。

〔註317〕見《大清穆宗毅皇帝實錄》（臺灣銀行經濟研究室/編，《清穆宗實錄選輯》，南投：臺灣省文獻委員會/印行，1997.6.30，pp.53～54）。

〔註318〕詳見丁日健《治台必告錄》（下）（臺灣銀行經濟研究室/編，南投：臺灣省文獻委員會/印行，1997.6.30，pp.541～557、557～559）。

〔註319〕詳見林豪《東瀛紀事》〈北路防剿始末〉〈塗庫拒賊始末〉（臺灣銀行經濟研究室/編，臺灣文獻史料刊第七輯，1957.12，pp.16～18、40～42）。

〔註320〕詳見《吳德功先生全集：施案紀略、戴案紀略、讓台記》（南投：臺灣省文獻會，1992.5.31）。

〔註321〕詳見蔡青筠《戴案紀略》（臺灣文獻叢刊第 206 種，臺灣銀行經濟研究室/編

不兩立。對義民的描寫很多，也都贊賞有加。顯然林豪、吳德功、蔡青筠都是採取統治者的立場，使用統治者認可的詞彙來區別「義」與「賊」的分際，這和《辛酉一歌詩》與《相龍年一歌詩》的立場不同，而且在《辛酉一歌詩》與《相龍年一歌詩》中，義民與台勇所佔的篇幅並不多，歌者對他們也不全是正面的論述。

（3）陳肇興《咄咄吟》（1862～1863）、林占梅《潛園琴餘草》、吳子光 《一肚皮集》（1875）

陳肇興（1831～1876 後）〔註 322〕詠史詩《咄咄吟》〔註 323〕中對義民有頗多的論述，因為陳肇興本人就是義民的身分。他以「弦高犒秦師」、「荊軻度易水」〔註 324〕表明心跡，但是在〈感事漫興〉一詩中，他感嘆：「民為徵兵多聚鐵，官因省是諱休戎」、「殺賊不聞諸將猛，梟渠誰錄義民忠」。〔註 325〕說明臺灣義民急公好義，而官兵卻貪生怕事。在〈羅山兩男子詩〉中，他歌頌嘉義縣兩位義民，死於同治 1 年 9 月斗六門戰役中，贊揚他們死前罵賊不屈：「觀者人人都讚美，賊亦因公頌不已。」〔註 326〕從這兩句話看來，陳肇興似有過度誇贊之嫌，但是可見陳肇興對「從容就義」的高度肯定。

在陳肇興的詩中，有一首〈祭旗後一日，六保背約，縱匪反噬，熺陷義莊無數，獨山頂一帶尚首前盟；予一家四散；幾遭闔門之禍，在重圍中瀝血成詠〉〔註 327〕，從題目就可以知道，「義民」與「義莊」也可能背義助賊，反而加害其他義民。處在這種人與人無法信任的時局中，陳肇興依然不改初衷。在〈殉難三烈詩〉〔註 328〕中，他寫出義民陳耀山一家十四人都被賊所殺害的

　　　印，台北：臺灣銀行/發行，1964.11）。

〔註 322〕陳肇興的生卒年採用林翠鳳的說法，詳見：林翠鳳《陳肇興及其《陶村詩稿》之研究》（台中：弘祥出版社/發行，1999.8，pp.4～5）。

〔註 323〕見陳肇興《咄咄吟》（《陶村詩稿》，南投：臺灣省文獻委員會/印行，1978.6，卷七、卷八，pp.91～138。）

〔註 324〕見陳肇興《咄咄吟》（《陶村詩稿》，南投：臺灣省文獻委員會/印行，1978.6，卷七，p.92。）

〔註 325〕見陳肇興《咄咄吟》（《陶村詩稿》，南投：臺灣省文獻委員會/印行，1978.6，卷七，pp.104～105。）

〔註 326〕見陳肇興《咄咄吟》（《陶村詩稿》，南投：臺灣省文獻委員會/印行，1978.6，p.112。）

〔註 327〕見陳肇興《咄咄吟》（《陶村詩稿》，南投：臺灣省文獻委員會/印行，1978.6，pp.122～123。）

〔註 328〕見陳肇興《咄咄吟》（《陶村詩稿》，南投：臺灣省文獻委員會/印行，1978.6，

慘狀,「兩載亂離憂患中,一家繼緝戰爭中」,說明臺灣人之所以會成爲義民,討剿反抗政府的逆賊,不只是單純的爲了報效國家,更切身的利害關係是在於保衛自己的家園與家人,一旦家人受害,義民無窮的「恨」又使他們更賣力剿賊平亂。

　　林占梅(1821～1868)的詩集《潛園琴餘草》中有一首〈團練〉〔註329〕,作於同治 1 年「戴匪滋事」以後,詩中說明了臺灣人舉義旗、成爲義民的兩個原因,一是「自許孤忠能報國」,二是「連鄉各爲身家計」。說法與陳肇興〈殉難三烈詩〉極相似。但是身爲義民的領袖、地方的團練首,林占梅在同治 2 年所寫的〈夜醒有感〉〔註330〕詩中提到:「轉餉今非易」,指出支付龐大義勇軍餉的艱難。在同治 2 年 11 月 3 日協助官兵收復彰化城之後,林占梅凱旋回到竹塹,寫下〈南征八詠〉〔註331〕,在序文中,林占梅指出他因爲「餉項維艱」,所以到同治 2 年 10 月 18 日才率義勇協助丁日健剿匪,其中第八首爲〈回軍將入竹塹城作〉寫道義軍凱旋時,親友出門遠迎,民眾夾道歡迎。顯然百姓是站在義民這一邊。

　　吳子光(1819～1883)《一肚皮集》中,稱協助官兵剿匪的臺灣人爲「壯士」、「義民」。〔註332〕吳子光主要描寫的對象是義首羅冠英,詳前述。

　　3.《新編戴萬生作反歌》中的義民、義勇

　　在《新編戴萬生作反歌》中,義首、義民、義勇是最受肯定的一群人,他們取代官兵的功能,成爲與戴軍對峙的主力,是平定戴潮春等人的最有功勞的一群。雖然統治論述中的義首、義民也很了不起,但是官兵也來佔有一席之地;但是在《新編戴萬生作反歌》中,官兵成爲無關緊要的一群,義民成爲最重要的軍隊。這與《辛酉一歌詩》、《相龍年一歌詩》剛好相好,在《辛酉一歌詩》、《相龍年一歌詩》中,戴軍中的大哥、兄弟才是主角,而且絕大多數都受到作者的肯定,官兵出場的機會也遠比義民來得多。

---

pp.124～125。)
〔註329〕見林占梅《潛園琴餘草簡編》(臺灣銀行經濟研究室/編,臺灣文獻叢刊第 202 種,1964.11),p.131。
〔註330〕見林占梅《潛園琴餘草簡編》(臺灣銀行經濟研究室/編,臺灣文獻叢刊第 202 種,1964.11),p.135。
〔註331〕見林占梅《潛園琴餘草簡編》(臺灣銀行經濟研究室/編,臺灣文獻叢刊第 202 種,1964.11),pp.141～143。
〔註332〕見吳子光《臺灣遊記》(臺灣銀行經濟研究室/編,臺灣文獻叢刊第 36 種,1959.2),pp.51～53、56、58、89～90。

三、變節者：「大哥」v.s.「義民」

在《辛酉一歌詩》中，對於背叛者、變節者有所批評，如，林晟先是要保護官員，沒想到卻變成反抗官府，對他的這種行為，作者說他是「逆生」（禽獸）。加入戴軍，後來背叛戴軍，並協助官兵來攻戴軍的黃豬哥與吳墙（吳志高），雖然變成官方的「義民」，但是，卻被《辛酉一歌詩》譏為「蓋生神」（意近厚臉皮、不要臉）。

但是對於張三顯就沒有如此苛責，張三顯本來是戴軍中的大哥，他與兄長卻捉戴潮春去送官，後來，因為官府獎賞食言，張三顯再度起義。作者，對他的行為，只說他是一個十分「靈精」的人。對於被叛林晟的陳主星，與背叛呂梓的臭頭沙（蔡沙），作者並沒有批判他們，甚至還說林晟是「賊星」，注定要失敗。

第五節　《辛酉一歌詩》與《相龍年一歌詩》對無辜百姓的詮釋

一、《辛酉一歌詩》與《相龍年一歌詩》中的無辜百姓

「百姓」在《辛酉一歌詩》與《相龍年一歌詩》中，佔據較多的篇幅，是他們強悍反抗孔道台與官府的形象；至於無辜無依的百姓，所佔的篇幅則非常少。反抗官府的百姓前面已討論，這裡只討論《辛酉一歌詩》與《相龍年一歌詩》如何去論述那些無辜的百姓。

在《辛酉一歌詩》中，無辜受戰火波及的百姓共被敘述三次，第一次是戴軍攻入彰化縣城後，大開殺戒，「百姓溜出彰化這城池」，變成流離失所的難民。第二次是戴軍包圍嘉義縣城，城內糧食失去外援，於是貧窮的「散凶人餓到吱吱吅」。第三次是記述逃難遇劫的百姓又遭逢水災，「百姓被大水漂流去」，幸好有一位有錢人劉仔賜，他「看見走反的苦傷悲」，就結合當地居民一起捐助糧食給難民，展現百姓人溺己溺、人飢己飢的互助精神。

在《相龍年一歌詩》中，百姓比《辛酉一歌詩》還強悍，紛紛加入戴潮春的天地會；對於無辜被牽連的百姓，則只有幾句話帶過。歌中描寫戴潮春的軍隊進攻彰化縣城時，城中一片混亂，「富戶人就塊走，做官人就塊溜，店頭人驚甲面憂。有人尋過來，有人尋過去；有人卜殺人，有人愛撈物；有人

愛撰銀，有人愛撰錢；有人就塊堼。有人就塊躍。」其中有人趁火打劫，有有無助的百姓，四處逃難。

《辛酉一歌詩》與《相龍年一歌詩》都將論述的焦點放在官方與百姓的對抗過程，並極力鋪寫戴軍的人物及聲勢；對於無助無依的無辜百姓，雖寄予同情，但敘述都不多。

二、統治論述中的百姓

1.《大清穆宗毅皇帝實錄》與清國官員奏摺與文書

在《大清穆宗毅皇帝實錄》與官員的文書奏摺中，主要的內容都是官兵剿匪的經過，對於一般臺灣百姓遭遇戰亂的痛苦毫不關心，清國官員與皇帝對臺灣百姓採取不信任的態度。

同治 1 年 4 月 24 日接獲彰化縣淪陷的消失之後，清穆宗諭：「臺灣孤懸海外，人心浮動；辦理稍失機宜，必至全台震動。」〔註333〕清廷始終從這個角度來理解臺灣人，因此，他們認爲是臺灣人的血液中有叛亂基因，需要朝廷以威嚴震懾，而不是朝廷的關愛撫卹。

同治 1 年 11 月 22 日清穆宗接獲丁日健奏〈直抵彰化逆巢連獲大捷並請出力官紳兵勇等擇保摺〉〔註334〕，丁日健奏稱他催毀數十座賊莊、賊營，如：「將蘊仔底等十餘莊及無名小莊十餘所同時平毀，復將葭投尾莊外賊營三座及八張犁、何厝莊賊營七座焚毀」〔註335〕丁日健的做法清穆宗大表讚賞；然而，丁日健不分良民與逆賊，一律全村焚毀，寧願錯殺九十九人，也不能放過一人的清莊做法，讓當地的居民陷入生離死別、家破人亡的絕境，這都不是清國統治者與官員所在意的。

2. 林豪《東瀛紀事》（1870）、吳德功《戴案紀略》（1894）、蔡青筠《戴案紀略》（1923）

林豪（1831～1918）《東瀛紀事》對百姓的描寫，著重在百姓的無辜與苦難。

〔註333〕見《大清穆宗毅皇帝實錄》（臺灣銀行經濟研究室/編，《清穆宗實錄選輯》，南投：臺灣省文獻委員會/印行，1997.6.30，p.19）。

〔註334〕此一奏摺在丁日健《治台必告錄》一書中，名爲〈彰境開仗連日大捷並南路各營獲勝摺〉。（見丁日健《治台必告錄》（下）（臺灣銀行經濟研究室/編，南投：臺灣省文獻委員會/印行，1997.6.30），pp.428～433。

〔註335〕見《大清穆宗毅皇帝實錄》（臺灣銀行經濟研究室/編，《清穆宗實錄選輯》，南投：臺灣省文獻委員會/印行，1997.6.30，p.54）。

　　當同治 1 年 3 月 20 日戴潮春進入彰化縣城內時,「百姓皆具香案迎之」,
〔註 336〕當時股首都是漳州人,只有葉虎鞭、林大用是泉州人,「漳人藉勢欺凌
泉人」,葉虎鞭痛斥:「今城中漳人出入者不問,獨泉人搬徙皆遭劫殺。」於
是戴潮春「下令止殺」,給百姓三天期限自由搬遷,葉虎鞭守北門,「護泉民
之出城者,全活頗眾」。〔註 337〕同治 1 年 8 月葉虎鞭向曾玉明投降,翻身成為
義首。〔註 338〕

　　戴軍佔領彰化縣城後,鹿港「人情危懼」、「民心無主」,多將家當及家人
安置在船中,船停港口,以利逃難;有錢人則「爭迎股首以護其家」。〔註 339〕

　　同治 1 年 3 月底,大甲城內官兵逃跑,戴潮春派蔣馬泉到大甲,「百姓皆
具香案迎之,而賊黨隨後爭攫取案上器物。王、陳大姓倚賊勢以壓良民,民
皆厭苦之,陰謀拒賊。」5 月戴軍再度進攻大甲,「水道為賊所斷,城中絕汲
數日」,後來因為城內守節的寡婦余林氏齋戒祈雨,天降大雨,才解了百姓無
水之苦。〔註 340〕

　　同治 1 年 5 月林晟進駐彰化縣城後,派他的手下四處向百姓搜刮錢財,「民
傾家蕩產及全家被戮者無算」。〔註 341〕

　　同治 1 年 3 月戴軍攻嘉義縣城,「兵勇開門逐賊,賊乘勢搶掠而遁。先是
百姓誤傳賊不害良民,及見賊肆焚略,乃大懼戒嚴。」4 月戴軍包圍嘉義縣城,
城內百姓面臨斷糧之苦,富戶許山救濟貧民。5 月 11 日遇到大地震,嘉義百
姓連夜修補傾倒的城牆,與賊血戰三個月。從同治 1 年 9 月到同治 2 年 2 月
間,戴軍再度包圍嘉義縣城,「民多掘草根煮敗革為食」,富戶許山家財匱乏,
只能分送桂圓(龍眼乾)給百姓裹腹。〔註 342〕

〔註 336〕見林豪《東瀛紀事》(臺灣銀行經濟研究室/編,臺灣文獻史料刊第七輯,
　　　　1957.12),p.5。
〔註 337〕見林豪《東瀛紀事》(臺灣銀行經濟研究室/編,臺灣文獻史料刊第七輯,
　　　　1957.12),p.12。
〔註 338〕見林豪《東瀛紀事》(臺灣銀行經濟研究室/編,臺灣文獻史料刊第七輯,
　　　　1957.12),p.13。
〔註 339〕見林豪《東瀛紀事》(臺灣銀行經濟研究室/編,臺灣文獻史料刊第七輯,
　　　　1957.12),pp.12～13。
〔註 340〕見林豪《東瀛紀事》(臺灣銀行經濟研究室/編,臺灣文獻史料刊第七輯,
　　　　1957.12),pp.19～21。
〔註 341〕見林豪《東瀛紀事》(臺灣銀行經濟研究室/編,臺灣文獻史料刊第七輯,
　　　　1957.12),p.8。
〔註 342〕見林豪《東瀛紀事》(臺灣銀行經濟研究室/編,臺灣文獻史料刊第七輯,

　　吳德功（1850～1924）的《戴案紀略》中對受戰火波及的百姓充滿悲憫，他的記載與林豪大致相同。吳德功是彰化縣城內的居民，同治 1 年（1862）3 月 20 日時他 13 歲，也舉家逃離彰化縣城。戴潮春入城之前，與百姓約定只要百姓具香案迎接他，就能保平安無事；但是，「時雖安民，而漳泉各分氣類。百姓惶恐，紛紛挈眷逃鄉」，「城中泉人爲之一空」。〔註 343〕

　　在林豪與吳德功對百姓的記載中，可以發現：由於官兵無法替百姓守住家園，百姓不堪戴軍掠奪，有很多地方的百姓因此自立自強，組織民兵，成爲守衛鄉土的義民。如：吳德功記載同治 1 年 4 月，嘉義縣城內「百姓見賊橫行，紳士陳熙年等會百姓至城隍廟焚香，誓同心拒賊，並聯絡近城各莊應之」。〔註 344〕

　　蔡青筠（1868～1927）的《戴案紀略》對百姓的記載也多承襲林豪、吳德功。他指出戴潮春等人叛亂之後，由於當時清國內地正忙剿討「髮逆」，對臺灣「不暇顧及」，因此「民心愈渙」，百姓十分沒有安全感，於是「莊民爲自保計，雖非甘心從賊，亦與入會。賊給紅旗，賊來樹之；賊退官到，又揭白旗：其心亦良苦矣。」〔註 345〕

　　林豪、吳德功、蔡青筠三人的書中，對百姓的描寫，著重在百姓的無辜、苦難，以及百姓不得不武裝自己來保衛家園的情形。這是清國官員的奏摺與清穆宗實錄中所忽視的部分。在《相龍年一歌詩》中，強調百姓對貪官污吏的反抗行動，很少見到百姓的無助與苦難；戴潮春等大哥不但沒有欺凌百姓，還是百姓的救星。在《辛酉一歌詩》中，也是強悍的百姓居多，對於困苦無助的「走反」百姓，只有一點點的描寫。

3. 陳肇興《咄咄吟》（1862～1863）、林占梅《潛園琴餘草》、吳子光《一肚皮集》（1875）

　　陳肇興（1831～1876 後）在詠史詩《咄咄吟》中對被戴軍欺凌的無助百姓有很同情的描寫。

　　　　1957.12），pp.25～29。

〔註 343〕見《吳德功先生全集：施案紀略、戴案紀略、讓台記》（南投：臺灣省文獻會，1992.5.31），pp.7～8。

〔註 344〕見《吳德功先生全集：施案紀略、戴案紀略、讓台記》（南投：臺灣省文獻會，1992.5.31），p.11。

〔註 345〕見蔡青筠《戴案紀略》（臺灣文獻叢刊第 206 種，臺灣銀行經濟研究室/編印，台北：臺灣銀行/發行，1964.11），p.6。

在同治 1 年寫的〈三月十六日奉憲命往南北投聯莊遇亂避居牛牯嶺即事述懷〉〔註346〕詩中有言：「客言賊如毛，揭竿萬萬行。紅旗蔽白日，刀戟相低昂。前頭載婦女，後頭括金璫。殺人但聞聲，烏能審其詳。」陳肇興引用一位從彰化縣城逃難到牛牯嶺的難民的話，指出彰化縣城百姓中的婦女被賊擄走，財產也落入賊手，許多百姓被殺死。陳肇興的家人都在城中，他因此「涕泣沾衣裳」，既擔心家人，也為百姓而哭。在同治 1 年寫的〈七夕示內〉〔註347〕詩中，陳肇興自述身為難民的苦楚：「一家離散悲戎馬」，「無錢常替內人愁」。同年他寫下〈寄林文翰舍人〉〔註348〕詩，詩中提及舉家避難的艱困，並對上天提出質問：「民不聊生嗟已晚，天如此醉醒何時。」

在同治 1 年陳肇興寫下〈感事漫興〉〔註349〕一詩，他批評彰化縣城的官兵也是百姓苦難的來源：「城破猶聞官索米，兵來唯見吏徵糧」，接著陳肇興指出：「紛紛文武遭誅戮，敢信捐軀盡國殤！」陳肇興提出這樣的質問，可見有一些官兵被殺，是因為官逼民怒，迫使百姓殺官兵來洩恨。

同治 2 年 2 月 12 日福建水師提督吳鴻源解了嘉義縣城的圍之後，陳肇興寫下〈花朝喜聞官軍羅山大捷嘉圍以解〉詩，以「民能死守真知義」來歌頌嘉義城的百姓。〔註350〕可是「死守」一詞，也透露出百姓九死一生的慘狀。

同治 2 年陳肇興在〈祭旗後一日，六保背約，縱匪反噬，燬陷義莊無數，獨山頂一帶尚首前盟；予一家四散；幾遭闔門之禍，在重圍中瀝血成詠〉〔註351〕詩中，寫出了百姓成為刀俎上的魚肉，任賊宰殺的慘狀：「萬口由人任剝皮，焚掠連村生氣促，驚呼到處哭聲悲；關山舉目無相識，欲避豺狼更倚誰！」在〈再克集集俘斬二百餘級溪水為赤〉〔註352〕詩中，有「野燒連村起」的詩

〔註346〕見陳肇興《咄咄吟》，《陶村詩稿》卷七、卷八（南投：臺灣省文獻委員會/印行，1978.6），pp.92～93。

〔註347〕見陳肇興《咄咄吟》，《陶村詩稿》卷七、卷八（南投：臺灣省文獻委員會/印行，1978.6），pp.100～101。

〔註348〕見陳肇興《咄咄吟》，《陶村詩稿》卷七、卷八（南投：臺灣省文獻委員會/印行，1978.6），pp.102～103。

〔註349〕見陳肇興《陶村詩稿》卷七、卷八（南投：臺灣省文獻委員會/印行，1978.6），pp.104～105。

〔註350〕見陳肇興《陶村詩稿》卷七、卷八（南投：臺灣省文獻委員會/印行，1978.6），pp.120～121。

〔註351〕見陳肇興《咄咄吟》，《陶村詩稿》卷七、卷八（南投：臺灣省文獻委員會/印行，1978.6），pp.122～123。

〔註352〕見陳肇興《咄咄吟》，《陶村詩稿》卷七、卷八（南投：臺灣省文獻委員會/

句，百姓村莊想必已遭火吞噬。

　　陳肇興在同治 2 年 12 月寫下〈自林圯埔進師與官軍會約由溪州底攻克斗六逆巢越日襲取東埔蚋等處俘獲逆徒十三人作歌紀之〉〔註353〕，苦情的百姓在這首詩中有了歡顏，當「逆徒」被義民俘虜後，「萬姓讙呼徹街市，居人歸業樂熙熙」。可見百姓對戴軍的嫉惡。隨後陳肇興回到彰化縣城故居，寫下〈亂後初歸里中〉〔註354〕一詩，詩中寫出難民回到城中，面對殘破家園所產生的新愁：「敗垣圍井長黃花，日落寒煙繞郭斜；莫問舊時王謝宅，尋常百姓已無家。」

　　在所有描寫戴潮春事件的史料中，陳肇興的《咄咄吟》對苦難百姓的描寫最爲深沉與哀傷。這樣的悲情與悲憫，是《辛酉一歌詩》與《相龍年一歌詩》的歌者所遠不及的。

　　林占梅（1821～1868）的詩集《潛園琴餘草》對百姓的描寫很少，見於同治 2 年 11 月所寫的〈南征八詠〉第五首〈初三日全軍入彰化城呈丁述菴廉訪周子玉主政〉及第六首〈傍晚登西城樓感述〉〔註355〕。林占梅在感嘆彰化縣城內「瘡痍滿眼」、「滿城廢屋」，城外「四野荒莊」，百姓的「哀聲」「斷人腸」，指出「撫民」是當務之急。災民的慘狀與陳肇興〈亂後初歸里中〉一詩極爲相似。

　　吳子光（1819～1883）《一肚皮集》中，對於百姓的描寫甚少。當彰化縣城淪陷後，他對城內的百姓只有一句描寫：「民情洶洶無所屬」〔註356〕，指出百姓不知該站在官府這邊，或是投靠戴潮春這邊才好。淡水廳的居民在總理劉衍梯、邑紳呂炳南等募義勇數百人駐軍翁仔社，「由是人心思奮，始稍稍知順逆之勢」。〔註357〕吳子光的論述著重在與他有交游的義首、士紳，在他筆下，

　　　　印行，1978.6），p.129。
〔註353〕見陳肇興《咄咄吟》，《陶村詩稿》卷七、卷八（南投：臺灣省文獻委員會/
　　　　印行，1978.6），p.135。
〔註354〕見陳肇興《咄咄吟》，《陶村詩稿》卷七、卷八（南投：臺灣省文獻委員會/
　　　　印行，1978.6），pp.135～136。
〔註355〕見林占梅《潛園琴餘草簡編》（臺灣銀行經濟研究室/編，臺灣文獻叢刊第 202
　　　　種，1964.11），p.142。
〔註356〕見吳子光《臺灣遊記》（臺灣銀行經濟研究室/編，臺灣文獻叢刊第 36 種，
　　　　1959.2），p.51。
〔註357〕見吳子光《臺灣遊記》（臺灣銀行經濟研究室/編，臺灣文獻叢刊第 36 種，
　　　　1959.2），p.52。

百姓是無知的大眾，如果沒有紳士、義首的領導，百姓無法分辨「順逆」，很有可能成為逆賊的一份子。

在《辛酉一歌詩》與《相龍年一歌詩》中，很多百姓是很有自我意識的一群，他們大多不是無知的大眾，而是敢反抗官府剝削的群眾。

三、《新編戴萬生作反歌》中的百姓

《新編戴萬生作反歌》中對無辜受害的百姓也有許多同情的描寫。當戴軍攻佔彰化縣城時，官民同時遇害，戴潮春採取「順者生來逆者死」的作法，讓百姓「人人懼怕」。客家人劉阿河也趁機作亂，「刼搶百姓亂紛紛」，還「冷刀殺人」，讓百姓咒罵不已。歌中也批評戴軍「殺官害民天不容」，因此，戴潮春等人死後，「臺灣都平靜」，百姓因而得以安居樂業。

第六節　小　結

綜上所述，發現《大清穆宗毅皇帝實錄》與當時清國官員的奏摺與文書、林豪《東瀛紀事》（1870）、吳德功《戴案紀略》（1894）、蔡青筠《戴案紀略》（1923）、陳肇興《咄咄吟》（1862～1863）、林占梅《潛園琴餘草》、吳子光《一肚皮集》（1875）等關於戴潮春事件的史料，對戴潮春事件所採取的觀點極為相同，都是採用統治者的立場與措辭來記述這一事件。最明顯的地方就是：稱戴潮春等人為「逆賊」，認定他們的行為是「謀反」；相反的，協助官兵剿討戴潮春等人的臺灣人，被尊稱為「義民」，他們的行為是一種「義舉」；而官兵則是「王師」。

相反的，《辛酉一歌詩》與《相龍年一歌詩》對歷史的詮釋顯然是站在臺灣民間的觀點，特別是認同反抗政府的戴潮春等人，他們在歌中被尊稱為「大哥」，他們之所以會起義，是因為「官逼民反」，他們是為受官府剝削的百姓宰殺貪官污吏的英雄；因此，當臺灣道孔昭慈、臺灣鎮總兵林向榮死亡時，百姓歡天喜地，這些官員在歌中也多以負面形象出現。

臺灣客語歌子《新編戴萬生作反歌》所持的立場比較偏向統治論述，如歌中大量稱戴軍為「賊」，稱戴潮春為「賊虫」；並一直歌誦「義民」的仁義，稱贊清穆宗是仁君、賢君。但也有與多數統治論述不同之處，如對林文察負面的論述，只有在丁日健的奏摺中可以見到類似的言論。

　　連慧珠在《「萬生反」——十九世紀後期臺灣民間文化之歷史觀察》一書中指出：「《新編戴萬生作反歌》所持的立場前後稍有二致，原因是這一首歌謠係來自義民立場之創作。」〔註358〕確實是如此，特別是對客家義首、義民的描述既多又正面，尤其是義首羅冠英、廖廷鳳兩位「虎將」更是備受尊榮與肯定。但是，歌中也舉出數位趁機作亂的客家人，如劉阿河，受到極嚴厲的批評；也有客家義民，因爲不敵「賊」而加入「賊營」的情形。所以，這首歌並不純然是在歌誦客家人。

　　以下再討論對歷史事件與人物的論述重點。

　　在《大清穆宗毅皇帝實錄》與當時清國官員的奏摺與文書中，官兵的表現最受重視，而且時常有過分誇大官兵戰蹟的論述；而對無辜百姓的關心則十分缺乏，這也反映出清國統治者只想鞏固領導權，而不在乎臺灣人眞實感受的統治心態。

　　在林豪《東瀛紀事》、吳德功《戴案紀略》、蔡青筠《戴案紀略》三本書中，則臺灣義民與無辜百姓的記述最多，書中批判官兵的無能，控訴逆賊的惡行，誇贊臺灣義民英勇守衛家園的忠義表現，並對百姓的苦難深表同情，對堅忍守城的百姓深表敬佩。書中對臺灣道孔昭慈、臺灣鎮總兵林向榮都有所批評。

　　在陳肇興的《咄咄吟》詩中，對於避難的可憐災民、擾民的官兵、忠義愛鄉報國的義民、如豺狼般掠奪的賊寇，都有很感性的描寫。詩中對臺灣道孔昭慈、臺灣鎮總兵林向榮極爲尊敬，認爲他們是憂國憂民的好官，流於誇大不實。

　　在林占梅《潛園琴餘草》與吳子光《一肚皮集》書中與戴潮春事件有關的詩文並不多。著重在臺灣義首、士紳英勇剿賊的義行。

　　在《辛酉一歌詩》與《相龍年一歌詩》中，將論述的第一個重點擺在「官逼民反」這個導火線，因此對於咸豐11年臺灣道孔道台剝削臺灣府城百姓的惡行，做了很生動與詳細的描寫；第二個論述重點則在戴潮春等人起義反抗官府，爲民報仇，攻城殺官。《相龍年一歌詩》只寫到同治1年3月戴潮春攻下彰化縣城，殺了孔道台，爲民報仇。而《辛酉一歌詩》則進入第三個論述重點，描寫林文察等大官來台平亂，詳細描寫戴軍中眾大哥與官兵交戰的戰

〔註358〕見連慧珠《「萬生反」——十九世紀後期臺灣民間文化之歷史觀察》（台中：東海大學歷史系碩士論文，1995.6），p.68。

況，重點在論述大哥的窮途末路。

　　《辛酉一歌詩》與《相龍年一歌詩》對於戴潮春起義事件，有著獨具的詮釋觀點與論述重點，這是在龐大的統治論述中所未見的。這兩首歌謠也因此格外重要，是臺灣人的重要文化資產與歷史文獻。

　　連慧珠在《「萬生反」—— 十九世紀後期臺灣民間文化之歷史觀察》〔註359〕論文中，從歷史與民間文化研究的角度，探討《辛酉一歌詩》與《新編戴萬生作反歌》，指出這兩首歌謠的主旨都在「規勸世人勿輕蹈謀反，但是此間所共享的意識型態並非爲儒家所提倡的忠貞、節義等道德觀，而是謀求身家財產繼存的現世要求及功利性格。」〔註360〕指出《辛酉一歌詩》與《新編戴萬生作反歌》眞情流露，反映民間大眾的情感、心態與理念，具有高度的文化自主性。〔註361〕

〔註359〕連慧珠《「萬生反」—— 十九世紀後期臺灣民間文化之歷史觀察》（台中：東海大學歷史系碩士論文，1995.6）。

〔註360〕見連慧珠《「萬生反」—— 十九世紀後期臺灣民間文化之歷史觀察》（台中：東海大學歷史系碩士論文，1995.6），p.82。

〔註361〕詳見連慧珠《「萬生反」—— 十九世紀後期臺灣民間文化之歷史觀察》（台中：東海大學歷史系碩士論文，1995.6），pp.93～125。

第九章 《臺灣陳辦歌》、《辛酉一歌詩》與《相龍年一歌詩》的歷史詮釋與文學特色

第一節 臺灣庶民的歷史觀 V.S.清國統治者的歷史觀

　　經由筆者研究，《臺灣陳辦歌》、《辛酉一歌詩》與《相龍年一歌詩》都是站在臺灣庶民的立場，企圖為反抗者、被統治者、被消滅者發聲留言的論述。歌中對相關歷史人物、事件的詮釋觀點與論述重點，都與「統治論述」〔註1〕有很大的不同，甚至全然相反。

一、對臺灣漢人起義事件的理解與評價

（一）起義的動機與目的

　　聚眾公然攻擊官員、反抗政府，從統治者的角度來看，是亂黨逆賊，大逆不道，禍及子孫；但是，在《新刊臺灣陳辦歌》、《辛酉一歌詩》與《相龍年一歌詩》中，卻不見得認同統治者這種觀點。

　　《新刊臺灣陳辦歌》從客家人欺壓福佬人（陳辦村莊）寫起，後來，張

〔註 1〕 詳見許文雄〈相看都討厭：清朝統治者和臺灣人民互相敵對的態度〉：「皇帝的諭、旨、廷寄，官員的奏摺、題本、和著作組成統治論述。」，發表在「第七屆臺灣歷史與文化研討會——主題：社會變遷及族群融合」（台中：東海大學通識教育中心，2004.2.6～7舉辦），pp.1～2。

丙認定官方袒護客家人，由於官府的追捕所逼，演變成張丙等人的起義。《新刊臺灣陳辦歌》中雖然曾經指出張丙起義是要「復漢滅滿」，但是歌中接著指出張丙是要「開國」，並且打算攻下嘉義縣城當作「帝都」，同時張丙自己則要當「龍」稱帝。不論是「復漢滅滿」或是「開國」，《新刊臺灣陳辦歌》明確指出張丙等人決定要殺盡清國的貪官污吏，推翻清國的統治權，並企圖建都稱帝。

在《大清宣宗成皇帝實錄》與官員的奏摺文書中，認定張丙事件的起因，在於閩南移民侵犯客家移民的村莊，引起「閩粵械鬥」，官府出兵平亂，結果閩南移民殺害官員，讓事情因而擴大。對於陳辦、張丙等人反抗官府的舉動，一開始認爲他們是土匪強盜；雖然目無王法，但卻不是意圖造反的革命者。後來亂事擴大，官方才認爲張丙等人意圖推翻清國政權。最後，清宣宗認爲張丙等人之所以會造反，並不是蓄意如此；而是官逼民反的結果。因此，清宣宗在事後也大肆懲處許多危害他對臺灣的統治權的官員。

對於張丙等人會起義的原因，《新刊臺灣陳辦歌》與《大清穆宣成皇帝實錄》及當時清國官員的奏摺與文書，以及周凱〈記臺灣張丙之亂〉，都認爲「福客（閩粵）械鬥」與「官逼民反」是兩大要因；但是，所採取的價值判斷卻有所不同。

《辛酉一歌詩》與《相龍年一歌詩》論述臺灣有史以來歷時最久的民變——戴潮春起義事件。這兩首「歌仔」論述的第一個重點，就擺在「官逼民反」這個導火線，對於咸豐11年（1861）臺灣道孔道台剝削臺灣百姓的惡行，做了很生動與詳細的描寫；第二個論述重點則在戴潮春等人起義反抗官府，爲民報仇，攻城殺官。

《辛酉一歌詩》一開始站在官員的立場，以「謀反」來認定戴潮春組織天地會的舉動，不過整首歌的內容，卻很少用「謀反」加在戴潮春這些反抗軍身上。從《辛酉一歌詩》中的敘述看來，孔昭慈派官兵去剿辦天地會眾與戴潮春，才是引發這場起義的導火線；並以天意不可違的神秘色彩，來合理化戴潮春的起義。

《相龍年一歌詩》站在百姓的角度，指出臺灣府城的百姓因爲無法忍受貪官污吏，所以決定「謀反」。《相龍年一歌詩》指出戴潮春之所以會起義，導火線在於孔昭慈剝削百姓，於是由臺灣府城百姓請出戴潮春來推翻官府。這首歌指出官員被殺頭是他們自己活該，百姓還因爲官員的死，而感到高興。

作者認為只要統治者不公不義，剝削人民；人民就可以起義反抗統治者，而不需要天意的安排。

在客語的《新編戴萬生作反歌》中，雖然嘲笑戴潮春造反不成；不過，在這首歌中，指出戴潮春本來無意作亂造反，促成他造反的導火線有四：一是林天河誣陷他造反；二是臺灣鎮道被林文察收買，硬是要以造反罪名剿辦他；三是戴潮春的兄弟批評「官府來迫反」，指出絕大多數的民心都向著戴潮春，建議他造反；四是林晟殺害秋日觀，局勢大亂，戴潮春因此被林晟拖累。

《新編戴萬生作反歌》對於反抗政府、推翻政府等行為，抱持著否定的態度；不像《辛酉一歌詩》與《相龍年一歌詩》認為統治者若是不公不義、貪污腐敗，百姓就可以起來抗暴。不過，《新編戴萬生作反歌》對於謀反者戴萬生（戴潮春）被逼上造反一途的諸多描寫，也反映出作者對造反者處境的同情。

（二）起義者的下場

在《相龍年一歌詩》中，只寫到戴潮春英勇斬殺貪官污吏，之後「功成身退」，解散武裝的群眾，並勸告群眾致力做人應該努力賺錢，自食其力。這與其它史料的記載截然不同，在其它史料與《辛酉一歌詩》中，戴潮春戀棧權勢，最後被臺灣道台丁日健處死。《相龍年一歌詩》反映出臺灣庶民對安定生活的期望，因此，百姓與戴潮春的反抗舉動，純粹是被動的自我防衛；一旦威脅百姓安定生活的貪官污吏被除去之後，百姓就自然回歸本位，繼續為眼前的生活努力打拼。

而在《新刊臺灣陳辦歌》與《辛酉一歌詩》最後，都描寫了臺灣漢人起義失敗的下場，並勸戒世人凡事要「忍」，千萬不要謀反。筆者認為歌者之所以如此勸戒世人，警告大家不要意圖謀反，其原因不在於統治者的至高至尊，也不是因為不可以推翻官府；而是因為輸在形勢比統治者弱，因為無法成功，還落得下場淒涼，於是不得不忍耐。

《新刊臺灣陳辦歌》最後勸人不要謀反，原因不在於統治者的地位不可以推翻；而是因為統治者的武力與威權，臺灣人難以相抗衡。在《辛酉一歌詩》的結尾，與《新刊臺灣陳辦歌》一樣，都訴諸道德教化，勸聽眾不要顛覆政府。《辛酉一歌詩》最後雖以「謀反」、「叛反」來定位戴潮春等人的起義，表面是勸人不要謀反，實際上是在告訴大家：如果謀反就會失去生命、財產、家園。

　　連慧珠在《「萬生反」──十九世紀後期臺灣民間文化之歷史觀察》〔註2〕論文中，從歷史與民間文化研究的角度，探討《辛酉一歌詩》與《新編戴萬生作反歌》，指出這兩首歌謠的主旨都在「規勸世人勿輕蹈謀反，但是此間所共享的意識型態並非為儒家所提倡的忠貞、節義等道德觀，而是謀求身家財產繼存的現世要求及功利性格。」〔註3〕連慧珠指出《辛酉一歌詩》與《新編戴萬生作反歌》真情流露，反映民間大眾的情感、心態與理念，具有高度的文化自主性。〔註4〕筆者同意這樣的解釋，同時指出《新刊臺灣陳辦歌》、《相龍年一歌詩》這兩首「歌仔」也具有這樣的特點。

二、人物形象與歷史定位

（一）臺灣人的形象與族群關係

1. 起義者的形象：為民除害的大哥 v.s.大逆不道的賊匪

　　以發生在道光 12 年（1832）的張丙起義事件為主題的《新刊臺灣陳辦歌》，雖然稱張丙手下的股眾為賊，但是對於張丙等股首，卻使用「兄」、「哥」、「英雄」等尊稱。相對的，在《大清穆宣成皇帝實錄》與當時清國官員的奏摺與文書中，以及周凱〈記臺灣張丙之亂〉、鳳山縣貢生鄭蘭〈勦平許逆紀事（並序）〉，都稱張丙等人是大逆不道的「賊匪」、「逆賊」。

　　《新刊臺灣陳辦歌》由陳辦拉開序幕，這首歌仔先介紹陳辦，接著論述陳辦的福佬人村莊與「粵庄」的「客仔」的衝突。從歌詞看來，陳辦這一方的行為顯然是被動的與受害的一方。這首「歌仔」會以陳辦來當題目，很有可能是因為陳辦村莊的閩客械鬥是導火線，是此一歷史的序幕。在《新刊臺灣陳辦歌》中對陳辦很尊敬，稱他為「兄」，並將他塑造成好打抱不平的悲劇英雄，他勇敢和惡勢力對抗，加上家人被害，讓他的行為更加合理化與悲壯。

　　在《新刊臺灣陳辦歌》中，只有張丙被稱為「大哥」。從《新刊臺灣陳辦歌》看來，張丙之所以會聚眾起義的導火線，在於要為兄弟陳辦報仇。張炳公開要「復漢滅滿」、「開國」，是因為滿清政府的「奸貪狗官無道理」；但是

〔註2〕　連慧珠《「萬生反」──十九世紀後期臺灣民間文化之歷史觀察》（台中：東海大學歷史系碩士論文，1995.6）。

〔註3〕　見連慧珠《「萬生反」──十九世紀後期臺灣民間文化之歷史觀察》（台中：東海大學歷史系碩士論文，1995.6），p.82。

〔註4〕　詳見連慧珠《「萬生反」──十九世紀後期臺灣民間文化之歷史觀察》（台中：東海大學歷史系碩士論文，1995.6），第五章，pp.93～125。

張炳後來放任手下濫殺無辜,有損他「起義」的正當性。在《新刊臺灣陳辦歌》中,肯定張丙為朋友兩肋插刀的義舉,讚賞他敢於審判貪官污吏的勇氣,將他視為百姓的救星;但是對於他後來無法約束手下,又一心只想攻城略地,而讓百姓成為間接受害者,《新刊臺灣陳辦歌》對此有所批評。

在《新刊臺灣陳辦歌》中,詹通無疑是第三主角,他的份量僅次於張炳與陳辦,綜觀《新刊臺灣陳辦歌》對詹通的論述,十足是一個土匪淫賊,而且好大喜功,有勇無謀;詹通的形象和先前被殺的朱太爺一樣,都是奸貪之輩。在《新刊臺灣陳辦歌》中指出詹通的舉動得到張丙的默許,張炳沒有對詹通加以約束或懲罰,這也使得張炳的起義失去正義的立足點。

對於無名的反抗群眾,《新刊臺灣陳辦歌》以「賊」來稱呼無名股眾,不同於「兄」、「哥」、「英雄」等尊稱。《新刊臺灣陳辦歌》之採取「賊」這種負面的稱謂來稱呼這些武裝群眾,可能是因為他們所作所為也不是很正派,特別是他們反抗官府的同時,無辜的百姓也常因此遭殃;他們焚搶村莊,讓百姓的身家姓命與財產無法保障,還有人強暴婦女,讓人無法苟同。

在《辛酉一歌詩》與《相龍年一歌詩》中,對所有參與反抗陣營的主要領導者,都一律以「大哥」、「眾大哥」來稱呼他們。由此可見,歌者對這些反抗政府的人物,採取比較肯定的作法,因此使用反抗陣營的尊稱「大哥」來稱呼這些人。而在統治論述中,這些反抗政府的臺灣群眾被稱為「台屬賊匪」、「匪徒」、「賊黨」、「逆匪」、「會匪」。從清國君臣眼中看來,這些逆賊都是自不量力的敗類;而臺灣人林文察、陳肇興、林占梅,也是站在統治者的角度論述。

至於客語的《新編戴萬生作反歌》,大量稱呼戴軍為:「賊」、「賊匪」、「逆賊」、「賊虫」、「賊子」、「賊匪黨」、「賊黨」、「賊兵」。此外,《新編戴萬生作反歌》有時也稱戴潮春的軍隊與官兵為「紅頭」、「兵」、「軍士」、「兄弟」。整體來講,《相龍年一歌詩》對戴軍人物的稱呼都是正面的論述,而且時常語帶尊敬;《辛酉一歌詩》雖然偶而有以「賊」來稱呼戴軍,但是大多數尊稱戴軍首領為「眾大哥」,稱股眾為「人馬」;而《新編戴萬生作反歌》則以負面的「賊」來得最多,而且在論述上,也對戴軍人物批判較多。

戴潮春在《辛酉一歌詩》與《相龍年一歌詩》中,都被認定是反抗陣營中的首領。不過,在《辛酉一歌詩》中,戴潮春所佔的篇幅並不會比林晟、陳弄、呂梓來得多,歌中對他的稱謂詞,也沒有特別之處,他和其他大哥都

被稱爲「大哥」，這應該也反映出戴潮春在戴案中所扮演的角色。相反的，在《相龍年一歌詩》中，戴潮春被極度英雄化，成爲戴案中最佳男主角、唯一的大哥，在《相龍年一歌詩》中，戴潮春之所以率眾反抗政府，來自於他的見義勇爲，百姓的仇恨報了之後，戴潮春便解散部眾，鼓勵大家當一個自力更生的良民，又展現他不戀棧權位與不迷信暴力的氣度。這樣的戴潮春，與其它史料所記載的貪戀權位、死於戰場的戴潮春形象截然不同。

在《辛酉一歌詩》中，林晟所佔的篇幅比戴潮春略多。在歌中林晟的形象不佳，當他率眾進攻大甲時，卻「頭陣跌落馬」，還「爬起來頹頹頹」，在手下面前出醜。不過，《辛酉一歌詩》對林晟死前的氣魄有生動的描寫，反觀戴潮春就沒有這種描寫。歌詞中對林晟死後被分屍的論述，完全看不出歌者對林晟的同情。

在《辛酉一歌詩》中的陳弄，顯然比戴潮春、林晟來得兇狠，陳弄的兇狠在他屠殺臺灣鎮總兵林向榮的情節中，一覽無遺。《辛酉一歌詩》雖詳細描寫陳弄這種兇狠無比的舉動，但是卻沒有半句批判陳弄的話，反而對林向榮極盡嘲諷。還有，歌中對陳弄被擊敗的描述，可見《辛酉一歌詩》的歌者對風水地理的看重，因爲風水地理師比官兵還有能力；無法被官兵攻下的陳弄，卻敗在風水師手中，反映出臺灣庶民文化對於風水地理的重視。

《辛酉一歌詩》有兩次以「賊星」來指稱戴軍中的大哥：一次是稱「恁虎晟」，另一次是稱「啞狗弄」，兩次都是出現在這兩個人的根據地被官兵進久攻不下的時候，「賊」字顯然有貶意，同時歌者對這兩個人隨後被殺被分屍的遭遇，語氣也很平緩，甚至認爲理所當然，可見歌者的立場也不純然站在戴軍這邊，也許是陳弄與林晟的所有行爲也不是很受百姓認同，因此對這兩個人有此負面的用詞。

在《辛酉一歌詩》中，張三顯「生氣相招反青旗」這一段，隱然可見的歌者批判官府無法取信於百姓，才會導致百姓的反抗。

《辛酉一歌詩》極力鋪寫戴軍的大哥級人物，以突顯戴軍人才濟濟，兵力強盛。雖然有數次的攻城掠地沒有成功，但是，戴軍的氣勢始終比官軍強盛；戴軍中的多位大哥，如：林晟、呂梓，臨死前，也比官員被殺前，來得更有氣魄，寧死不屈。

《辛酉一歌詩》以大哥級的人物爲主角，對一般的群眾描寫不多。有幾次反抗政府的軍隊爲「人馬」，另有一次稱「賊仔」。在《相龍年一歌詩》中，

對群眾的描寫比《辛酉一歌詩》多，稱謂也較多，正面的有：「眾好漢」、「眾兄弟」、「眾百姓」、「人馬」、「兵」；負面的有：「番軍賊馬」。整體來講，《相龍年一歌詩》對戴軍人物的稱呼都是正面的論述，而且時常語帶尊敬；《辛酉一歌詩》雖然偶而有以「賊」來稱呼戴軍，但是大多數尊稱戴軍首領為「眾大哥」，稱股眾為「人馬」。

2. 臺灣百姓

百姓在《新刊臺灣陳辦歌》中，具有多種角色轉換的可能性，第一種是如陳辦、張丙等人，由百姓而變成起義份子，也就是成為官方所謂的「逆賊」；第二種是如「張舉人」、「安溪寮」莊民般，為了保衛地方而投靠官方，成為義民、民壯。

在《新刊臺灣陳辦歌》中，「百姓」的不幸，都是張丙的軍隊所造成的。在論述張丙進攻嘉義縣城的過程中，《新刊臺灣陳辦歌》對張丙的武裝軍隊有著負面的描寫，特別是詹通的惡行惡狀，使得張丙等人原本要殺盡「奸貪狗官」的起義行為，變成擾民害民的土匪行為。

綜觀《新刊臺灣陳辦歌》對百姓的描寫，發現百姓的不幸多來自於要反抗清國統治的起義份子，如此的起義，沒有辦法得到百姓的支持，最後，還因為百姓紛紛投靠官府，變成「義民」，百姓合作「捉賊獻官」的舉動是張丙軍隊潰敗的主因。

在統治論述中，百姓的不幸來自於陳辦、張丙等人，因為他們到處搶劫民家，還焚燒村莊。不過，關於百姓受害的詳細情形，並不是官員與皇帝最在意的事，他們在意的是如何調兵遣將，如何殲滅賊匪。清宣宗之所以關心百姓，最主要的原因在於：他知道如果沒有安撫災民，災民很可能會變成新的賊匪，成為國家更大的負擔。

周凱在〈記臺灣張丙之亂〉中指出臺灣「民情浮而易動」，認為臺灣是盜賊的淵藪，[註5] 可見他對臺灣人多抱持負面評價。周凱對於百姓以自身安全為第一考量，批判百姓見風轉舵的投機做法。從周凱的論述，可知臺灣的百姓不是軟弱等死的人，而是能積極應變，具有自我防衛能力；同時，對於統治者也沒有忠誠度可言。對於嘉義縣城內居民保護家園的決心與行動，周凱

〔註5〕 見周凱〈記臺灣張丙之亂〉（周凱《內自訟齋文集》，原刊於 1840 年（道光 20年），臺灣銀行經濟研究室/編輯，臺灣文獻叢刊第 82 種，台北：臺灣銀行/發行，1960.5，pp.31、32）。

則表達肯定。

鳳山縣貢生鄭蘭在道光 15 年（1835）所寫的〈勦平許逆紀事（並序）〉對於鳳山縣百姓受苦受難的情形有很生動的描寫，鄭蘭對百姓的苦難抱以深深的同情，因此論述頗多。鄭蘭指出不只是客家人欺凌閩人，閩人中的「賊」同樣也會欺負閩人，他筆下的難民遭遇實在慘不忍睹。

「百姓」在《辛酉一歌詩》與《相龍年一歌詩》中，佔據較多的篇幅，是他們強悍反抗孔道台與官府的形象；至於無辜無依的百姓，所佔的篇幅則非常少。

在《辛酉一歌詩》與《相龍年一歌詩》中，可以生動的看到臺灣府城百姓強悍抗官的言行舉止，這兩首歌的歌者都認爲是「民氣可用」，因爲官府壓榨百姓，所以百姓造反有理，也因而演變成後來的「戴潮春事件」。就目前所見的戴潮春事件相關史料，幾乎都直接從同治 1 年（1862）臺灣道台孔昭慈前往彰化縣剿辦戴潮春的會黨寫起；但是，在《辛酉一歌詩》與《相龍年一歌詩》中，卻都從咸豐 11 年（1861）冬，臺灣府城對百姓開徵釐金，導致臺灣府城的商民罷市反抗，以此作爲戴潮春反抗政府事件的序曲。在 1861 年的臺灣府城，官府是百姓的剝削者，但是，百姓的強悍卻也讓官員大吃一驚。

除了「眾百姓」之外，在《辛酉一歌詩》與《相龍年一歌詩》中，臺灣府城的地方總理與三郊董事（頭家）也強力反抗官府，並成爲百姓堅強的後盾。在《辛酉一歌詩》中，三郊董事與總理雖然沒有親身加入武裝反抗行列，但是卻是鼓勵百姓如此做的人。在《相龍年一歌詩》中，沒有總理這一角色，但是，三郊商的行爲卻比《辛酉一歌詩》還積極與反叛。在《相龍年一歌詩》中的三郊董事主動寫密函去請戴潮春出面，決定暗中推翻政府。關於三郊在戴案中的主動角色，在統治論述的史料中都沒有被記載。

在《辛酉一歌詩》中，無辜受戰火波及的百姓共被敍述三次，第一次是戴軍攻入彰化縣城後，大開殺戒，「百姓溜出彰化這城池」，變成流離失所的難民。第二次是戴軍包圍嘉義縣城，城內糧食失去外援，於是貧窮的「散凶人餓到吱吱叫」。第三次是記述逃難遇劫的百姓又遭逢水災，「百姓被大水漂流去」，幸好有一位有錢人劉仔賜，他「看見走反的苦傷悲」，就結合當地居民一起捐助糧食給難民，展現百姓人溺己溺、人飢己飢的互助精神。在《相龍年一歌詩》中，對於無辜被牽連的百姓，只有幾句話帶過。

《辛酉一歌詩》與《相龍年一歌詩》都將論述的焦點放在官方與百姓的

對抗過程，並極力鋪寫戴軍的人物及聲勢；對於無助無依的無辜百姓，雖寄予同情，但敘述都不多。在《辛酉一歌詩》與《相龍年一歌詩》中，很多百姓是很有自我意識的一群，他們大多不是無知的大眾，而是敢反抗官府剝削的群眾。

在《大清穆宗毅皇帝實錄》與官員的文書奏摺中，主要的內容都是官兵剿匪的經過，對於一般臺灣百姓遭遇戰亂的痛苦毫不關心，清國官員與皇帝對臺灣百姓採取不信任的態度。清廷始終認為是臺灣人的血液中有叛亂基因，需要朝廷以威嚴震懾，而不是朝廷的關愛撫卹。因此，新任臺灣道台丁日健不分良民與逆賊，一律全村焚毀的清莊做法，讓當地的居民陷入生離死別、家破人亡的絕境，卻依然得到清穆宗的嘉許。

在林豪《東瀛紀事》（1870）、吳德功《戴案紀略》（1894）、蔡青筠《戴案紀略》（1923）中，對百姓的描寫，著重在百姓的無辜、苦難，以及百姓不得不武裝自己來保衛家園的情形。這是清國官員的奏摺與清穆宗實錄中所忽視的部分。

陳肇興（1831～1876後）在詠史詩《咄咄吟》中對被戴軍欺凌的無助百姓有很同情的描寫。在所有描寫戴潮春事件的史料中，陳肇興的《咄咄吟》對苦難百姓的描寫最為深沉與哀傷。林占梅（1821～1868）的詩集《潛園琴餘草》對百姓的描寫很少，他感嘆彰化縣城的百姓的「哀聲」「斷人腸」，指出「撫民」是當務之急。

《新編戴萬生作反歌》中對無辜受害的百姓也有許多同情的描寫。批評戴軍「殺官害民天不容」，因此，戴潮春等人死後，百姓因而得以安居樂業。

3. 臺灣「義民」

「義民」是指在變亂發生時期，協助清國統治者，討剿叛亂犯，維持地方安定的漢人。通常義民是以集體型態出現，也就是「民間自衛武裝組織」，帶頭的人就是「義首」。義民在平日是一般百姓，與固定領軍餉的營兵不同。在清國內地也有義民的出現。〔註6〕

在《新刊臺灣陳辦歌》中，清廷鎮守臺灣的常備「軍馬」不堪一擊，於是臺灣本地的「民壯」紛紛加入戰局，協助官方軍隊去攻打張丙的軍隊，就清廷而言，臺灣民壯協助官軍是一種義舉，因此賜以「義民」之稱；此外，

〔註6〕本段有關「義民」的解說參考丁光玲《清代臺灣義民研究》（台北：文史哲出版社，1994.9），pp.2～4。

擒拿張丙等叛亂份子的百姓也升級為「義民」。

在《新刊臺灣陳辦歌》中，一開始義民也和官兵一樣，時常被張丙的軍隊斬殺。直到清廷援軍到臺灣之後，官兵與義民才轉為強勢的一方，而且開始有更多的臺灣人加入義民的行列。如：嘉義縣的「安溪寮」的村民，將詹通與他的「賊夥伴」毒死或擒獲送官；將張丙與劉港生擒的「張舉人」與他的「宗兄」，也是義民。

「義民」在《新刊臺灣陳辦歌》中，不全然是協助官方的角色。「義首」張紅頭，表面上是助官的「義民」，卻與起義份子裡應外合，義民的幫助使得黃城能夠迅速攻佔斗六門汛。「義民」卻做「不義」之事，也隱涵官員不應「真心」相信義民，義民也是臺灣本地人，應當要加以提防。

在《大清宣宗成皇帝實錄》與官員的奏摺中，多次提及官員在臺灣召募當地的臺灣人擔任義勇，協助政府剿賊。「義」是與「賊」相對的用詞。臺灣人成為「義民」有功必賞；成為「賊匪」有罪必懲，清宣宗分化臺灣人的兩面作法，在臺灣奏效。

周凱在〈記臺灣張丙之亂〉中多次提及臺灣的「紳士」、「義首」、「義民」、「義勇」、「鄉勇」、「勇」等協助官兵平亂的事蹟與功勞。周凱指出：如果沒有臺灣義民助官，張丙等起義者就不容易被官府擒獲。周凱也指出「義民」角色的曖昧，突顯統治者一方面仰賴臺灣義民，一方面對臺灣義民的不法舉動，也無法有效管控。

鳳山縣貢生鄭蘭在道光 15 年（1835）所寫的〈勦平許逆紀事（並序）〉對臺灣義民的描述也不少。寫到當許成失勢之後，鄭蘭指出臺灣義民是臺灣反抗軍的頭號剋星。對於客家人李受假義民身分，搶奪閩莊的惡行，鄭蘭雖有很嚴厲的批判，但他仍然肯定清廷招募臺灣義民的政策。

在《辛酉一歌詩》與《相龍年一歌詩》中，從清國內地派來鎮守臺灣的綠營兵不堪一擊，在《辛酉一歌詩》中則是臺灣本地的「民壯」、「台勇」紛紛加入戰局，負責保護官員，對抗戴軍，但是他們不時有背叛官兵的行為發生。在《相龍年一歌詩》中，彰化城被戴潮春攻佔之後，「義民將勇死死大舞堆」。可見戴軍的氣勢與作戰能力遠強於官兵與民壯。

在《辛酉一歌詩》中，義首羅冠英只出現在攻打陳弄時，而且一上場就戰死了。《辛酉一歌詩》的作者是 Holo 人（福佬人），可能不喜歡客家人羅冠英，也或許是，作者對協助官兵的臺灣人比較不具好感。相反的，在統治論

述中，對羅冠英的記載很多，而且極力歌頌他。

在《辛酉一歌詩》中，提及林向榮有八位臺灣屯勇（遁勇），背叛林向榮；當林向榮自殺快死之前，他們不但不同情與傷心，還趕在林向榮斷氣以前，粗魯的將林向榮扛去送交陳弄處理。

在《辛酉一歌詩》中，對於背叛者、變節者有所批評，如，林晟先是要保護官員，沒想到卻變成反抗官府，對他的這種行為，作者說他是「逆生」（禽獸）。加入戴軍，後來背叛戴軍，並協助官兵來攻戴軍的黃豬哥與吳墻（吳志高），雖然變成官方的「義民」，但是，卻被譏為「蓋生神」（意近厚臉皮、不要臉）。但是，對於張三顯就沒有如此苛責，張三顯本來是戴軍中的大哥，他與兄長卻捉戴潮春去送官，後來，因為官府獎賞食言，張三顯再度起義。作者，對他的行為，只說他是一個十分「靈精」的人。對於被叛林晟的陳主星，與背叛呂梓的臭頭沙（蔡沙），作者並沒有批判他們，甚至還說林晟是「賊星」，注定要失敗。

雖然臺灣義民未必可信，但是在剿平戴潮春等人的過程中，官兵時常缺乏戰鬥力，臺灣義民與臺灣壯勇才是平定戴潮春事件的主要出力者，他們在人數上也遠多出官兵。

《辛酉一歌詩》的最後，敘述林文察帶領「臺灣勇」前去清國內地，協助清國政府平定太平天國，呈現出臺灣人急於在清國統治者面前力求表現的一面。林文察最後說：「若是敗兵的代誌，臺灣勇愛來去。」臺灣勇未必一定要去幫清國打仗，但是，身為次級國民的臺灣人，藉由報效國家的軍事行為，卻可以提升自己的地位，林文察就是最好的例子。

在《大清穆宗毅皇帝實錄》中，有關義民、台勇的記載很多，從官員與清穆宗的諭中，顯見清國駐台官兵對台勇十分依賴。但是也擔心會有不法的臺灣人乘機混入，反而成為潛藏的危機。

在林豪《東瀛紀事》（1870）、吳德功《戴案紀略》（1894）、蔡青筠《戴案紀略》（1923）中，協助官兵的臺灣人稱「義勇」，反抗官兵的臺灣人稱為「逆賊」。書中對於義民台勇的記載也很多，英勇善戰的臺灣義勇與缺乏戰鬥力的官兵，成為明顯對比。特別是對竹塹人林占梅、塗庫義民陳澄清，以及他們所募的台勇有詳細的記載與贊賞。

陳肇興在《咄咄吟》中對義民有頗多的論述，因為陳肇興本人就是義民的身分。他指出臺灣義民急公好義，而官兵卻貪生怕事。陳肇興指出臺灣人

之所以會成爲義民，不只是單純的爲了報效國家，更切身的利害關係在於保衛家園與家人。林占梅身爲義民的領袖、地方的團練首，他在詩中指出支付龐大義勇軍餉的艱難。並指出當義軍凱旋時，民眾夾道歡迎，顯然百姓是站在義民這一邊。

4. 臺灣客家人

《新刊臺灣陳辦歌》是一首以臺灣福佬語寫成的歌仔，作者想必是一位福佬人，因此歌中批評客家人的無理與蠻橫，並稱客家人爲「客仔」，這是一種輕蔑的稱法。張炳等人之所以會結盟起義，作者認爲導火線在於客家人欺壓福佬人，而官方又袒護客家人，讓客家人更加囂張，促使「漳、泉人人」怒氣沖天，於是呼朋引伴，壯大聲勢來自我保護與反擊敵人，最後終於演變成戕官攻城的起義。客家人在這首歌仔中的形象都是負面的，就如同無賴與土匪一般可惡。

在《大清宣宗成皇帝實錄》與官員的奏摺中，客家人本來是受害者，因此客家人報請官府捉拿陳辦等人。周凱在〈記臺灣張丙之亂〉指出：「粵富而狡，閩強而悍」，指出客家人是奸詐狡滑的族群。關於南路鳳山縣的「粵莊奸民李受」在道光 12 年（1832）冬季，假藉義民身分而劫掠 Holo 人村莊的事蹟，周凱將李受的作亂定位爲閩、粵（福、客）械鬥，他指出許成先揚言要「滅粵」，才讓李受有機可乘。

在鳳山縣貢生鄭蘭在道光 15 年（1835）所寫的〈勦平許逆紀事（並序）〉中，所論述的客家人是鳳山縣的李受等人，這些客家人的形象十分惡劣，鄭蘭稱他們爲「粵匪」，指出他們假藉「義民」身分，行「攻掠焚搶屠莊」之實，痛罵李受等粵匪「蹂躪」「閩莊」。鄭蘭是 Holo 人（閩人），他既批判同爲閩人的許成，稱他爲許逆，又痛斥李受爲粵匪。鄭蘭所認同的是統治者的立場，他站在儒生爲民申冤的立場，批判這些攻擊官署、掠奪百姓的逆匪。

在《辛酉一歌詩》中的「羅阿賊」，就是東勢客家義首羅冠英，在統治論述中，羅冠英極爲英勇善戰，戰績豐碩；但是《辛酉一歌詩》以「羅阿賊」來稱呼他，似乎含有貶意，歌中對他的論述很少，而且只描寫他被「客婆嫂」槍殺的死狀。作者寫到羅冠英聽到客婆嫂的聲音，心情很興奮，毫無防備之心，可見羅阿賊是一位迷戀女色的人，最後文武官員只好邊哭邊抬他的棺木回營。

在《辛酉一歌詩》中，唯一一位佔有較長篇幅的女性，是一位客家婦女。

在歌中，她列名同治1年（1862）5月戴軍進攻嘉義縣的大哥名單中。同治3年（1864）3月底，官兵攻打陳弄，由客家義首羅冠英（羅仔賊）當先鋒，陳弄以金錢獎賞，請客婆嫂將羅冠英擊斃。可見這位客家婦女的膽量與能力。

客家義首羅冠英在統治論述中的形象極佳。死後，清穆宗下旨為他建立專坊。寓台文人吳子光還特別撰寫〈奉　旨建坊入祀昭忠祠贈忠信校尉羅公傳〉〔註7〕，稱羅冠英為「羅將軍」、「羅公」，將羅冠英極度美化，並誇飾他的功勞與軍威。在其他的統治論述中，羅冠英也都極為英勇善戰，戰績豐碩。

在客語的《新編戴萬生作反歌》中，客家人羅冠英被稱為「羅澤」、「澤哥」、「澤兄」（字福澤），他是整首歌中的第一主角，最了不起的英雄。羅冠英在《新編戴萬生作反歌》中的仁義形象，與統治論述極為相似。

5. 臺灣女性

在《新刊臺灣陳辦歌》中的女性形象，有的可憐受辱，有的屈服認命，有的強悍不屈。

在《新刊臺灣陳辦歌》中描寫了被詹通及其手下性侵害的不幸婦女。詹通因為「戰敗屢次無體面」，因此「姦淫鹽水人婦女」，在注重女性貞節的漢人社會，詹通實在是罪該萬死，也許正因為如此，《新刊臺灣陳辦歌》才會對詹通被捉的經過詳細論述，因為詹通被捉，正是「惡有惡報」的典型代表人物。

在《新刊臺灣陳辦歌》中，臺灣的婦女並不全然是無助的受害者。堅守嘉義城的民壯中也有「女英靈」；被詹通等人強暴的鹽水港婦女，也表現出堅強不屈的一面，雖被強暴，卻仍意志頑強地怒罵對方，而不是乖乖就犯，也不是只會哭泣或自殺。面對這些女性的反擊，詹通等人氣得將她們的裹腳布拆下來，塞住她們的嘴巴。不過，也有一些女性向命運妥協，成為詹通等施暴者的女人。

在《大清宣宗成皇帝實錄》與官員的奏摺中，對婦女的敘述非常少。道光13年（1833）3月23日清宣宗據福州將軍瑚松額的奏摺，斗六門縣丞方振聲及其手下與妻兒的死難，讓清宣宗「覽奏墮淚」。其中提及多位官員的女性

〔註7〕吳子光〈奉旨建坊入祀昭忠祠贈忠信校尉羅公傳〉收在吳子光《一肚皮集》（卷四傳上，本書依據1875年吳氏雙峰草堂自刊本翻印，臺灣先賢詩文集彙刊第三輯2，龍文出版社/印行，1997.6.30，第二冊, pp.258～267）。後又被收錄於吳子光《臺灣遊記》（臺灣銀行經濟研究室/編，臺灣文獻叢刊第36種，1959.2，pp.51～54）。

家屬,方振聲的妻子張氏賜諡「節烈」,誥贈淑人;把總陳玉威的妻子唐氏賜諡「節烈」,誥贈恭人;並賜這兩位婦女入祀斗六門專祠。

鳳山縣貢生鄭蘭在道光 15 年(1835)所寫的〈勘平許逆紀事(並序)〉中,鄭蘭對於鳳山縣女性的慘狀寄予深深的同情,他筆下的女性顯得柔弱無助,完全沒有強悍的一面。

謝國興在《官逼民反 ── 清代臺灣三大民變》一書中指出:「戴案中另有具社會史意義而值得注意的一個現象,即婦女地位的突出,這是臺灣其他民變事件中極少見的。」〔註8〕在《辛酉一歌詩》中幾位戴軍中的女將,確實是勇猛過人,包含洪花的妻子(李氏)、大腳甚、臭頭招、女嬌娘、北社尾王大媽、黃大媽、廖談細姨、客婆嫂,可惜歌中對這幾位女將的描述太少。而在《相龍年一歌詩》中,則只有提及洪花的妻子一人。《辛酉一歌詩》與《相龍年一歌詩》中,都說出洪花的妻子比他更厲害;可惜的是,洪花的妻子到底如何厲害,這兩首歌中都沒有論述。

在《辛酉一歌詩》中,唯一一位佔有較長篇幅的女性是「客婆嫂」。在歌中,她列名同治1年(1862)5月戴軍進攻嘉義縣的大哥名單中。同治3年(1864)3月底,客婆嫂以言語詐術將羅冠英騙近身邊,快速連開兩槍,擊斃羅觀英。從這一小段的敘述,可見這位客家婦女的膽量與能力。

在《大清穆宗毅皇帝實錄》與官員的奏摺中,對女性的論述非常少,而且只以一兩句話帶過。在林豪《東瀛紀事》(1870)、吳德功《戴案紀略》(1894)、蔡青筠《戴案紀略》(1923)中,對幾位戴軍中的女將有生動詳細的描寫,包含:偽征南大將軍嚴辦的妻子侯氏大腳甚、偽將軍廖談的妾蔡邁娘、偽將軍洪花的妻子、偽將軍呂梓的妻子、偽將軍王新婦的母親、偽將軍鄭大柴的妻子謝秀娘、偽大將軍陳弄的妻子無毛招。這些強悍的女性,她們的丈夫甚至不如她們的勇猛,這些女將的反抗精神比男性還強烈。但是林豪、吳德功、蔡青筠卻說他們是「人妖」、「逆婦」。

此外,林豪、吳德功、蔡青筠也記載了幾位「烈女節婦」,包含:戴潮春的寡嫂羅氏、大甲城內「節婦余林氏」、戴潮春的妻子許氏、凍東美人蕭氏……。這些婦女都是《辛酉一歌詩》與《相龍年一歌詩》所沒有提到的女性。

〔註 8〕見謝國興,《官逼民反 ── 清代臺灣三大民變》(台北:自立晚報社文化出版部,1993.3),p.111。

　　整體來看，《新刊臺灣陳辦歌》、《辛酉一歌詩》與《相龍年一歌詩》這三首歌仔，都以男性為主體，女性只是其中的小配角，對女性的描寫與重視，都遠不如林豪《東瀛紀事》、吳德功《戴案紀略》與蔡青筠《戴案紀略》。

（二）清國官兵的形象

1. 清國內地來台官兵

　　清國官員在《新刊臺灣陳辦歌》中，絕大多數都戰鬥力不佳，形象狼狽不堪，顯見滿清政府派來駐台官員的無能。被張丙的軍隊殺死的官員有：「邵太爺」、「朱太爺」、「澎湖大老」、「呂府」、「馬總」。

　　《新刊臺灣陳辦歌》對「邵太爺」採取正面肯定與惋惜，指出嘉義知縣邵用之是一位賢能的地方官，是忠義之官；至於「朱太爺」，則是指南投縣丞朱懋，「朱太爺」是唯一被直接點名為「貪官污吏」、「奸貪狗官」的官員，他被張炳抓來審判，還被「剮心剁肉」凌遲而死，也為張丙等人「復漢滅滿」的行動找到理由，營造出「官逼民反」的革命氣氛。在《新刊臺灣陳辦歌》中，可能將「邵太爺」與「朱太爺」兩位官員的角色弄顛倒，筆者證諸統治論述，並從故事的來龍去脈來看，「邵太爺」應該才是那位被張丙痛宰的貪官污吏。

　　《新刊臺灣陳辦歌》中的「劉鎮」指的是臺灣鎮總兵劉廷斌，堂堂臺灣最高軍事領袖（總兵）也敵不過匆促成軍的張丙軍隊；不過，歌仔接著以「守的加義是功勞」來肯定劉廷斌，但是，劉廷斌也只能困守在嘉義城內，對於接連發生在嘉義城外的戰事，完全無能為力，還要「安平大人」派人前去解救他，可惜救兵也在半路就被張丙的軍隊擊潰。

　　在《新刊臺灣陳辦歌》中，以勝利姿態出現的清國官員是「玉大人」和「馬大人」。「玉大人」智擒詹通；「馬大人」指的是從清國內地率兵來台救援的福建陸路提督馬濟勝，他是《新刊臺灣陳辦歌》中最神勇的官員，不過，歌中對他的論述不多。

　　在《新刊臺灣陳辦歌》中，臺灣鎮總兵轄下的臺灣常備兵力是一支軟弱無能的軍隊，不但無法有效殺敵，還被殺死大半或圍困。歌中對官方「軍馬」敗戰的數次描寫，在反映出當時清廷駐臺灣綠營兵的差勁，連自己的性命都無法保護，更別說是勦討「賊馬」了。直到清廷派來援軍，原本不堪一擊的政府軍隊，才開始打勝仗，變成張丙這邊的「賊夥」被「官兵」「追趕」到

「無主意」，只得躲在竹林叢中。此時，百姓見到官兵開始打勝仗，於是紛紛向官方示好投誠，最後「賊仔」被百姓設計，吃了百姓的「豬肉米飯」之後，大半身亡。

在統治論述中，對於官員的論述絕大多數都是正面的；負面的論述很少。清宣宗對官員要求嚴厲，威赫官員絕不手軟；同時，清宣宗無法信任遠隔海外的臺灣官員，因此，要求閩浙總督程祖移駐廈門，就近掌控臺灣戰況，命令福建陸路提督馬濟勝、福州將軍瑚松額先後帶兵抵台平亂。在鳳山縣貢生鄭蘭在道光 15 年（1835）所寫的〈勦平許逆紀事（並序）〉〔註9〕中，鄭蘭以「功有賞、罪必誅」來肯定清國朝廷對於官員的賞罰，他對官員的論述以正面居多，不過也有批判少數貪生怕死的失職官員。

清國官員在《辛酉一歌詩》中被敘述較多的是：臺灣道台孔昭慈、臺灣鎮總兵林向榮、福建陸路提督林文察、淡水廳同知秋日覲、前北路協副將夏汝賢、官職不詳的周維新，其中以林向榮和孔昭慈的篇幅最多。在歌中死亡的有臺灣道台孔昭慈、臺灣鎮總兵林向榮、淡水廳同知秋日覲、前北路協副將夏汝賢。

在《相龍年一歌詩》中的清國官員，被敘述較多的人物是：臺灣道台孔昭慈、將軍周衣申（周維新）。這兩位官員在這首歌中所佔的篇幅比《辛酉一歌詩》還多，敘述也更生動；兩人在歌中都被戴潮春所斬殺，百姓對他們的死都十分高興。

在《辛酉一歌詩》與《相龍年一歌詩》中，臺灣道台孔昭慈是一位剝削百姓的貪官，歌中對臺灣道台孔昭慈的敘述都比戴潮春還多，這兩首歌都從臺灣道台孔昭慈上任不久，因爲清國援台的官銀未到，導致無法發官兵的薪餉寫起，突顯孔道台的困境。從歌中的敘述內容，可見這兩首歌的作者雖然批叛孔道台剝削百姓，但是對於他「無錢可用」的困境也有著生動的描述，多少也同情他的困境。

在《相龍年一歌詩》中，完全沒有敘述到臺灣鎮總兵林向榮；而在《辛酉一歌詩》中，林向榮所佔的篇幅遠多於戴潮春，與孔昭慈並列爲篇幅最多的兩大男主角，可惜，這兩位臺灣最高官員，在歌中的遭遇都以狼狽居多，而且都

〔註9〕 見鄭蘭〈勦平許逆紀事（並序）〉（盧德嘉《鳳山縣採訪冊》〈藝文二·兵事（下）〉，《臺灣方志集成·清代篇 ── 第一輯》，高賢治/主編，第 28 冊，台北：宗青圖書出版公司/印行，p.427）。

被戴軍逼得走投無路，比自殺了結；更不幸的是林向榮自殺沒有成功，只存一絲氣息的他，死前慘遭陳弄以殺豬刀加以屠宰。堪稱為所有官員中最為淒慘不堪的官員，而他卻又是當時臺灣最高軍事領袖，歌詞中對他極盡諷刺。

在《辛酉一歌詩》與《相龍年一歌詩》中，周維新（周衣申）因為建議孔道台對臺灣府城商家課稅，讓孔道台讚賞不已，卻也導致府城商家痛罵他是「臭小弟」，指責他與孔道台「剝削百姓錢」，於是百姓卻氣得要將周衣申的頭割下來，打算抓他來凌虐至死。後來，百姓將周維新的住家夷為平地，並取走所有可用之物。這種舉動，實在是搶奪他人財物。但是歌中完全沒有指責百姓，而是以百姓怒氣未消作結。

在《辛酉一歌詩》與《相龍年一歌詩》中，被嚴厲批評，百姓還為他們被殺而喝彩的兩位官員：臺灣道台孔昭慈、臺灣鎮總兵林向榮，在統治論述中的形象確以正面居多。在《大清穆宗毅皇帝實錄》與清國官員奏摺與文書中，孔昭慈是一位英勇不畏戰也不怕死的官員，他選擇剿辦會黨，而不是姑息養奸；衝突發生之後，他也沒有貪生怕死。清穆宗認為孔昭慈沒有過失，而且為國殉難，因此加以撫卹並為他建立專祠。清穆宗雖然曾經將林向榮革職，指責他帶兵不力，剿匪無勇，但是清穆宗後來仍下旨為他「祭葬」、給予「世職」，並建立專祠。

在林豪《東瀛紀事》（1870）、吳德功《戴案紀略》（1894）、蔡青筠《戴案紀略》（1923）中，批評孔昭慈固執己見又誤判形勢，指出孔昭慈對於地方突來的變故，欠缺實務經驗，認為他是昏庸無能的書呆子，害民又誤己。關於林向榮的作為，則認為林向榮「舉足一誤，全局皆錯，用違其才，終至償事」，是一位「不明地利、不諳民情」的人，根本不應擔任大將。

在臺灣知識份子陳肇興《咄咄吟》（1862～1863）與林占梅《潛園琴餘草》的詩作中，則極力歌頌孔昭慈。陳肇興誇讚孔昭慈是中流砥柱，誇贊他的自殺是「千秋存大節，一死表孤忠」的義行；死前還「罵賊皆皆裂，憂民淚未終」。陳肇興在詩中稱讚林向榮是「千騎將」，又稱贊林向榮自殺的行為無愧「大義」；而戴萬生（戴潮春）等人的行為，百姓如同被「毒螫」一般痛苦。可見陳肇興對孔昭慈和林向榮的高度評價。而，林占梅以「大星黯淡落空營」來哀悼孔昭慈與林向榮的死，「大星」一詞是一種尊稱。將陳肇興的說法與林豪、吳德功、蔡青筠的記載相對照，顯然陳肇興是對孔昭慈的誇獎過於濫情與不實，但卻近似閩浙總督慶瑞的奏摺。若再與《辛酉一歌詩》與《相龍年

一歌詩》作一比較，更是天壤之別。

《新編戴萬生作反歌》對孔道台的描寫很少，只是客氣的說：「孔道文官武不通。」歌中有一位「休總兵」，所佔篇幅很少，他收受林文察的賄賂，要來臺灣剿辦戴萬生（戴潮春），「休總兵」可能是「林總兵」之誤寫。《新編戴萬生作反歌》對他的死，只簡單批評：「志謀不足害自身。」這樣含蓄的批評與《辛酉一歌詩》與《相龍年一歌詩》截然不同。

在《辛酉一歌詩》中，對官方軍隊（官兵）的描寫遠不及對戴軍的描寫，而且官兵的氣勢絕大多數都不如武裝的百姓與戴潮春的軍隊。在《相龍年一歌詩》中，對官方軍隊（官兵）的描寫幾乎沒有。但是，這首歌從頭到尾極力鋪敘百姓勇猛的武裝反抗行爲，首先臺灣府城的百姓輕易就將周將軍的家夷爲平地，過程中完全看不到官兵出場，只說周將軍逃跑。後來，戴潮春四處召募會眾，還斬殺了孔道台、周衣申（周將軍）、周本縣、夏大老、馬老爺，攻佔彰化縣城；這中間，也完全沒有寫到官兵的反擊，戴潮春的軍隊幾乎是攻無不克，官員人頭應聲落地。可見，官兵的軟弱無能，不堪一擊。

不同於《辛酉一歌詩》與《相龍年一歌詩》軟弱無能的官兵形象；在清國官方的文獻中，官兵雖然時常慘敗，但是也常有英勇的表現，尤其是在臺灣道丁日健的奏摺中，更是極力宣揚自己領軍有方，官兵勢如破竹的英勇表現。同時，在《大清穆宗毅皇帝實錄》與清國官員奏摺與文書中，對官兵的記載遠多於對賊匪的記載，顯然官兵是主角，而戴萬生（戴潮春）等「賊黨」成爲配角。

2. 臺灣籍福建陸路提督林文察

林文察（1828～1864），字密卿，諱有理，賜諡剛湣，官至福建陸路提督（1863）。林家是彰化縣阿罩霧莊望族（在今台中縣霧峰鄉甲寅村）。

在《相龍年一歌詩》中，完全沒有敘述到林文察。在《辛酉一歌詩》中的所有官員，林文察是最幸運的官員，因爲作者對他不但沒有負面的敘述，最後，還以他高貴的爲國奉獻的情操做結。也許因爲他是這些官員中唯一的臺灣人，也或許作者對霧峰林家有著好感吧。

從清國官員與清穆宗的奏摺中看來，林文察快速掘起，權傾一時；卻也迅速墜落，特別在回台平定戴萬生（戴潮春）起義軍的過程中，丁日健功多賞厚，而林文察最後卻還被下部議處。反觀《辛酉一歌詩》，歌中將平定戴萬生（戴潮春）事件的首功歸給林文察，並描寫出林文察急赴內地爲國家效命

的忠臣行徑；在歌中，丁曰健反而顯得無關緊要。

在林豪《東瀛紀事》中，林文察是一位善於用計與剿亂的將領。吳德功《戴案紀略》大多尊稱林文察爲「林帥」，並在書中的「總評」中稱林文察爲「林宮保」。蔡青筠《戴案紀略》稱爲「提督林文察」或「林帥」，特別強調林文察的軍隊英勇善戰。

《新編戴萬生作反歌》稱林文察爲「林友利」或「林有利」，這應當是「林有理」的誤寫。林文察在這首歌中的形象很差，他的家族先是以族大人多，霸佔了戴潮春家的田產家園；後來戴潮春組會黨自保，林文察的叔叔就誣告戴潮春要造反，林文察並賄絡臺灣總兵，請他剿辦戴潮春。戴潮春因而被逼上造反一途。林文察在《新編戴萬生作反歌》中的形象以負面爲主，雖然他剿賊很勇猛，但是他陷害戴潮春，賄賂官員，都是很負面的作法。

三、歷史解釋權的競爭與歷史對話的重要性 [註10]

《臺灣陳辦歌》、《辛酉一歌詩》與《相龍年一歌詩》的臺灣庶民觀點，與「統治論述」對於歷史的解釋，爲何會有那麼多的差異？究竟誰才能代表眞實的歷史？而誰又在虛構歷史？

長期以來，文學被認爲具有「虛構性」，而歷史則被認爲具有「眞實性」。從這個角度來看，民間文學「歌仔冊」中的歷史顯然是虛構的，而「統治論述」中的歷史則比較貼近歷史的原貌。但是，1970 年代末期興起的「新歷史主義」（New Historicism）[註11] 卻對此提出了不同的看法。

「新歷史主義」學者認爲過去（歷史）無法以眞實的面目被保存下來，而必須借用語言文字來保存；因此，歷史是「被敍述」 的「文本」，而不是眞實的過去。在「被敍述」的過程中，歷史成爲各種政治權力、社會權力角力的工具；所以，歷史本身充滿矛盾與斷裂。歷史撰寫，也必須運用文學的技巧，才能將歷史記錄下來；在歷史敍述的過程中，每一個歷史詮釋者都無法超越自己的「歷史語境」，因此，「總是會選擇、抬高某些歷史因素（或歷史事件），同時也壓制和貶低某些因素或事件。」 [註12] 所以，歷史本身比文

〔註10〕 本單元承蒙陳芳明教授啓發。（2005.1.13 口試）
〔註11〕 關於「新歷史主義」（New Historicism）的簡介，見盛寧，《新歷史主義》，台北市：揚智文化事業公司，1995.2。
〔註12〕 見陳俊榮（孟樊），〈新歷史主義的臺灣文學史觀〉，《中外文學》，v32n8，台北市：臺灣大學外文系，2004.1，p.42。

學更具有虛構的成分，歷史寫作其實也是一種文學創作。〔註13〕

　　從以上論點看來，「歌仔冊」以外的臺灣歷史論述，也都算是一種虛構的文學。這樣的主張，使得「歌仔冊」與統治論述的史料，取得平等的歷史解釋權。即使「歌仔冊」這種民間文學帶有虛構性，同樣的，其它史料也都受限於自身的歷史語境，無法真實客觀的呈現歷史的原貌。因此，歷史詮釋學者指出：「既然事實證明根本不存在價值中立的歷史視野，為了不斷形成更加公正、合理和客觀的歷史解釋，我們必須主動參與歷史解釋，進入話語競爭的陣地。」〔註14〕

　　清國統治者掌握絕大多數的歷史解釋權，在統治論述中，戰勝者的歷史被美名化、被大書特書，戰敗者不但被污名化、被滅族，甚至變成一種禁忌。從這個角度看來，「歌仔冊」以民間說唱文學的外衣，來包裹這種禁忌，企圖為被統治者、被消滅者在歷史上留言發聲，取回自身歷史的解釋權，這需要極大的勇氣，也需要創作者對被統治者的認同，因此，《臺灣陳辦歌》、《辛酉一歌詩》與《相龍年一歌詩》透過文學形式表達臺灣庶民的歷史觀點，以此來表達對清國統治者的潛在抵抗。

　　《新刊臺灣陳辦歌》、《辛酉一歌詩》、《相龍年一歌詩》這三首「歌仔」，都是從臺灣老百姓的立場發言。歌中不僅沒有鼓吹臺灣人應當對大清帝國統治者忠貞不二；更明確指出大清帝國統治官員絕大多數是一群剝削臺灣人的貪官污吏；因此，這三首「歌仔」進一步指出發起起義者是一群為民除害的「大哥」，認為他們「造反有理」，因為一切都是源自於「官逼民反」。尤其是《相龍年一歌詩》，創作者更是完全靠向戴潮春，認為他是為臺灣百姓申張正義的英雄。

　　李李在《臺灣陳辦歌研究》中，曾經討論《新刊臺灣陳辦歌》與《辛酉一歌詩》（戴萬生反清歌）的立場，李李認為：「雖說《陳辦歌》的作者，立場不明，態度不定，聽者、讀者難以窺探其內心觀感世界，但與《戴萬生反清歌》比起來，卻又明確多了，《戴萬生反清歌》是一首純然敘述，不加評斷，

〔註13〕　本段文字主要參考自：陳俊榮（孟樊）〈新歷史主義的臺灣文學史觀〉（《中外文學》，v32n8，台北市：臺灣大學外文系，2004.1，pp.42～43）、〈新歷史主義的文學觀〉（《文訊月刊》，n67=105，台北市：文訊雜誌社，1994.7，pp.7～8）。

〔註14〕　詳見韓震、孟鳴歧《歷史、理解、意義——歷史詮釋學》（中國：上海譯文出版社，2002.3），pp.186～192。

不見作者個性的歌謠。」〔註15〕不過，據筆者研究，這兩首「歌仔」的立場都十分明確，而且創作者時常發表個人對人物的價值判斷。

漫長而龐大的臺灣歷史文獻，絕大多數都是「統治者」、「戰勝者」所留下來的歷史見證；因此，為「被統治者」、「被消滅者」取得歷史解釋權的「歌仔冊」更顯珍貴與稀有。不過，過去有關張丙、戴潮春起義事件的臺灣歷史研究，對於《臺灣陳辦歌》、《辛酉一歌詩》與《相龍年一歌詩》的臺灣庶民觀點，絕大多數都沒有提到。

就筆者所見，對張丙事件的歷史研究，只有楊明宗在 2003 年完成的碩士論文《從歉收搶米到聚眾抗官 —— 清代張丙事件之研究》〔註16〕中曾經簡略提到《臺灣陳辦歌》，可是楊明宗並沒有正視這首歌的論述，當他試圖還原這段歷史場景時，他所引用的論述，都是統治論述的史料。

在戴潮春事件的歷史研究中，筆者從未見到學者引用、參考《相龍年一歌詩》；不過，《辛酉一歌詩》曾經被連慧珠在碩士論文《「萬生反」——十九世紀後期臺灣民間文化之歷史觀察》〔註17〕中詳加討論，連慧珠以紮實的史料為研究基礎，對這首歌詳加討論，肯定《辛酉一歌詩》真情流露，反映民間大眾的情感、心態與理念，具有高度的文化自主性。〔註18〕後來，羅士傑在 2000 年完成的碩士論文《清代的地方菁英與地方社會——以清同治年間的戴潮春事件為討論中心》〔註19〕也引用了連慧珠的研究，但是沒有進一步去參考《辛酉一歌詩》的論述。

除了上述三本論文曾經提到上述兩種「歌仔冊」之外，其它的臺灣史研究，特別是對臺灣人反抗清國統治者的歷史研究，就筆者目前所見，都忽略了「歌仔冊」的民間觀點，也因此，這些研究所採取的史料，絕大多數都是統治論述。這樣完全向統治論述傾斜的歷史研究，筆者認為是有待補充，與

〔註15〕 見李李《臺灣陳辦歌研究》（台北：中國文化大學中文所碩士論文，1985.6），p.193。

〔註16〕 見楊明宗《從歉收搶米到聚眾抗官——清代張丙事件之研究》（國立台南師範學院教師在職進修社會碩士學位班，2003.6），p.4。

〔註17〕 連慧珠《「萬生反」——十九世紀後期臺灣民間文化之歷史觀察》（台中：東海大學歷史系碩士論文，1995.6）。

〔註18〕 詳見連慧珠《「萬生反」——十九世紀後期臺灣民間文化之歷史觀察》（台中：東海大學歷史系碩士論文，1995.6），第五章，pp.93～125。

〔註19〕 羅士傑《清代的地方菁英與地方社會——以清同治年間的戴潮春事件為討論中心》（新竹：國立清華大學歷史研究所碩士論文，2000）。

修正的。特別是《辛酉一歌詩》與《相龍年一歌詩》都將咸豐 11 年（1861）臺灣府城百姓反抗官府課稅的抗爭做爲戴潮春起義的序幕，這樣的因果關係，在其它臺灣史研究中，似乎都沒有被提出來探究與比較。

臺灣史學者許文雄在〈相看都討厭：清朝統治者和臺灣人民互相敵對的態度〉〔註20〕一文中，列舉臺灣民間諺語，以及諸多臺灣人反抗政府的史事，來論證臺灣人民對清國統治者的厭惡。許文雄的論證精闢，但是沒有討論到臺灣 Holo 語的長篇敘事歌仔，本論文也正好爲這一論點提出更詳細的佐證。

第二節　臺灣庶民的「土著化」V.S.臺灣知識份子的「內地化」〔註21〕

1975 年開始，關於清代臺灣社會的轉型，有「內地化」與「土著化」兩種不同的見解。由於涉及當代臺灣政治的「統」、「獨」論爭，因此，爭辯至今。筆者發現此一議題也可提供本論文一些思考的方向，同時，本論文的研究也可爲此一論爭提供一些參考。

主張「內地論」的學者以歷史學者李國祁爲代表，主張「土著論」的學者以人類學者陳其南爲代表，兩種主張都在 1975 年提出。〔註22〕1978 年李國祁發表〈清代臺灣社會的轉型〉〔註23〕詳細討論臺灣社會內地化的種種因素，這篇論文數次發表〔註24〕，18 年後，還被濃縮刊在《歷史月刊》〔註25〕，並加上副標題「內地化的解釋」。

關於「內地化」與「土著化」的爭議，陳其南數次撰文討論、比較。他在 1984 年發表〈土著化與內地化：論清代臺灣漢人社會的發展模式〉〔註26〕，

〔註20〕 許文雄〈相看都討厭：清朝統治者和臺灣人民互相敵對的態度〉，發表於「第七屆臺灣歷史與文化研討會」（台中市：東海大學通識教育中心，2004.2.6～7）。
〔註21〕 本小節承蒙陳芳明教授啓發。（2005.1.13 口試）
〔註22〕 陳其南《清代臺灣漢人社會的建立及其結構》（台北市：國立臺灣大學人類學研究所碩士論文，1975）；李國祁〈清季臺灣的政治近代化 —— 開山撫番與建省（1875～1894）〉（《中華文化復興月刊》，v8n12，1975，pp.4～16）。
〔註23〕 李國祁〈清代臺灣社會的轉型〉，《中華學報》v5n3（1978），pp.131～159。
〔註24〕 如：《臺灣史研討會紀錄》（王曾才主編，台北，1978）、《臺灣史蹟研習會講義彙編》（1992.2）pp.137～185。
〔註25〕 李國祁〈清代臺灣社會的轉型 —— 內地化的解釋〉（早年作品濃縮版），《歷史月刊》n107（1996.12），pp.58～66。
〔註26〕 陳其南〈土著化與內地化：論清代臺灣漢人社會的發展模式〉，《中國海洋發

1987 年修訂爲〈論清代臺灣漢人社會的轉型〉發表〔註27〕，1998 年他整理 1975 年以來的論點，發表〈臺灣本土意識與民族國家主義之歷史研究〉〔註 28〕，將「土著化」與「內地化」議題界定爲「臺灣族群社會認同史的議題」。

筆者將陳其南的「土著化」理論與李國祁的「內地化」理論，拿來與張丙、戴潮春事件的臺灣人論述相對照，發現「歌仔冊」中的歷史觀點，正反映了臺灣社會「土著化」的過程；而在清代臺灣知識份子鄭蘭、林占梅、陳肇興、吳德功等人的論述中，卻發現他們比較在「內地化」與「土著化」之間徘徊，有時比較傾向「內地化」，有時則又顯現他們的「土著化」。以下詳細討論。

陳其南認爲清代臺灣漢人社會的發展過程，是從「移民社會」轉型爲「土著社會」的過程。在前期的「移民社會」中，內地的祖籍意識扮演最重要的角色，當時不同祖籍族群的分類械鬥充分反映此一現象；隨著臺灣漢人移民的「土著化」，臺灣本地的地緣和血緣意識，成爲新的社會群體認同指標。「土著社會」的特徵表現在移民本身對於臺灣本土的認同感，將臺灣視爲自己「落葉歸根」的新的根據地。〔註29〕

在《臺灣陳辦歌》中的臺灣社會，表面上看來還是陳其南所謂的「移民社會」，歌中以「閩粵械鬥」爲開場，是「漳泉」移民與「粵」移民村莊的械鬥。但是，拿掉「漳、泉、粵」這些原鄉語彙之後，在《臺灣陳辦歌》中隨之而來的起義抗官、開國攻城，都是臺灣本地的地緣意識，完全沒有要「反攻」回內地原鄉的企圖，只是想在臺灣據地爲王，想將臺灣當地的清國統治者擊敗殲滅。可見，張丙、陳辦等漢移民已經逐漸走向「土著化」。

到了描寫 1860 年代初期臺灣社會的《辛酉一歌詩》與《相龍年一歌詩》，「土著社會」已然成形。歌中完全不提原鄉祖籍與族群，只看到臺灣百姓對清國統治者的反抗，這些反抗者，根本不打算反攻回內地，他們只是想將欺凌剝削他們的清國官員殺死擊斃，並企圖讓臺灣人自己來管理臺灣人。

展史》第一輯（中央研究院三民主義研究所編，台北市，1984）pp.335～366。

〔註27〕陳其南〈論清代臺灣漢人社會的轉型〉，《臺灣的傳統中國社會》第六章（台北市：允晨文化實業公司，1987.3 初版，1989.1 訂正版），pp.151～180。

〔註28〕陳其南，〈臺灣本土意識與民族國家主義之歷史研究〉，《傳統制度與社會意識的結構——歷史與人類學的探索》第九章（台北市：允晨文化實業公司，1998.1），pp.169～200。

〔註29〕陳其南〈論清代臺灣漢人社會的轉型〉，《臺灣的傳統中國社會》第六章（台北市：允晨文化實業公司，1987.3 初版，1989.1 訂正版），pp.151～180。

　　李國祁的「內地化」理論不只涵蓋漢人，還包含臺灣原住民的「內地化（漢化）」。他認為清國自從統治臺灣以來，長期在臺灣推行「內地化運動」，在 1850 到 1860 年代，終於讓臺灣從「豪強稱雄」、「文治落後」的「移墾社會」，成功轉型為「中華文化的文治社會」。〔註30〕

　　由於李國祁的認為臺灣社會從 1850 年代起轉為文治社會，在這之前，臺灣社會是野蠻、草莽的「移墾社會」，以 1832 年張丙事件為主題的《臺灣陳辦歌》正呼應他的說法。但是，臺灣社會是不是真如李國祁所言：從 1850 年代起轉為文治社會。筆者認為李國祁的論點過於一廂情願，或者說他的論點反映了清領時期臺灣士紳階級內地化的渴望；但是，若以《辛酉一歌詩》與《相龍年一歌詩》的庶民觀點來檢驗李國祁的主張，則顯得格格不入。

　　李國祁從「自然因素」與「人為因素」兩方面來論述清代臺灣社會的內地化。在「自然因素」上，1950 到 1960 年代，臺灣社會的「宗族制度」已經建立，血緣性結合取代原籍的地緣性，他認為注重血緣是中國文化的重要特徵；在「宗教信仰」上的漸趨統一，也表示中華文化、儒家道德觀念已經在臺灣深根；1860 年代以後，北臺灣的「經濟成長與人口流動」，新興市鎮的居民知識水準較高，開放性強、排他性弱，因此，加速臺灣轉型為以中華文化為榜樣的文治社會。此外，清國統治者在臺灣施行儒教、推廣中華文化、舉辦科舉，使得臺灣「士紳階級」「因為長期受儒家教育薰陶，忠君愛國的意識強烈」，這些人成為臺灣內地化的最大功臣。〔註31〕

　　李國祁的說法，似乎是為清領時期臺灣知識份子的言行下註腳。不論是 1930 年代的鄭蘭，1960 年代的林占梅、陳肇興，1890 年代的吳德功，他們的詩文、史論都讓人感受到強烈的「忠君愛國」意識。其中以陳肇興的表現最為激烈，當臺灣道台孔昭慈自殺、總兵林向榮在斗六自殺時，陳肇興都極力歌誦他們的好，為他們痛哭，撰文表揚他們的大節大義，並以「義士」自許。這幾位知識份子都是科舉考試出身，他們為了應付清國統治者的科舉考試，飽讀被統治者篩選過的儒家典籍，養成「忠清君愛清國」的士子性格。他們的家族也期望透過他的「內地化」，提升自己的家族，讓自己的家族晉升為士

〔註30〕李國祁〈清代臺灣社會的轉型──內地化的解釋〉（早年作品濃縮版），《歷史月刊》n107（1996.12），pp.58～66。

〔註31〕李國祁〈清代臺灣社會的轉型──內地化的解釋〉（早年作品濃縮版），《歷史月刊》n107（1996.12），pp.58～66。

紳階層，脫離被統治者鄙視的草莽階級，光宗耀祖。然而，事實的真相，是不是真的能如人所願？完全沒有曖昧、矛盾與掙扎？

李國祁所誇耀的：清國統治者所賜予臺灣士紳階級的「內地化」光環，就和日本國統治者賜予臺灣人「皇民化」獎勵，一樣的虛偽與破綻百出。臺灣史學者許文雄在〈相看都討厭：清朝統治者和臺灣人民互相敵對的態度〉[註32] 文中詳細引述統治論述，來論證清國統治者對臺灣人的不信任與鄙視，即使是臺灣出身的士紳階級，終究無法進入權力核心，終究還是被鄙視的臺灣人。這樣複雜與矛頓的心境，在鄭蘭、林占梅、陳肇興、吳德功的著作中，都可以感受到。他們所受的儒家教育，使他們覺得應該「忠君愛國」，同時，也讓他們認為知識份子理當「淑世濟民」。而，他們所面對的真實臺灣，卻又時常出現「忠君愛國」與「淑世濟民」兩種理念的衝突場景。所以，他們也數度忍不住批判統治者的傲慢、無能、不仁、不義，特別是，當他們論述臺灣百姓的苦難時，總是發現統治者也是百姓痛苦的來源之一。

因此，「內地化」的真實面貌，完全不像李國祁所說的「對中華文化向心力極強」，反而是讓我們看見臺灣知識份子苦悶與掙扎的靈魂。這樣痛苦的內心掙扎，在《辛酉一歌詩》與《相龍年一歌詩》的庶民觀點中，得到解脫與救贖。這兩首歌的觀點完全悖離李國祁所說的「忠君愛國」、「儒家教化」；而是訴諸生物的本能，認為被欺壓的人「造反有理」，抱持著「以牙還牙」的對等立場，面對剝削百姓的統治者，「人人得而誅之」。因此，《辛酉一歌詩》對陳弄以殺豬刀屠宰臺灣總兵林向榮，拍手叫好；《相龍年一歌詩》對戴萬生斬殺臺灣道台孔昭慈，也擊掌慶賀。

《辛酉一歌詩》與《相龍年一歌詩》反映當時臺灣漢人社會已經是一個「土著社會」，他們不甩清國統治者籠絡人心的「儒教」、「科舉」，他們一個個只想「據地為王」，他們只想擁有腳下的土地，不想去理會遠在北方的清國天子。他們對自己無法擺脫清國天子的剝削感到憤怒與無奈，他們對統治者基本上採取隱忍態度，而不同於臺灣知識份子的「忠君愛國」；當最後不得不與統治武器硬拼時，他們也死得乾脆，不像臺灣知識份子那般的裡外不是人。

日治時期的臺灣人，對於日本統治者的態度，也有許多不同的抉擇。大

〔註32〕許文雄〈相看都討厭：清朝統治者和臺灣人民互相敵對的態度〉，發表於「第七屆臺灣歷史與文化研討會」（台中市：東海大學通識教育中心，2004.2.6～7）。

體上來講，士紳階級（資產階級）的知識份子傾向妥協、屈從，甚至企圖尋求認同，努力想要成爲「天皇的子民」。但是，對民間的普羅大眾而言，由於階級地位的明顯差距，讓他們得以與日本統治者保持較爲疏遠的關係，他們明白自己不可能是「皇民」，這樣的處境，使得「臺灣人」的自我意識掘起。堅持以臺灣意識來對抗日本殖民統治的賴和，也是一位認同社會主義的左派文人，他在 1925 到 1926 年間，聽到說唱藝人彈唱《辛酉一歌詩》時，深受感動，因此花了幾天的時間將它記錄下成文字，1936 年由楊守愚（宮安中）整理發表在《臺灣新文學》雜誌〔註33〕，《臺灣新文學》的主編楊貴（楊逵），是社會主義的信徒。楊守愚肯定《辛酉一歌詩》的價值：「全篇歌詞中的那種坦直單純的話語、所表達出來的農民底渾厚樸質的情感、任誰聽著聽著也不能不爲之打動啊！」這種坦白直率的臺灣庶民觀點，可能爲苦悶的臺灣知識份子賴和注入一劑強心針，也正爲如此，發揚普羅文學的《臺灣新文學》才會連載三期來刊登此一長篇巨作吧。〔註34〕

第三節　「歌仔冊」的文學特色

　　文學作品也是一種歷史書寫，本論文的研究重點在於歷史詮釋，而非文學特色。歷史本身也不離文學，本節擬簡單討論這三首「歌仔冊」的文學特色，以見其如何以語言文字來書寫歷史，詮釋歷史。

一、章句結構與用韻

（一）句式組成

　　張炫文在《臺灣的說唱音樂》一書中，將臺灣說唱的唱詞句式體裁歸爲三種：一是「七字仔」，二是「雜念仔」，三是「七字仔」與「雜念仔」的混合。〔註35〕

〔註33〕楊清池（演唱）、賴和（記錄）（1925～1926）、楊守愚（潤稿）（1936）《辛酉一歌詩》（又名：〈天地會底紅旗反〉），共分三期連載於 1936 年的《臺灣新文學》（台中：臺灣新文學社：（一），1936.9.19，v1n8，pp.125～132；（二），1936.11.5，v1n9，pp.63～72；（三），1936.12.28，v2n1，pp.63～67）。

〔註34〕2005.1.13 本論文口試委員陳芳明教授提醒筆者：思考賴和與《臺灣新文學》爲何會看重《辛酉一歌詩》？筆者因此有此想法。

〔註35〕見張炫文《臺灣的說唱音樂》（台中：臺灣省教育廳交響樂團，1986.6），p.14。

　　《臺灣陳辦歌》的句式屬於「七字仔」，《辛酉一歌詩》與《相龍年一歌詩》的句式屬於「雜念仔」。

　　「七字仔」：每句七字，每四句為一節，唱詞的節數可長可短。張炫文指出：

> 七字結構的唱詞，雖然基本上每句七字，但在民間藝人的演唱中，
> 為了便於歌唱或使歌唱更為生動流暢等原因，常在基本的七字之
> 外，加上無意義的虛字及修飾性的襯字。〔註36〕

《新刊臺灣陳辦歌》共 189 句，其中 180 句為每句七字，而有 9 句為每句 8 字，共計 1332 字。基本上，這首歌的句式屬於「七字仔」；不過，嚴格看來，這首歌卻不是四句一節的結構。由於這首歌的創作年代在清朝道光年間（約 1830～1850 年代），屬於早期的「歌仔冊」〔註37〕，因此還沒有嚴格採用四句一節的結構。筆者對照與這首歌同批被收藏在英國「牛津大學 Bodleian Library 東方圖書館」的「歌仔冊」，也發現類似情形。〔註38〕

　　「雜念仔」：字數不一，句數不定。張炫文指出：「這種『雜念仔』體的唱詞，大多用『雜念仔』及『都馬調』兩種曲牌演唱。」〔註39〕《辛酉一歌詩》與《相龍年一歌詩》的句式屬於「雜念仔」，每句字數不一，長的有 10 個字以上，短的有 3 個字，不過，以每句 5 到 8 個字最多，其中有以七字一句為最多。筆者認為創作者會採取這種形式較為自由的「雜唸仔」句式，應該與它所彈唱的主題有關，由於戴潮春事件歷史三年以上，牽涉的人物繁多，為了能夠生動的敘述整件史事的來龍去脈，因此採取這種句式。

（二）章句字詞的運用

　　臧汀生在《臺灣閩南語民間歌謠新探》一書中指出：章句字詞的運用對於歌謠的韻律感有很大的助益。韻律、節奏正是歌謠之所以動人的生命力所在。〔註40〕《臺灣陳辦歌》、《辛酉一歌詩》與《相龍年一歌詩》也是如此。

〔註36〕見張炫文《臺灣的說唱音樂》（台中：臺灣省教育廳交響樂團，1986.6），p.14。

〔註37〕關於「歌仔冊」的分期，陳兆南在〈臺灣歌仔綜錄〉一文中，分為三期：第一期為明、清之際台島開發出至日據前（？～1899），第二期為日本據台至光復的日據時期（1989～1945），第三期為臺灣光復後之八十年代。（見《逢甲中文學報》n2，台中：逢甲大學中國文學系，1994.4，p.44）。

〔註38〕詳見張秀蓉〈牛津大學所藏有關臺灣的七首歌謠〉，《臺灣風物》v43n3（台北：臺灣風物雜誌社，1993.9.30），pp. 188～185。

〔註39〕見張炫文《臺灣的說唱音樂》（台中：臺灣省教育廳交響樂團，1986.6），p.14。

〔註40〕見臧汀生《臺灣閩南語民間歌謠新探》（台北：政治大學中文研究所博士論文，

1. 連　屬

臧汀生指出：「為強化歌謠之韻律性，句尾叶韻固為不可或無之途徑，然而除叶韻外，語氣之連屬亦具極大效力。」〔註41〕《臺灣陳辦歌》、《辛酉一歌詩》與《相龍年一歌詩》多次運用語氣的連屬，來加強韻律節奏，有時也有強調文意的作用。

舉例如下：

「就召衙役來查伊，張丙用銀買足伊。」

「整起民壯來救伊，賊馬興旺救不起。」

「若破斗六通義民，義民先入營盤內。」

「馬大人唐山運銀米，若得銀米見太平。」

「腳帛截布迢迢伊，迢迢恁某做身邊。」

「報馬一時飛來到，報得太爺得知機。」

「戰書十八午時刻，戰敗屢次無體面。」

「鹿港市百姓鬧熾熾，喝搶鹿港市；百姓嚷挨挨，喝搶鹿港街。」

「楊豬哥、張豬哥、黃豬哥、賴豬哥、簡豬哥、羅豬哥、嚴豬母、鄭豬母」

「你今聽著聽，聽我唱。唱出相龍年一歌詩。」

「頭鬃拼力纏，手帕拼力別。」

「有換旗，無換刀。」

「有人尋過來，有人尋過去，有人卜殺人，有人愛掃物，有人愛掃銀，有人愛掃錢。」

「不甘食，不甘用，不甘做衫穿。」

「緊緊行緊緊去」

諸如此類字句連屬運用的字句，不但營造出一種回旋反復的節奏感，也讓唱詞顯得生動有趣。

1989.6），p.214。

〔註41〕見臧汀生《臺灣閩南語民間歌謠新探》（台北：政治大學中文研究所博士論文，1989.6），p.214。

2. 疊字、疊句

除了字詞的連屬之外，文字的重疊，也有同樣的效果。舉例如下：

「屢次攻庄庄不入」

「斬殺自由由在伊」

「個個英雄刣半死」

「骨肉慢慢痛半死」

「林鎮臺聽見笑微微」

「兩邊文武滿滿是」

「清早起來，天光時，天光時。」

「鹿港市百姓鬧熾熾，喝搶鹿港市；百姓嚷挨挨，喝搶鹿港街。」

「赤山崙眞合和，眞合和。」

「褲腳攏離離」

「頭鬃螺結得硬緊緊」

「籬笆門開到離離離」

疊字、疊句的運用，因爲重複出現，一方面加強聽者的注意，同時，在語氣與文意上也有強調的作用。

3. 套語的運用

李李在《臺灣陳辦歌研究》一書中指出：「歌謠中的『套語』，就是一個現成的句型，可供任何同類歌謠套入使用。」「套語的使用，具有連屬性及節奏感。」他並指出《臺灣陳辦歌》的作者慣用「某人一時×××」的套語，來連屬整首歌謠，在歌詞中有承先起後的作用。〔註42〕

《臺灣陳辦歌》常見的套語「一時×××」，在《辛酉一歌詩》沒有見到，但是在《相龍年一歌詩》中也很常見，特別是「一時有主意」這一句。此外《相龍年一歌詩》常用的套語還有「清早起來天光時」、「掠話就應伊」、「聽著笑微微」，這三種套語在《辛酉一歌詩》中，只有「王阿萬拿話就應伊」這句話使用類似套語，在《臺灣陳辦歌》中未見。至於「清早起來天光時」「聽著笑微微」，則爲《相龍年一歌詩》所獨有。

〔註42〕見李李《臺灣陳辦歌研究》（台北：中國文化大學中文所碩士論文，1985.6），
　　　　pp.133～134。

　　宜蘭縣文化局出版的一系列「本地歌仔（戲）」的戲文（也被稱為「歌仔冊」），有一些慣用語與《相龍年一歌詩》相同，如：「清早起來天光時」、「一時有主意」、「掠話就應伊」、「聽著笑微微」。〔註43〕筆者檢索王順隆「閩南語俗曲唱本『歌仔冊』全文資料庫」〔註44〕，也發現「清早起來天光時」、「一時有主意」、「力（掠）話就應伊」這些語句在一些「歌仔冊」中也出現過。〔註45〕

　　至於，以「唱出」「一歌詩」為開場白，這是傳統「歌仔冊」的開頭慣用語。〔註46〕這三首歌都使用了這一套語。

（三）押韻形式

　　「歌仔冊」是說唱文學的唱本，注重音樂性，在用韻上有一定的要求。

　　王順隆在〈「歌仔冊」的押韻形式及平仄問題〉中指出：「若根據各種押韻形態出現的時期來分，歌仔冊可粗略地劃分為以下三個時期：原始期、發展期（隨興期）、成熟期。」〔註47〕並指出成熟期的「歌仔冊」幾乎皆為四句押韻的作品。

　　臧汀生指出：「『七字仔』之用韻較為規律，有理可尋，至於『雜念仔』

〔註43〕詳見宜蘭縣文化局出版的一系列「本地歌仔」戲文（歌仔冊）：（1）林茂賢（文案）《臺灣戲劇音樂集：本地歌仔　山伯英台》（1997.7，1 書 8CD）。（2）林鋒雄（總編審）《歌仔戲四大齣之一　山伯英台（上）（下）》（1997.7）。（3）林鋒雄（總編審）《歌仔戲四大齣之二　陳三五娘（上）（下）》（1998.10）。（4）林鋒雄（總編審）《歌仔戲四大齣之三　呂蒙正》（1999.8）。（5）林鋒雄（總編審）《歌仔戲四大齣之四　什細記》（1999.6）。

〔註44〕王順隆「閩南語俗曲唱本「歌仔冊」全文資料庫」，http://www32.ocn.ne.jp/~sunliong/。（2004.10.24 參考）

〔註45〕「清早起來天光時」、「清早起來天光明」、「清早起來天漸光」、「清早起來細思量」、「清早起來鬧猜七」、「清早起來先敬茶」、「清早起來日頭紅」（新竹：竹林書局286冊《英台留學歌》、台中：瑞成書局959冊《梁祝回陽結為夫妻歌（上本）》、廈門：手抄本1331冊《三伯英台》、廈門：手抄本1327冊《孟姜女》、廈門：手抄本1335冊《陳三五娘》、廈門：手抄本1340冊《陳三五娘歌》、嘉義：捷發出版社678冊《三伯想思歌》、廈門：手抄本1328冊《陳三歌》）。「一時有主意」、「一時有主張」（廈門：手抄本1327冊《孟姜女》、廈門：手抄本1328冊《陳三歌》、廈門：手抄本1340冊《陳三五娘歌》、台中：瑞成書局959冊《梁祝回陽結為夫妻歌（上本）》）。「力話就應伊」、「見說就應伊」、「力話自應伊」（廈門：手抄本1327冊《孟姜女》、廈門：手抄本1331冊《三伯英台》、廈門：手抄本1340冊《陳三五娘歌》）。

〔註46〕詳見本論文第二章第一節。

〔註47〕詳見王順隆〈「歌仔冊」的押韻形式及平仄問題〉，《民俗曲藝》n136（台北：財團法人施合鄭民俗文化基金會，2002.6），pp.206～207。

之用韻則變動不居，隨興而往。」〔註48〕但是，《臺灣陳辦歌》屬於早期的「歌仔冊」，在用韻上比較隨興，大概可歸屬於王順隆所說的「發展期（隨興期）」，還沒有形成固定的用韻規則。

李李在《臺灣陳辦歌研究》中，討論這首歌的用韻特色，簡述如下：〔註49〕

第一、《臺灣陳辦歌》同字押韻的情形常見，如「伊」字押了18次，「意」字押了13次，「智」字押了11次，「司」與「死」字也各押了8次。李李認為：「同字押韻是臺灣歌謠中常見的現象，也有它古樸的特性。」

第二、《臺灣陳辦歌》的韻字，若有文白異讀者，以口語音為主，然遇到專有名詞，或是為求協韻時，也可能改用讀書音。

第三、《臺灣陳辦歌》的韻例為：或逐字押、或間句押、亦有隔數句再押者。韻字的主要元音相同，便可叶韻，不受聲調的限制。

第四、入聲字與平上去通押。

李李所指的這些押韻特色，在《辛酉一歌詩》與《相龍年一歌詩》中也有類似情形。整體說來，《臺灣陳辦歌》、《辛酉一歌詩》與《相龍年一歌詩》這三首歌仔，最主要押的韻腳都是「i」韻，而且用韻寬鬆，並未每句都押韻。

二、《相龍年一歌詩》的敘事手法

限於論文篇幅與研究主題，本節擬以《相龍年一歌詩》為例，說明「歌仔冊」如何以文學來書寫歷史。

（一）敘事時間順序

《相龍年一歌詩》的情節安排，採取直線開展的順序法，依照發生時間先後來敘事，這種方式可以讓聽眾清楚掌握故事的歷史脈絡，特別是涉及較為複雜人事物的重大歷史事件。〔註50〕

這首歌的字數將近 3700 字，情節可分為三部分，一是辛酉年（咸豐 11 年，1861 年）臺灣道台孔昭慈因為欠餉而向百姓課稅，招致臺灣府城商民反

〔註48〕見臧汀生《臺灣閩南語民間歌謠新探》（台北：政治大學中文研究所博士論文，1989.6），p.228。

〔註49〕見李李《臺灣陳辦歌研究》（台北：中國文化大學中文所碩士論文，1985.6），pp.147～149。

〔註50〕敦煌變文這種講唱文學的敘事順序，也是以直線、順序的敘事時間居多。見胡豔惠〈傳承與突破──論敦煌史傳變文之敘事關係〉（《雲漢學刊》n10，台南市：國立成功大學中文系，2003.6），p.264。

抗的過程，文長約 1800 字，這一部分的情節與《辛酉一歌詩》十分類似，以此作爲戴潮春武裝反抗政府的序曲；二是台南府城郊商請出戴潮春來推翻政府，戴萬生因而率軍攻打彰化縣城，文長約近 1700 字；三是戴潮春殺了臺灣道台之後，決定收兵息武，解散武裝部隊，勸兄弟各自營生，文長約 90 字。

（二）敘事視角

「敘事視角是一部作品，或一個文本，看世界的特殊眼光與角度。」〔註 51〕

在《相龍年一歌詩》中，除了採取講述者的全知觀點，敘述時，也時常以角色的心與眼來論述事件，特別是在第一部分，作者企圖採取中立的態度，一方面站在臺灣道台孔昭慈的立場，敘述他無錢發餉的困境；另一方面又從百姓的立場，陳述百姓被官府剝削的憤怒心境。周衣申的形象也有正反兩極的評價。先是官府中的「小軍」與「孔夫人」都稱贊周衣申是一位「忠義」之人，孔道台更說他「恩大如天」。但是百姓卻氣得要將周衣申的頭割下來，打算抓他來凌虐至死。

「歌仔冊」的敘事角度，基本上都是採取全知與多重視角，創作者對人物的言行內心世界無所不知，有時以旁觀的敘述者身分來敘述故事，有時也以第一人稱的角度，來爲人物代言，第一人稱的視角在不同人物中轉換自如。

《相龍年一歌詩》以對話的方式，重複說出臺灣道台孔昭慈無錢可用的煩惱。也善用多人對話的方式來演唱故事，這是臺灣唸歌藝人常用的藝術手法，實際演唱時，通常彈唱者只有一到二人，一人分飾多角，同一藝人以不同聲音來扮演角色以說唱故事。由於「歌仔冊」是說唱文學，通常由一人擔任彈唱故事，爲了讓聽眾能夠感到有趣，避免單調枯燥，所以時常採取「代言」的方式，站在被敘述者的立場，以對話的方式，來道出角色的心路歷程。

（三）情節描寫的疏密

「文本的疏密度和時間速度形成的敘事節奏感，是作家在時間整體性之下，探究天人之道和古今之變的一種敘事謀略。」〔註 52〕

戴潮春起義事件是清領時期臺灣民變中歷史最久的一次，從 1862 年 3 月爆發到 1865 年餘黨一一清除，時間超過 3 年，但是《相龍年一歌詩》卻只選取 1861 年臺灣府城百姓的抗官舉動，以及 1862 年 3 月戴潮春率眾進攻彰化

〔註 51〕見楊義《中國敘事學》（嘉義：南華管理學院，1998.6），p.207。
〔註 52〕見楊義《中國敘事學》（嘉義：南華管理學院，1998.6），p.156。

縣城，到臺灣道台孔昭慈被斬殺為止。

這首歌的第一個敘事重點，擺在「官逼民反」這個導火線，因此對於咸豐 11 年臺灣道孔道台剝削臺灣府城百姓的惡行，做了很生動與詳細的描寫。作者採用跳接畫面的手法，不時在官府與百姓之間游走，將臺灣府百姓的憤怒，與孔道台、周衣申兩人的歡喜畫面，做鮮明對比。這樣的文本疏密度反映出作者對於此一歷史事件的視野。〔註53〕

《相龍年一歌詩》這首歌的敘述焦點，在官方與百姓的對抗過程。作者極力鋪寫戴軍的人物及聲勢；對於無助無依的無辜百姓，雖寄予同情，但敘述都不多；對於官方軍隊（官兵）的描寫更是幾乎沒有。首先臺灣府城的百姓輕易就將周將軍的家夷為平地，過程中完全看不到官兵出場，只說周將軍逃跑。後來，戴潮春四處召募會眾，還斬殺了孔道台、周衣申（周將軍）、周本縣、夏大老、馬老爺，攻佔彰化縣城；這中間，也完全沒有寫到官兵的反擊，戴潮春的軍隊幾乎是攻無不克，官員人頭應聲落地。這首歌從頭到尾極力鋪敘百姓勇猛的武裝反抗行為，由此可見出作者認同的是臺灣庶民的抗爭行為與觀點。

三、語言文字與文學詮釋：臺灣 Holo 語白話文 V.S.清國官話文言文

語言、文字是發言者與詮釋者理念的承載體；發言者與詮釋者透過語言、文字，將他們所認定的世界傳遞給聽者、讀者。也就是說，誰擁有語言文字，誰就擁有編寫歷史、解釋歷史的主宰權。

在語言文字上，《新刊臺灣陳辦歌》、《辛酉年一歌詩》與《相龍年一歌詩》這三首「歌仔」採用了被統治者與起義者的語言，也就是以漢字記錄臺灣 Holo 話（台語）的白話文；而統治論述的史料，不論是清國天子與官員、或是臺灣的知識份子，都採用統治者所認可的語言、文字來論述這些史事，也就是以清國官話寫成的文言文，而，這種語文是清領時期絕大多數的臺灣人所無法理解的。

施正鋒、張學謙在《語言政策及制定『語言平等法』之研究》一書中曾

〔註53〕 參見楊義《中國敘事學》：「在文本疏密度和時間速度的操作中，進行著的是一場人與歷史的慷慨激昂而又蒼涼悲遠的對話。」（嘉義：南華管理學院，1998.6），p.157。

詳細討論「語言」與「政治」的關係，指出「語言是政治控制的工具」：

> 由於語言的使用會影響一個人行動、溝通、組織、形成自我認同、
> 以及培養自我尊重的能力，因此，不論是對政府、族群、還是個人
> 來說，語言是一種政治資源，只要誰能控制語言的使用，誰就能宰
> 制通往政治舞台的管道。〔註54〕

> 當一群人的母語被尊稱爲「官方語言」或「國語」時，該語言頓時
> 變爲一種資產。這種資產（或資源）的分配，當然是根植於政治結
> 構的配置，是中央政府的政策結果，絕非天生自然，也因此不利於
> 弱勢族群。〔註55〕

在大清帝國統治臺灣時期，只有極少數的臺灣知識份子有能力使用官話，聽得懂官話，以及能閱讀與書寫官方認可的文言文。因此，這些人成爲臺灣人中的強勢者、有力者、尊貴者。這一現象可在英國人 W.A.Pickering（漢名：必麒麟）在 1898 年出版的《Pioneering in Formosa》（歷險福爾摩沙）一書中得到佐證〔註56〕：必麒麟從 1863 到 1870 年間在臺灣從事貿易活動，在 1866 年他曾造訪嘉義縣一位秀才的宅第，由於必麒麟會講清國官話，因此受到很熱情的款待。必麒麟記述到：「這位紳士是個飽學之士，爲了表示恭維，我使用中國的官話應答，不過我們漸漸地都說起本地方言來了。」雖然必麒麟與這位臺灣秀才都會講臺灣方言（可能是 Holo 話），但是，在這位秀才心目中，「官話」是比較優越的「人話」。從必麒麟這一段遭遇看來，不會講官話、也聽不懂官話的臺灣人，也就淪爲被統治、被看不起的無知大眾。

在清領時期，絕大多數的臺灣 Holo 移民，他們能夠使用的語言就是他們的母語 —— 臺灣 Holo 語，因此他們能夠聽懂《新刊臺灣陳辦歌》、《辛酉年一歌詩》與《相龍年一歌詩》這三首以他們的語言來發聲的「歌仔」；相反的，統治臺灣的大清帝國天子與官員，絕大多數人，無法了解這三首「歌仔」中獨特的臺灣 Holo 語語彙與內涵。

在清國統治臺灣 211 年間（1684～1895），以臺灣人的語言來書寫的白話

〔註54〕見施正鋒、張學謙《語言政策及制定『語言平等法』之研究》（行政院客家委員會（策劃），台北市：前衛出版社，2003.5），p.11。

〔註55〕見施正鋒、張學謙《語言政策及制定『語言平等法』之研究》（行政院客家委員會（策劃），台北市：前衛出版社，2003.5），p.12。

〔註56〕詳見必麒麟（W.A.Pickering）（著）、陳逸君（譯述）《歷險福爾摩沙（Pioneering in Formosa）》（台北市：原民文化事業有限公司，1999.1），pp.140～144。

文學實在十分稀少；當時絕大多數的文字記載都是以清國官話所書寫的文言文，即使是臺灣人中的知識分子，他們所留下來的文獻，絕大多數都是採用統治者所認可的語言文字。特別是《新刊臺灣陳辦歌》、《辛酉年一歌詩》與《相龍年一歌詩》這三首「歌仔」，對於歷史事件的描寫，大多可以在史籍文獻找到印證；但是，這三首「歌仔」對該歷史事件所採取的詮釋觀點，與絕大多數的統治論述史料，截然不同。也因此，《新刊臺灣陳辦歌》、《辛酉年一歌詩》與《相龍年一歌詩》這三首「歌仔」，更顯得珍貴。

　　就筆者目前所見的臺灣文學史著作，這三首「歌仔」都尚未出席。在臺灣文學史的論述中，這三首「歌仔冊」有其獨特的價值，未來的臺灣文學史專著，除了論述知識份子階級所寫的文學作品之外，也應該重視具有常民文學品味與庶民歷史觀的「臺灣歌仔冊」。

第十章　結　論

　　本論文嘗試從民間文學如何詮釋臺灣歷史的角度，解讀三種以臺灣 Holo 話來論述清領時期臺灣漢人起義抗清的「歌仔冊」，包含《新刊臺灣陳辦歌》、《辛酉年一歌詩》與《相龍年一歌詩》。筆者將「歌仔冊」中的臺灣史論述與其他臺灣史的書寫與研究文獻加以比對，逐一把梳釐清其中的相同與差異處，並進一步加以解釋；試圖解開說唱藝術的文字記錄與臺灣歷史之間的微妙關係，探討說唱文學對臺灣政治的詮釋與歷史的視角。

　　第二章到第八章為研究正文，第二章先探討「臺灣歌仔」的歷史回顧與現況，試圖為臺灣歌仔的研究畫出一份立體又多元的地圖，以及「臺灣歌仔」與「歌仔冊」的傳承，讓讀者可以更清晰準確的掌握本論文的論點。第三章綜合介紹臺灣歌仔冊中的政治敘事歌，並勾勒其面貌，以彰顯其歷史位置。

　　第四章到第九章，針對《新刊臺灣陳辦歌》、《辛酉年一歌詩》與《相龍年一歌詩》等三首歌仔，分別進行詳細的研究。經由第一手重要史料的比對，可以確知《新刊臺灣陳辦歌》、《辛酉年一歌詩》與《相龍年一歌詩》這三首歌仔，對於歷史事件的描寫，絕大多數都可以從史籍文獻中找到佐證，特別是文長約七千字的《辛酉年一歌詩》，其中所論述的事件、人名、地名、時間，與官方文獻、民間歷史專著大致不差。《辛酉年一歌詩》是在 1925 年到 1936 年間，由念歌藝人楊清池靠記憶彈唱出來的；臺灣念歌藝人驚人的記憶力，令人嘆服。

　　以發生在道光 12 年（1832）的張丙起義事件為主題的《新刊臺灣陳辦歌》，將論述重點放在起義的張丙等人身上，特別是帶頭反抗政府的幾位領導者。

歌中先從陳辦寫起，接著張丙出場，陳辦、張丙、詹通三人在《新刊臺灣陳辦歌》受到較多的描述，另外黃城、黃奉、劉仲、蔡恭等人的描述也比其他人來得多一些。

相對的，官兵在這首歌中成為配角，而且論述單薄，一開始官員不是被殺，就是狼狽不堪，後來官兵開始打勝仗，但是在《新刊臺灣陳辦歌》中也只是簡單帶過。而在統治論述中，則對於官兵這一個群體的論述較為詳細，從這些論述可見清宣宗對於他的大臣採取嚴罰重賞的挫施，他十分在意他的軍臣官兵是不是盡力為他賣命，有沒有認真為他平定臺灣。

臺灣的無辜百姓在《新刊臺灣陳辦歌》中，得到不少同情的論述，創作者批判張丙、詹通等人傷害百姓，特別是詹通強暴民女；因此，在《新刊臺灣陳辦歌》最後，對於臺灣百姓合力捉拿詹通等人的行動，也有比較詳細的論述。由此可見這首歌應該是站在老百姓的立場。在統治論述中，對於百姓的不甚關心，清宣宗關心的是他的皇權。

對於客家人在張丙事件中的歷史角色，《大清宣成皇帝實錄》與當時清國官員的奏摺與文書中，以及周凱〈記臺灣張丙之亂〉、鳳山縣貢生鄭蘭〈勸平許逆紀事（並序）〉和《新刊臺灣陳辦歌》都有所批評。特別是以臺灣 Holo 語（台語）寫成的《新刊臺灣陳辦歌》，稱客家人為「客仔」，歌中極力突顯客家人的無理與蠻橫，並指出客家人賄賂官員，因此合理化陳辦、張丙等人的戕官攻城行為。在筆者所見的臺灣歌仔冊中，只有《新刊臺灣陳辦歌》有描寫清領時期臺灣福客族群的械鬥的歷史場景，從臺灣 Holo 族群的立場，為歷史留下庶民觀點的見證。

《辛酉一歌詩》、《相龍年一歌詩》與《新刊臺灣陳辦歌》一樣，都將論述重點放在武裝反抗者，並且極力鋪寫「官逼民反」這個導火線，對於咸豐11 年臺灣道孔道台剝削臺灣府城百姓的惡行，做了很生動與詳細的描寫。臺灣百姓強悍的形象在這兩首歌中，佔有很大的篇幅。《相龍年一歌詩》只寫到同治 1 年 3 月戴萬生攻下彰化縣城，殺了孔道台，為民報仇。而《辛酉一歌詩》則進入第三個論述重點，描寫林文察等大官來台平亂，詳細描寫戴軍中眾大哥與官兵交戰的戰況，重點在論述大哥的窮途末路。

此外，《辛酉一歌詩》與《相龍年一歌詩》對於官員被臺灣漢人痛宰的論述，也十分生動，目的在突顯這些貪官污吏罪該萬死。然而，在《大清穆宗毅皇帝實錄》與當時清國官員的奏摺與文書中，反而時常過分誇大官兵的戰

蹟，最後終於引發清穆宗的強烈質疑，因爲如果官兵眞的有戰功，爲何戴萬生等人一直無法被擊潰？與清宣宗一樣，清穆宗想要知道的是他的大臣與官兵，是不是對他的王朝忠心賣命，他在乎誰是忠心可用的人，也在意他的「奴才」是不是在扯他的後腿。

至於臺灣的知識份子陳肇興與林占梅，對於被殺的臺灣道孔昭慈、臺灣鎮總兵林向榮極爲尊敬，認爲他們是憂國憂民的好官；這一論點與《辛酉一歌詩》、《相龍年一歌詩》完全相反。在《辛酉一歌詩》與《相龍年一歌詩》中，當臺灣道孔昭慈、臺灣鎮總兵林向榮死亡時，百姓歡天喜地。由此可見，同樣生長在臺灣，受過清國儒家教育，並通過清廷科舉考試的臺灣知識份子，他們的立場與臺灣庶民有很大的不同。

在林豪《東瀛紀事》、吳德功《戴案紀略》、蔡青筠《戴案紀略》書中，則對官兵的無能有較多的批判，他們也控訴逆賊的惡行，特別是誇贊臺灣義民英勇守衛家園的忠義表現，並對百姓的苦難深表同情，對堅忍守城的百姓深表敬佩。以上三本專書，與陳肇興的《咄咄吟》、林占梅《潛園琴餘草》與吳子光《一肚皮集》，都極力贊揚臺灣義首、士紳英勇剿賊的義行。這與《辛酉一歌詩》、《相龍年一歌詩》正好相反，因爲這兩首歌所讚賞的是武裝反抗政府的那些大哥。

以臺灣客語書寫的歌子《新編戴萬生作反歌》特重在歌誦「義民」的仁義，並稱贊清穆宗是仁君、賢君。又，《新編戴萬生作反歌》對霧峰林家的林文察有很負面的論述，這《辛酉一歌詩》截然不同；在《辛酉一歌詩》中，對清國的官員絕大多數都採取負面的論述，但是對於臺灣人林文察，則採取善意的論述。

從《新刊臺灣陳辦歌》到《辛酉年一歌詩》與《相龍年一歌詩》，隱約可見清領時期臺灣漢人社會「土著化」的歷程，歌中的反抗者，全然不理會清國統治者籠絡人心的「儒教」、「科舉」，甚至決定與剝削他們的貪官污吏做生死決戰；同樣的，許多最後協助清國統治者來「平亂」的臺灣人，多數也不是爲了「忠君愛國」，而是因爲動亂危害他們的田園與家人，因此，他們才會選擇與官方合作。這三首歌仔想必是爲臺灣漢移民而寫，由於，是具有商業作用的說唱文學，創作者必須在乎聽眾的感受，必須以臺灣庶民的眼睛來論述其背後的政治事件，如此，才有可能產生市場利益。

臺灣史學家吳文星曾經說：《辛酉一歌詩》與《臺灣民主歌》「並稱臺灣

革命歌謠的雙璧。」〔註1〕筆者認爲,《新刊臺灣陳辦歌》與《相龍年一歌詩》也是十分珍貴的臺灣革命歌謠。這些「臺灣歌仔」在被殖民統治的灰暗歷史中,讓臺灣人的存在有了更強烈的主動與尊嚴,爲臺灣百姓與起義抗清者取回自身歷史的解釋權,是臺灣人珍貴的文學遺產。

〔註 1〕 見陳郁秀（編著）、陳淳如（註解）、吳文星（審訂）、楊秀卿（演唱）《臺灣民主歌》（台南市：國立臺灣歷史博物館籌備處、台北市：財團法人白鷺鷥文教基金會,2002.4）,p.5。

參考資料

一、研究文本（歌仔冊）出處

（一）《新刊臺灣陳辦歌》

1. 《新刊臺灣陳辦歌》（影本），收藏於「中央圖書館臺灣分館」，3 葉 6 面。

2. 《臺灣陳辦歌》（重新打字版）：賴建銘（收藏、註解），〈清代臺灣歌謠（中）〉，台南市文獻委員會，《台南文化（舊刊）》，v6n4，1959.10.1，pp.87～89。

3. 《新刊臺灣陳辦歌》（重新打字版）：李李，〈一首抗清歌謠──「臺灣陳辦歌」〉，《臺灣風物》，v42n4，台北：臺灣風物雜誌社，1992.12，pp.28～30。

4. 《新刊臺灣陳辦歌》（重新手抄版）：李李，《臺灣陳辦歌研究》，台北：中國文化大學中文所碩士論文，1985.6，4 葉 7 面。

5. 《新刊臺灣陳辦歌》（重新打字版），閩南語俗曲唱本「歌仔冊」全文資料庫，木刻本，第 29 冊，王順隆、中央研究院（合作），1999，http://www32.ocn.ne.jp/~sunliong/。

6. 《新刊臺灣陳辦歌 其二》》（重新打字版），閩南語俗曲唱本「歌仔冊」全文資料庫，木刻本，第 29 冊，王順隆、中央研究院（合作），1999，http://www32.ocn.ne.jp/~sunliong/。

（二）《辛酉一歌詩》（又名：天地會底紅旗反、戴萬生反清歌）

1. 楊清池（演唱）、賴和（記錄 1925～1926）、楊守愚（宮安中）（潤稿 1936），《辛酉一歌詩》（又名〈天地會底紅旗反〉），《臺灣新文學》，台中：臺灣新文學社，（一）：v1n8，1936.9.19，pp.125～132，（二）：v1n9，1936.11.5，pp.63～72，（三）：v2n1，1936.12.28，pp.63～67。

2. 楊清池（演唱）、賴和（記錄）、楊守愚（宮安中）（潤稿）、廖漢臣（校註），

《戴萬生反清歌》：廖漢臣，〈彰化縣的歌謠〉，《臺灣文獻》，v11n3，台北：臺灣省文獻委員會，1960.9.27，pp.23～36。

3. 楊清池（演唱）、賴和（記錄）、楊守愚（宮安中）（潤稿）、廖漢臣（校註）、李李（補註）《戴萬生反清歌》：李李，《臺灣陳辦歌研究》，台北：中國文化大學中文所碩士論文，1985.6，pp.151～190。

4. 楊清池（演唱）、賴和（記錄）、楊守愚（宮安中）（潤稿）、陳憲國、邱文錫（編註）《辛酉一歌詩》（文字改寫版）：陳憲國、邱文錫（編註），《臺灣演義》，台北：樟樹出版社，1997.8，pp.91～176。

5. 楊清池（演唱）、賴和（記錄）、楊守愚（宮安中）（潤稿），《辛酉一歌詩》（重新打字版）：連慧珠，《「萬生反」——十九世紀後期臺灣民間文化之歷史觀察》，台中：東海大學歷史系碩士論文，1995.6，pp.156～182。

（三）《相龍年一歌詩》

1. 曾傳興（手抄），《相龍年一歌詩》（原歌無題目，此以該歌首句爲題目），高雄縣田寮鄉西德村蛇仔穴，以毛筆抄寫於日治時期，共 25 頁。（曾乾舜收藏）

二、歌仔冊、臺灣歌仔（唸歌）、臺灣說唱

（一）專書、叢書、資料庫

1. 《臺灣俗曲集》（合訂本：上、中、下三冊），國立中央圖書館臺灣分館/收藏，館藏地：總督府圖書館資料，已另拍微捲，排架號：239AY。（索書號：0731,38）

2. 台北帝國大學東洋文學所，《臺灣歌謠書目》（共 394 種），1940.10.26，油印本。

3. 王順隆，《閩南語俗曲唱本「歌仔冊」全文資料庫》，王順隆、中央研究院（合作），1999，http：//www32.ocn.ne.jp/~sunliong/。

4. 竹碧華，《楊秀卿的臺灣說唱》，台北：行政院文建會，1992.5。

5. 周定邦，《義戰嘓吧哖——台語七字仔白話史詩》，台南：臺灣說唱藝術工作室，2001.7。（書+CD）

6. 林慶勳（編），《《問路相褒歌》研究》，國立中山大學中國文學系，1998?。

7. 施炳華（註釋），《李三娘汲水歌》，台北：國科會專題研究計劃報告，2003.7。

8. 施炳華（註釋），《周成過臺灣》，台北：國科會專題研究計劃報告，2003.7。

9. 施炳華（註釋），《最新運河奇案》，台北：國科會專題研究計劃報告，2003.7。

10. 施炳華（註釋），《最新落陰相褒歌》，台北：國科會專題研究計劃報告，2004。

11. 施炳華（註釋），《最新寶島歌》，台北：國科會專題研究計劃報告，2004。

12. 施炳華（註釋），《荔枝記陳三歌》，台北：國科會專題研究計劃報告，2004。

13. 張炫文，《臺灣的說唱音樂》，台中：臺灣省教育廳交響樂團，1986.6。（1 書 2Tape）

14. 張裕宏（校注），《十九世紀歌仔冊 台省民主歌》，台北：文鶴出版公司，1999.5。

15. 陳兆南（編），《臺灣歌冊綜錄》，1993 年 10 月，自印本。（預計 2005 年出版增訂本）

16. 陳郁秀（編著）、陳淳如（註解）、吳文星（審訂）、楊秀卿（演唱），《臺灣民主歌》，台南市：國立臺灣歷史博物館籌備處、台北市：財團法人白鷺鷥文教基金會，2002.4。（1 書 1CD）

17. 鹿耳門漁夫，《臺灣白話史詩》，台南：台笠出版社，1998.3。

18. 曾子良（搜集），「閩南說唱歌仔（唸歌）資料蒐集計畫成果報告」，共 468 種，台北：行政院文建會，1995.4.30。

19. 曾永義（搜集），「俗文學──說唱──閩南歌仔」，台北：中央研究院·歷史語言研究所·傅斯年圖書館，珍藏書目，共 577 筆。

20. 黃榮洛（編著），《臺灣客家傳統山歌歌詞》，新竹：新竹縣文化局，2002.12。

21. 艾伯華（Wolfarm Eberhard），《臺灣唱本提要（TAIWANESE BALLADS: A Catalogue）》，台北：東方文化書局，1974 夏。（收在「亞洲民俗·社會生活專刊」第 22 輯，中國民俗學會/督印）

（二）學位論文

1. 王釗芬，《「周成過臺灣」故事的形成及演變》，台北：東吳大學中文所碩士論文，1994.6。

2. 江美文，《臺灣勸世類歌仔冊之語文研究──以當前新竹市竹林書局所刊行台語歌仔冊為範圍》，新竹市：國立新竹師範學院進修暨推廣部教師在職進修臺灣語言與語文教育研究所語文教學碩士班，2004。

3. 竹碧華，《楊秀卿歌仔說唱之研究》，台北：中國文化大學藝術研究所音樂組碩士論文，1991.6。

4. 李李，《臺灣陳辦歌研究》，台北：中國文化大學中文研究所碩士論文，1985.6。

5. 李蘭馨，《「開臺」、「過臺」台語歌仔冊之用韻死與詞彙研究》，新竹市：國立新竹師範學院進修暨推廣部教師在職進修臺灣語言與語文教育研究所，2004。

6. 官宥秀，《臺灣閩南語移民歌謠研究》，花蓮：花蓮師院民間文學所碩士論文，2001。

7. 邱春美,《臺灣客家說唱文學「傳仔」的研究》,台中：逢甲大學中國文學系碩士論文,1993.12。(台北：文津出版社,2003.12)

8. 柯榮三,《有關新聞事件之臺灣歌歌仔冊研究》,台南市：國立成功大學臺灣文學系碩士論文,2004.6。

9. 秦毓茹,《梁祝故事流布之研究 —— 以臺灣地區歌仔冊與歌仔戲爲範圍》,國立花蓮師範學院民間文學研究所碩士論文,2004(92學年)。

10. 連慧珠,《「萬生反」—— 十九世紀後期臺灣民間文化之歷史觀察》,台中：東海大學歷史系碩士論文,1995.6。

11. 陳姿听,《臺灣閩南語相褒類歌仔冊語言研究—以竹林書局十種歌仔冊爲例》,新竹：新竹師院臺灣語言與語文教育研究所碩士論文,2002。

12. 陳雍穆,《孟姜女歌仔冊之語言研究 —— 以押韻與用字爲例》,台北：臺灣師大國文所碩士論文,2002。

13. 郭淑惠,《歌仔冊《八七水災歌》語言研究》,高雄市：國立中山大學中文研究所碩士論文,2003。

14. 曾子良,《臺灣閩南語說唱文學「歌仔」之研究及閩台歌仔敘錄與存目》,台北：東吳大學中文所博士論文,1990.6。

15. 曾學奎,《臺灣客家〈渡台悲歌〉研究》,新竹市：國立新竹師範學院臺灣語言與語文教育研究所碩士班,2004。

16. 黃信超,《台閩奇案歌仔研究》,花蓮：花蓮師院民間文學所碩士論文,2003。

17. 劉美芳,《陳三五娘研究》,台北：東吳大學中文所碩士論文,1993。

(三)單篇文章

1. 丁鳳珍,〈論「臺灣歌仔」與「中國錦歌」的學術論爭〉,《臺灣戲學專刊》,n9,台北市：國立臺灣戲曲專科學校,2004.7,pp.234～240。

2. 三田裕次、沼崎一郎,〈關西范家所藏的『臺灣歌』手抄本〉,《臺灣風物》,v37n4,台北：臺灣風物雜誌社,1987.12, pp. 97～106。

3. 毛一波,〈臺灣民間文藝雜談〉,《臺灣風物》,v17n2,台北：臺灣風物雜誌社,1967.4.28,pp. 13～16。

4. 片岡巖,〈臺灣の雜念〉,片岡巖,《臺灣風俗誌》,臺灣日日新報社,1921,pp. 309～351。(陳金田・馮作民/合譯,〈臺灣的雜念〉,《臺灣風俗誌》(華文譯本),台北：大立出版社,1981.1,pp. 25～68。)

6. 王育德,〈談歌仔冊(Ⅰ)(Ⅱ)(Ⅲ)(補講)〉,《王育德全集 3：臺灣話講座(華文譯版)》,台北：前衛出版社,2000.4,第 17～20 講,pp. 179～223。

7. 王振義,〈鄉土情結與現代化暗影崇拜 —— 回歸運動的盲點〉,《自立晚

報》，副刊，台北：自立晚報社，1987.4.27。（台北：臺灣歌仔學會，http：//home.kimo.com.tw/atb1011/cri/index.htm，路徑：臺灣歌仔學會/文化論評/文化評論。）

8. 王振義，〈「錦歌」，「錦歌」，什麼錦歌〉，《民俗曲藝》，n52，台北：財團法人施合鄭民俗文化基金會，1988.3，pp. 128～140。（台北：臺灣歌仔學會，http：//home.kimo.com.tw/atb1011/cri/index.htm，路徑：臺灣歌仔學會/文化論評/文化評論。後來收在：陳健銘，《野台鑼鼓》，台北：稻鄉出版社，1989 初版，1995 再版。）

9. 王振義，〈「錦歌」、「臺灣歌仔」、「錦歌研究會」〉，台北：臺灣歌仔學會，http：//home.kimo.com.tw/atb1011/cri/index.htm，路徑：臺灣歌仔學會/文化論評/文化評論。

10. 王振義，〈歌仔平仄規律實質意義的探討〉，《臺灣史田野研究通訊》，n27，1993.6，pp. 47～51。

11. 王釗芬，〈『周成過臺灣』故事的演變及分析〉，《首屆臺灣民間文學學術研討會論文集》，彰化：臺灣省磺溪文化學會，1997.6，pp. 211～239。

12. 王順隆，〈談臺閩「歌仔冊」的出版概況〉，《臺灣風物》，v43n3，台北：臺灣風物雜誌社，1993.9.30，pp. 109～131。

13. 王順隆，〈閩台「歌仔冊」書目・曲目〉，《臺灣文獻》，v45n3，南投：臺灣省文獻委員會，1994.9，pp. 171～271。

14. 王順隆，〈「歌仔冊」書目補遺〉，《臺灣文獻》，南投：臺灣省文獻委員會，1996.3，v47n1，pp. 73～100。

15. 王順隆，〈從七種全本《孟姜女歌》的語詞、文體看「歌仔冊」的進化過程〉，《臺灣文獻》，v48n2，南投：臺灣省文獻委員會，1997.6， pp. 165～186。

16. 王順隆，〈「歌仔冊」韻字的研究〉，「第三屆臺灣語文論文發表會」，新竹：，1999.12.11，pp. 1～5。

17. 王順隆，〈閩南語"歌仔冊"的詞彙研究──從七種《孟姜女歌》的語詞看"歌仔冊"的進化過程〉，《第 5 屆國際閩方言研討會論文集》，中國廣州：暨南大學出版社，1999.4，pp. 188～210。

18. 王順隆，〈論臺灣「歌仔戲」的語源語臺灣俗曲「歌仔」的關係〉，《中國藝能通訊》，n32。（http：//www32.ocn.ne.jp/~sunliong/）

19. 王順隆，〈「歌仔冊」的押韻形式及平仄問題〉，《民俗曲藝》，n136，台北：財團法人施合鄭民俗文化基金會，2002.6， pp. 201～238。

20. 立石鐵臣（版畫）、向陽（文），〈民歌手〉，《臺灣民俗圖繪》，台北：台原出版社，1994.1，pp. 26～27。

21. 伊能嘉矩，〈講古・演戲及び歌謠〉，伊能嘉矩，《臺灣文化志》，第 5 編第

6章附錄，日本東京：刀江書院，1928初版，1965.8複刻本，中卷pp. 206～211。

22. 竹碧華，〈臺灣北部客家說唱音樂之研究〉，《復興崗學報》，n63，台北：，1997.6， pp. 263～305。

23. 竹碧華，〈臺灣說唱〉，陳郁秀（編），《臺灣音樂閱覽》，第3章，台北：玉山社出版公司，1997.8， pp. 32～39。

24. 余佩真，〈從日治時期「臺灣歌仔冊」及出版社林立看民族意識的興起〉，國家臺灣文學館（主辦），國立成功大學臺灣文學系（承辦），《2004臺灣羅馬字國際研討會論文集》，2004.10.9～10（舉辦），pp.32～1～32～14。

25. 吳守禮，〈緒論〉，吳守禮（纂修），《臺灣省通志稿・卷二・人民志・語言篇》，台北：臺灣省文獻委員會，1954.12，pp. 35～43。（台北：成文出版社1983影印本第11冊）

26. 吳瀛濤，〈開臺歌及其他〉，《臺灣風物》，v11n4，台北：臺灣風物雜誌社，1961.4.29，pp. 54～56。

27. 吳瀛濤，〈歌仔〉，《臺灣省通志稿・卷六・學藝志・藝術篇》，第三章第二節7.俗謠（5），台北：臺灣省文獻委員會，1958.6，pp. 122～123。（台北：成文出版社1983影印本第35冊）

28. 呂興昌，〈古早七字入文林：論鹿耳門漁夫的臺灣白話史詩〉，1998.12.25上網，http：//ws.twl.ncku.edu.tw/hak-chia/l/lu-heng-chhiong/hi-hu.htm，2004.1.11下載。

29. 呂興昌，〈臺灣歌仔冊中的災難書寫〉，《戰後初期臺灣文學與思潮國際學術研討會》，台中：東海大學中國文學系，2003.11.30，pp.。

30. 李安和，〈論臺灣「唸歌—歌仔戲」的戲曲語言詩美之所據——從音樂、語言、美學的觀點來探討〉，《民俗曲藝》，n58，台北：財團法人施合鄭民俗文化基金會，1989.3，pp. 5～22。

31. 李李，〈一首抗清歌謠——「臺灣陳辦歌」〉，《臺灣風物》，v42n4，台北：臺灣風物雜誌社，1992.12，pp. 25～45。

32. 李芝瑩，〈閩南二十四孝歌仔研究〉，《大漢學報》：，2000.5，n14，pp. 207～217。

33. 李國俊，〈繁富多姿的臺灣歌仔——先民生活寫照〉，《大華晚報》，讀書人，11版，台北：1988.7.31。

34. 李國俊，〈閩南「落陰」歌謠初探〉，《漢學研究》，v8n1，台北：漢學研究中心，1990.8， pp. 683～699。

35. 周純一，〈從萬曆本金花女到歌仔簿金姑看羊——金花女故事探討〉，《民俗曲藝》，n54，台北：財團法人施合鄭民俗文化基金會，1988.7，pp. 24～56。

36. 周純一，〈「臺灣歌仔」的說唱形式應用〉，《民俗曲藝》，n71，台北：財團法人施合鄭民俗文化基金會，1996.5， pp. 108～143。

37. 周純一，〈臺灣說唱歌仔的女性描述〉，2003 年說唱藝術學術研討會論文集》，宜蘭縣：國立傳統藝術中心、台北市：國立臺灣藝術大學/出版發行，2003.12。

38. 東方孝義，〈唱本〉，《臺灣習俗》，台北：同人研究會，1942（昭和 17）.10，pp. 216～241。

39. 林慶勳，〈臺灣歌仔簿押韻現象考察——以《人心不知足歌》為例〉，《第5 屆國際閩方言研討會論文集》，中國廣州：暨南大學出版社，1999.4，pp. 172～187。

40. 邱春美，〈客家「姜紹祖抗日歌」探析〉，《大仁學報》，n14，屏東：大仁藥學專科學校，996.3，pp. 155～164。

41. 邱春美，〈客家說唱文學「傳仔」之研究〉，《大仁學報》，n13，屏東：大仁藥學專科學校，1995.3， pp. 159～178。

42. 采訪生，〈台人の俗歌〉，《臺灣慣習記事》，v2n7，第貳卷下，臺灣慣習研究會，1902.7.23， pp. 73～74。（台中：臺灣省文獻委員會/華文譯版，1987.11，pp. 41～42。）

43. 姚榮松，〈臺灣閩南語歌仔冊的詞彙解讀——以《最新落陰相褒歌》為例〉，董忠司/主編，《臺灣語言及其教學國際研討會論文集》，：臺灣語言文化中心，1998.5.31，pp. 321～339。

44. 姚榮松，〈臺灣閩南語歌仔冊的用字分析與詞彙解讀——以《最新落陰相褒歌》為例〉，《國文學報》，n29，台北：國立臺灣師範大學國文系，2000，pp. 193～230。

45. 施炳華，〈談歌仔冊的音字與整理〉，《成大中文學報》，n8，台南：國立成功大學中文系，2000.6，pp. 207～227。

46. 洪淑苓，〈臺灣說唱文學中的梁祝故事〉，《2003 年說唱藝術學術研討會論文集》，宜蘭縣：國立傳統藝術中心、台北市：國立臺灣藝術大學/出版發行，2003.12。

47. 婁子匡、朱介凡，〈臺灣俗曲的特色〉，婁子匡、朱介凡，《五十年來的中國俗文學》，「俗曲」柒，台北：正中書局， 1963.5 台初版，pp. 224～228。

48. 張秀蓉，〈牛津大學所藏有關臺灣的七首歌謠〉，《臺灣風物》，v43n3，台北：臺灣風物雜誌社，1993.9.30，pp. 196～177。

49. 張炫文，〈「七字調」在臺灣民間歌謠中的地位〉，《民俗曲藝》，n54，台北：財團法人施合鄭民俗文化基金會，1988.7，pp. 78～96。

50. 張炫文，〈臺灣的說唱音樂應用於音樂教學的可能性〉，《國教輔導》，v30n6，台中：省立台中師範學院，1991.8.31，pp. 26～29。

51. 張淑萍，〈臺灣閩南語歌仔冊用字現象分析 —— 以《勸世了解新歌》爲例〉，《中正大學中國文學研究所研究生論文集刊》，n5，嘉義：中正大學中文所，2003.5，pp.125～145。

52. 曹甲乙，〈雜談七字歌仔〉，《臺灣風物》，v33n3，台北：臺灣風物雜誌社，1983.9.30， pp. 55～70。

53. 許常惠，〈說唱音樂〉，許常惠，《多采多姿的民俗音樂》，第 2 章，台北：行政院文建會，1984.6，pp. 20～21。

54. 許常惠，〈說唱〉，許常惠，《民族音樂學導論》，第 3 章，台北：樂韻出版社，1993.11.10 再版， pp. 83～116。

55. 郭立誠，〈由上海錦章書局新書廣告說起〉，《民俗曲藝》，n16，台北：財團法人施合鄭民俗文化基金會，1982.5，pp. 60～63。

56. 陳兆南，〈閩台「歌冊」目錄略稿 —— 敘事篇〉，《臺灣史蹟源流研究論文選輯》，臺灣史蹟源流研究會 72 年會友年會/編印，1983，pp. 21～72。

57. 陳兆南，〈臺灣歌仔略說〉，《大華晚報》，讀書人，11 版，台北：，1988.7.31。

58. 陳兆南，〈陳三五娘唱本的演化〉，《民俗曲藝》，n54，台北：財團法人施合鄭民俗文化基金會，1988.7， pp. 9～23。

59. 陳兆南，〈皇民的悲歌 —— 臺灣歌仔的抗日心聲〉，《臺灣新生報》，22 版文化點線面，台北：臺灣新生報，1988.10.25。

60. 陳兆南，〈臺灣歌仔綜錄〉，《逢甲中文學報》，n2，台中：逢甲大學中國文學系，1994.4，pp. 43～66。

61. 陳兆南，〈「白賊七」故事研究〉，《臺灣民間文學學術研討會論文集》，新竹市：國立清華大學中文系，1998.3.7～8 舉辦，pp.225～241。

62. 陳兆南，〈臺灣說唱的哪吒傳說〉，《第一屆哪吒學術研討會論文集》，台北：新文豐出版公司，2003.3，pp. 489～525。

63. 陳兆南，〈臺灣歌仔呂柳仙的說唱藝術與文學〉，《2003 年說唱藝術學術研討會論文集》，宜蘭縣：國立傳統藝術中心、台北市：國立臺灣藝術大學/出版發行，2003.12。

64. 陳兆南，〈臺灣省文獻會藏善本歌仔冊及通俗讀物敘錄〉（未刊稿）

65. 陳香，〈陳三五娘故事的影響（歌仔簿是旁流）〉，陳香/編著，《陳三五娘研究》，台北：臺灣商務印書館，1985.7，pp.117～136。

66. 陳健銘，〈閩台歌冊綜橫談〉，《民俗曲藝》，n52，台北：財團法人施合鄭民俗文化基金會，1988.3，pp. 109～121。（後來收在：陳健銘，《野台鑼鼓》，台北：稻鄉出版社，1989 初版，1995 再版。）

67. 陳健銘，〈曾二娘歌和金橋科儀〉，《民俗曲藝》，n54，台北：財團法人施合鄭民俗文化基金會，1988.7，pp. 108～125。（後來收在：陳健銘，《野台鑼鼓》，台北：稻鄉出版社，1989 初版，1995 再版。）

68. 陳健銘,〈從歌仔冊看臺灣早期社會〉,《臺灣文獻》,v47n3,南投:臺灣省文獻委員會,1996.9,pp. 61～110。

69. 陳淑容,〈庶民觀點的臺灣意象——以歌仔冊《寶島新臺灣歌》kap《鄭國姓開台歌》為例〉,《第2屆臺灣文學學術研討會:詩歌中的臺灣意象》,台南:成功大學中文系,2000.3.11,pp. 1～11。

70. 麥楨琴,〈客家走唱藝人蘇萬松之唱腔音樂——從有聲資料中的一段解讀〉,《臺灣戲學專刊》,n9,台北市:國立臺灣戲曲專科學校,2004.7,pp.307～331。

71. 曾子良,〈臺灣閩南語說唱文學——歌仔的內容及其反映之思想〉,《民俗曲藝》,n54,台北:財團法人施合鄭民俗文化基金會,1988.7,pp. 57～77。

72. 曾子良,〈走訪芝山弔義魂〉,《史聯雜誌》,n13,台北:中華民國臺灣史蹟研究中心,1988.12,pp. 117～119。

73. 曾子良,〈臺灣朱一貴歌考釋〉,《首屆臺灣民間文學學術研討會論文集》,彰化:臺灣省磺溪文化學會,1997.6,pp. 268～299。(《臺灣文獻》,v50n3,南投:臺灣省文獻委員會,1999.9, pp. 87～123。)

74. 曾子良,〈臺灣地震歌——兼懷民族說唱藝人吳天羅先生〉,《2003年說唱藝術學術研討會論文集》,宜蘭縣:國立傳統藝術中心、台北市:國立臺灣藝術大學/出版發行,2003.12。

75. 曾學文,〈也談流傳閩南的《山伯英台》十二碗菜〉,《傳統藝術》,n18,宜蘭:國立傳統藝術中心,2002.4,pp. 58～63。

76. 黃玲玉,〈臺灣的說唱音樂〉,黃玲玉,《臺灣傳統音樂》,台北:國立臺灣藝術教育館,2001.6,pp. 67～89。

77. 黃榮洛,〈勸君切莫過臺灣——「渡台悲歌」的發現與研究〉,黃榮洛,《渡台悲歌——臺灣的開拓與抗爭史話》,台北:台原出版社,1989.7,pp.22～51。

78. 臧汀生,〈傳統民間口語文獻的面貌與用字方法〉,臧汀生,《台語書面化研究》,台北:前衛出版社,1996.4,pp.28～70。

79. 劉春曙,〈閩台錦歌漫議——歌仔戲形成三要素〉,《民俗曲藝》,n72,台北:財團法人施合鄭民俗文化基金會,pp. 264～291。

80. 劉美芳,〈偷情與宿命的糾纏——臺灣『陳三五娘』的版本探析〉,《首屆臺灣民間文學學術研討會論文集》,彰化:臺灣省磺溪文化學會,1997.6,pp. 300～322。

81. 劉慧怡,〈臺灣閩南語說唱音樂——「唸歌仔」〉,《傳習》,n10 ,台北:國立台北師範學院,1992.7,pp. 315～324。

82. 鄭志明,〈臺灣勸善歌謠的社會關懷〉(上)(下),《民俗曲藝》,n45、46,

台北：財團法人施合鄭民俗文化基金會，1987.3，pp. 142～151；1987.1，pp. 103～119。（鄭志明，《文學民俗與民俗文學》，嘉義：南華管理學院，1999.6，第 18 章，pp. 486～512。

83. 鄭志明，〈從「戶蠅蚊仔大戰歌」談民間文學的創作意識〉，鄭志明，《文學民俗與民俗文學》，嘉義：南華管理學院，1999.6，第 15 章，pp. 422～441。

84. 薛汕，〈臺灣歌仔冊〉，薛汕，〈捫曲九種概說〉，薛汕，《書曲散記》，北京市：書目文獻出版社，1985。

85. 簡上仁，〈說唱唸謠選輯〉，簡上仁，《臺灣民謠》，台中：臺灣省政府新聞處，1983.6， pp. 139～165。

86. 簡上仁，〈說唱唸歌與民謠〉，簡上仁，《臺灣福佬系民歌──老祖先的臺灣歌》，台北：漢光文化事業公司，1998.7.31，pp. 40～45。

87. 簡上仁，〈唸歌（說唱）的音樂〉，簡上仁/編，《福爾摩沙之美──臺灣的傳統音樂》，第 5 章，台北：行政院文建會，2001.12，pp. 121～132。

88. 簡榮聰，〈臺灣農村的說唱民謠〉，簡榮聰，《臺灣農村的民謠與詩詠》，第五節，南投：臺灣史蹟源流研究會，1994.6，pp. 98～134。

89. 魏立，〈歌的故事──彰化「鄉井謠」與漳州盲藝女〉，《台語文摘》，n15，台北：台語社，1990.10.15， pp. 132～133。（轉載自報紙）

90. 羅時芳，〈近百年廈門"歌仔"的發展情況〉，福建省藝術研究所、廈門市臺灣藝術研究室（編），《閩台民間藝術散論》，中國：鷺江出版社，1989，pp.291～304。

91. 〔荷蘭〕施博爾（施舟人‧Kristofer M. Schipper），〈五百舊本「歌仔冊」目錄〉，《臺灣風物》，v15n4，台北：臺灣風物雜誌社，1965.10.31， pp. 41～60。

三、臺灣歌謠、臺灣音樂

（一）專書及學位論文

1. 王慧蓮，《臺灣民間歌謠婦女婚姻與角色研究》，私立東海大學中國文學系碩士論文），2004（92 學年）。

2. 平澤丁東（編），《臺灣の歌謠と名著物語》，台北：晃文館，1917.2。（後來收在：婁子匡編，「亞洲民俗‧社會生活專刊」，第 78.79 冊，封面書名改爲《六十年前臺灣俗文學》，台北：東方文化書局，1976 春，複印本。）

3. 林谷芳（編），《本土音樂的傳唱與欣賞》，台北：國立傳統藝術中心籌備處，2000，1 書 6CD。

4. 許常惠，《臺灣福佬系民歌》，台北：百科文化事業公司，1982.9。

5. 許常惠，《臺灣音樂史初稿》，台北：全音樂譜出版社有限公司，2000。

6. 許常惠、呂錘寬、鄭榮興，《臺灣傳統音樂之美》，台中：晨星出版公司，2002。

7. 陳郁秀（編），《音樂臺灣》，台北：時報文化出版公司，1996.12.25。

8. 陳郁秀（編），《臺灣音樂閱覽》，台北：玉山社出版公司，1997。

9. 黃玲玉，《臺灣傳統音樂》，台北：國立臺灣藝術教育館，2001。

10. 楊麗祝，《歌謠與生活——日治時期臺灣的歌謠采集及其時代意義》，台北：稻鄉出版社，2000.8 初版、2003.4 再版。

11. 臧汀生，《臺灣民間歌謠研究》，台北：政治大學中文研究所碩士論文，1979.5。

12. 臧汀生，《臺灣閩南語歌謠研究》，台北：臺灣商務印書館，1980.5。

13. 臧汀生，《臺灣閩南語民間歌謠新探》，台北：政治大學中文研究所博士論文，1989.6。

14. 蔡曼容，《臺灣地方音樂文獻資料之整理與研究》，台北：臺灣師範大學音樂所碩士論文，1987。

15. 簡上仁（編輯），《福爾摩沙之美 臺灣的傳統音樂》，台北：行政院文建會，2001。

16. 藍雪霏，《閩台閩南語民歌研究》，中國福州：福建人民出版社，2003。

（二）單篇文章

1. 王振義，〈語言聲調和音樂曲調的關係——臺灣閩南語歌謠的「詩樂諧合」傳統研究〉，《臺灣風物》，v33n4，台北：臺灣風物雜誌社，1983.12.31，pp. 43～56。

2. 王振義，〈語言聲調和音樂曲調的關係——臺灣閩南語歌謠的「詩樂諧合」傳統研究 之二〉，《臺灣風物》，v34n2（或 1?），台北：臺灣風物雜誌社，1984，pp. 41～56。

3. 王振義，〈語言聲調和音樂曲調的關係——臺灣閩南語歌謠的「詩樂諧合」傳統研究 之三〉，《臺灣風物》，v34n3，台北：臺灣風物雜誌社，1984.9.30，pp. 95～119。

4. 王振義，〈語言聲調和音樂曲調的關係——臺灣閩南語歌的「詩樂諧合」傳統研究之四：「詩樂諧合」的曲調修飾方法〉，《民俗曲藝》，n51，台北：財團法人施合鄭民俗文化基金會，1988.1，pp. 33～73。

5. 臺灣文化協進會，〈民謠座談會〉，《臺灣文化》，v2n8，台北：臺灣文化協進會，1947.11，pp.12～13。

6. 吳瀛濤，〈歌謠〉，《臺灣諺語》，台北：臺灣英文出版社，1975.2 初版，1988.4 八版，pp. 349～444。

7. 李獻璋（輯校），〈清代福老話歌謠〉（共25種），《臺灣文藝》，革新號n2，1982.12， pp.。（據載：國立中央圖書館臺灣分館藏有李氏輯校本）

8. 周榮杰，〈臺灣歌謠的產生背景〉（一）（二），《民俗曲藝》，n64、65，台北：財團法人施合鄭民俗文化基金會，1990.2，pp. 17～42；1990.5，pp. 107～124。

9. 胡紅波，〈稻田尹的《臺灣歌謠集》〉，張良澤/主編，《臺灣文學評論》，v1n2，台南：眞理大學臺灣文學資料館，2001.10.1， pp. 212～216。

10. 胡紅波，〈一本古老的曲盤唱詞附頁〉，張良澤/主編，《臺灣文學評論》，v2n3，台南：眞理大學臺灣文學資料館，2002.7.1，pp. 287～291。

11. 黃得時，〈關於臺灣歌謠的搜集〉，《臺灣文化》，v6n3.4，台北：臺灣文化協進會， 1949.10.1，pp.21～33。

12. 黃得時，〈臺灣歌謠之形態〉，《文獻專刊》，v3n1，台北：臺灣省文獻委員會，1952.5.27， pp. 1～17。（台北：成文出版社1983影印本）

13. 廖漢臣，〈談談民歌的搜集〉，《臺灣文化》，v3n6，台北：臺灣文化協進會，1948.8.1，pp.19～20。

14. 臧汀生，〈臺灣民間歌謠韻字之討論〉，《民俗曲藝》，n63，台北：財團法人施合鄭民俗文化基金會，1990.1， pp. 87～101。

15. 臧汀生，〈試論臺灣閩南語民間歌謠之文字記錄〉，《民俗曲藝》，n55，台北：財團法人施合鄭民俗文化基金會，1988.9，pp. 12～30。

四、歌仔戲、戲曲

（一）專書及學位論文

1. 呂訴上，《臺灣歌仔戲史》，呂訴上，《臺灣電影戲劇》，台北：銀華出版部，1961。（後來收錄在：「國立北京大學　中國民俗學會　民俗叢書　第七輯」，台北：，1974，上冊，，pp. 233～282。）

2. 林茂賢（編撰），《福爾摩沙之美　臺灣傳統戲劇風華》，台中：行政院文建會中部辦公室，2001。

3. 林鶴宜，《臺灣歌仔戲》，台北：行政院新聞局，2000.11。

4. 邱坤良，《日治時期臺灣戲劇之研究（舊劇與新劇）》，台北：自立晚報社文化出版部，1992。

5. 施炳華，《《荔鏡記》音樂與語言之研究》，台北市：文史哲出版社，2000.1。

6. 張啓豐（著）、汪其楣、施懿琳（指導），《清代臺灣戲曲活動與發展研究》，國立成功大學中國文學系博士論文，2004（92學年）。

7. 陳進傳（等著），《宜蘭本地歌仔──陳旺欉生命紀實》，台北：國立傳統藝術中心籌備處，2000.12。

8. 曾永義，《臺灣歌仔戲的發展與變遷》，台北：聯經出版公司，1988。

9. 楊馥菱（著）、曾永義（校閱），《臺灣歌仔戲史》，台中市：晨星出版公司，2002.12.30。

10. 福建省藝術研究所、廈門市臺灣藝術研究室/編，《閩台民間艺术散論》，中國：鷺江出版社，1989。

11. 劉美菁，《歌仔戲概論》，台北：學海出版社，1999.6。

（二）單篇文章

1. 王白淵，〈臺灣演劇之過去與現在〉，《臺灣文化》，台北：臺灣文化協進會，v2n3，1947.3.1，pp.1～5。

2. 王見川，〈關於日治時期臺灣的歌仔戲——兼談其起源問題〉，《宜蘭文獻雜誌》，宜蘭縣立文化中心，1999.3，n38，pp. 77～100。38 民 88.03 頁 77～100

3. 王振義，〈歌仔調的「樂合詩」歌唱傳統與特質初探〉，《民俗曲藝》，台北：財團法人施合鄭民俗文化基金會，1988.7，n54，pp. 97～107。

4. 王振義，〈從歌仔調的歌唱特色——談「樂合詩」與「詩合樂」的歌唱傳統〉，《復興劇藝學刊》，台北：國立復興劇藝實驗學校，1997.7.1，n20，pp. 31～49。

5. 王順隆，〈臺灣歌仔戲的形成年代及創始者的問題〉，《臺灣風物》，台北：臺灣風物雜誌社，1997.3.31，v47n1，pp. 39～54。

6. 林江山，〈歌仔戲七字仔與賣藥仔江湖調的關係〉，《臺灣戲專學刊》，台北：國立臺灣戲曲專科學校，2003.3，n6，pp.85～121。

7. 林良哲，〈日治時期歌仔戲的商業活動：以唱片發展過程爲例〉，《百年歌仔 2001 年兩岸歌仔戲發展交流研討會》，宜蘭：佛光大學，2001.9.3，pp.。

8. 林茂賢，〈歌仔戲概說〉，《民俗曲藝》，台北：財團法人施合鄭民俗文化基金會，1986.8，n42，pp. 47～71。

9. 徐麗紗，〈找尋那年代音樂的刻痕——日治時期歌仔戲老唱片的整理與研究〉，《傳統藝術》，宜蘭：國立傳統藝術中心，2002.8，n21，pp. 43～45。

10. 張炫文，〈包羅萬象根植臺灣的鄉土音樂——歌仔調〉，林谷芳/主編，《本土音樂的傳唱與欣賞》，台北：國立傳統藝術中心籌備處，2000.12，pp. 139～151。

（三）聲音影像出版品

1. 《聽到臺灣歷史的聲音——1910～1945 臺灣戲曲唱片原音重現》，台北：國立傳統藝術中心籌備處，2000，CD10 片。

2. 陳旺欉、林走坐、林木枝、林爐香、陳松、葉木塗、何阿通（演唱）、林茂賢（文案）《臺灣戲劇音樂集：本地歌仔　山伯英台》（宜蘭縣文化中心，

1997.7，1 書 8CD）。

五、俗文學、說唱、中國民間文學

（一）專 書

1. 台中縣立文化中心（編印），《民間文學工作手冊》，台北：行政院文建會，1996.4。
2. 曾永義，《俗文學概論》，台北：三民書局，2003.6。
3. 婁子匡、朱介凡，《五十年來的中國俗文學》，台北：正中書局，1963.5 台初版。
4. 楊家駱/主編，《中國俗文學》，台北：世界書局，1995.10。
5. 鹿憶鹿，《中國民間文學》，台北：里仁書局，1999 初版、2001 增訂。
6. 鄭志明，《文學民俗與民俗文學》，嘉義：南華管理學院，1999.6。
7. 鄭明娳，《通俗文學》，台北：揚智文化事業公司，1993.5。
8. 高國藩，《中國民間文學》，台北：臺灣學生書局，1995.9。
9. 劉守華、陳建憲（主編），《民間文學教程》，中國武漢：華中師範大學出版社，2002.2。
10. 譚達先，《中國民間文學概論》，台北：貫雅文化事業公司，1992.7。

（二）單篇文章

1. 丹青藝叢編委會（編著），〈說唱音樂〉，丹青藝叢編委會/編著，《民族音樂概論》，第 3 章，，台北：丹青圖書公司，1986.3 台一版 pp. 97～138。
2. 胡萬川，〈談民間文學〉，《談民間文學》，彰化：彰化縣立文化中心，1993.12，pp. 1～25。
3. 胡萬川，〈關於民間文學的了解〉，《談民間文學》，彰化：彰化縣立文化中心，1993.12，pp. 32～40。
4. 胡萬川，〈何謂民間文學〉，《民間文學研習營音檔記錄》，高雄：高雄縣立文化中心，1998.1，pp. 1～48。
5. 曾永義，〈中央研究院所藏俗文學資料的分類整理和編目〉，曾永義，《說俗文學》，台北：聯經出版公司，1980.4，pp. 1～10。
6. 曾永義，〈俗曲演唱——寫在臺灣大學中文系「俗曲演唱會」之前〉，曾永義，《說俗文學》，台北：聯經出版公司，1980.4，pp. 17～21。
7. 曾永義，〈民間文學、俗文學、通俗文學命義之商榷〉，《國文天地》，v13n5，台北：國文天地雜誌社，1997.9.1，pp. 18～29。
8. 周嘉慧（記錄），〈「俗文學教學與研究」座談會〉，《國文天地》，v13n5，

台北：國文天地雜誌社，1997.9.1，pp. 6～17。

9. 陳益源（記錄），〈1987 年「民間文學」座談會記錄〉，陳益源，《民俗文化與民間文學》，台北：里仁書局，1997.10.31，pp. 163～181。

10. 顏美娟，〈民間文學資料保存發揚、編輯出版〉，《民間文學研習營音檔記錄》，高雄：高雄縣立文化中心，1998.1，pp. 67～73。

11. 徐元勇，〈論民歌与明清俗曲之異同〉，《交響──西安音樂學院學報》，v20n1，中國西安：西安音樂學院，2001.3， pp. 18～23。

12. 徐元勇，〈界說“明清俗曲”〉，《交響──西安音樂學院學報》，v19n3，中國西安：西安音樂學院，2000.9，pp. 38～42。

13. 薛汕，〈關於民俗文學的概念〉，《東方文化館館刊》，n37，中國北京：，1998.5。（收錄在：陳益源，《臺灣民間文學採錄》，台北：里仁書局，1999.9.30， pp. 229～235。）

14. 劉水云、車錫倫，〈清代說唱文學文獻〉，《文獻季刊》，n3，中國北京：北京圖書館出版社，2003.7.13， pp. 206～219。

六、臺灣文學、臺灣民間文學

（一）專　書

1. 林翠鳳，《陳肇興及其《陶村詩稿》之研究》，台中：弘祥出版社/發行，1999.8。

2. 陳肇興，《咄咄吟》，陳肇興，《陶村詩稿》，南投：臺灣省文獻委員會/印行，1978.6，卷七、卷八，pp.91～138。

3. 林占梅《潛園琴餘草簡編》，臺灣銀行經濟研究室（編），臺灣文獻叢刊第202 種，1964.11。

（二）單篇文章

1. 王幼華，〈清代臺灣文學中的民變與動亂〉，《臺灣文藝》，台北：，，，pp. 77～101。

2. 胡萬川，〈臺灣民間文學在哪裡?〉，《談民間文學》，彰化：彰化縣立文化中心，1993.12，pp. 26～31。

3. 胡萬川，〈工作與認知──關於臺灣的民間文學〉，《臺灣文藝》，n155，台北：臺灣文藝雜誌社，1996.6，pp. 27～37。

4. 胡萬川，〈大家來搶救臺灣民間文學〉，《民間文學研習營音檔記錄》，高雄：高雄縣立文化中心，1998.1，pp. 49～66。

5. 黃文儀，〈紀許逆滋事五古十二首〉，盧德嘉，《鳳山縣採訪冊》，〈藝文二·兵事（下）〉，1894 年（光緒 20 年），《臺灣方志集成·清代篇──第一輯》，

高賢治/主編，第 28 冊，台北：宗青圖書出版公司/印行（轉印自：臺灣銀行「臺灣文獻叢刊第 73 種」），pp.434～437。

6. 鄭蘭，〈勦平許逆紀事（並序）〉，盧德嘉，《鳳山縣採訪冊》，〈藝文二・兵事（下）〉，1894 年（光緒 20 年），《臺灣方志集成・清代篇——第一輯》，高賢治/主編，第 28 冊，台北：宗青圖書出版公司/印行（轉印自：臺灣銀行「臺灣文獻叢刊第 73 種」），pp.425～433。

七、臺灣史地、臺灣族群、清國史

（一）專書及學位論文

1. 《臺灣通志》（上）（下），《臺灣方志集成・清代篇——第一輯》，高賢治/主編，第 28 冊，台北：宗青圖書出版公司/印行（轉印自：臺灣銀行「臺灣文獻叢刊第 73 種」）。

2. 《清宮月摺檔臺灣史料（一）》，國立故宮博物院藏清代臺灣文獻叢編，台北：國立故宮博物院/出版，1994.10 初版。

3. 丁日健（編著），《治台必告錄》（上）（下），臺灣銀行經濟研究室/編，南投：臺灣省文獻委員會/印行，1997.6.30。（本書依據 1959 年 7 月臺灣銀行發行的臺灣文獻叢刊第 17 種第 1～4 冊重新勘印）

4. 丁光玲，《清代臺灣義民研究》，台北：文史哲出版社，1994.9。

5. 王育德（日文原著）、黃國彥（華譯），《王育德全集 1　臺灣・苦悶的歷史》，台北：前衛出版社，2000.4。（《臺灣・苦悶的歷史》，台北：自立晚報社文化出版部，1993.3。）

6. 史明，《臺灣人四百年史》，美國聖荷西：蓬島文化公司，1980。

7. 史明，《臺灣民族主義與臺灣獨立革命》，台北：獨立臺灣會，2001.5。

7. 臺灣省文獻委員會（編），《臺灣史》，台北：眾文圖書公司，1990.11 二版。

8. 臺灣銀行經濟研究室（編），《臺灣霧峰林氏族譜》，南投：臺灣省文獻委員會，1994.12.31。（本書依據 1971 年 12 月臺灣銀行發行的臺灣文獻叢刊第 298 種重新勘印）

9. 臺灣銀行經濟研究室（編），《清宣宗實錄選輯》，南投：臺灣省文獻委員會，1997.6.30。（本書依據 1964 年 2 月臺灣銀行發行的臺灣文獻叢刊第 188 種重新勘印）

10. 臺灣銀行經濟研究室（編），《清穆宗實錄選輯》，南投：臺灣省文獻委員會，1997.6.30。（本書依據 1963 年 11 月臺灣銀行發行的臺灣文獻叢刊第 190 種重新勘印）

11. 吳德功，《吳德功先生全集：施案紀略、戴案紀略、讓台記》，南投：臺灣

省文獻會，1992.5.31。（轉印自臺灣銀行版本）

12. 李筱峰，《臺灣史 100 件大事》（上）（下），台北：玉山社出版公司，1999.10。

13. 李筱峰，《快讀臺灣史》，台北：玉山社出版公司，2002.11。

14. 周婉窈，《臺灣歷史圖說（史前至 1945 年）》，中央研究院臺灣史研究所籌備處特刊，台北：聯經出版公司，1997.10 初版，1998.9 二版。

15. 周鍾瑄（主修），《諸羅縣志》，台北：臺灣銀行，1962.12。

16. 周璽（總纂），《彰化縣志》，台北：臺灣銀行，1962.11。

17. 林孟欣、鄭天凱（撰文），《臺灣放輕鬆 4：鬥陣臺灣人》，台北：遠流出版事業公司/出版，2001.6.10 初版。

18. 林豪，《東瀛紀事》，臺灣銀行經濟研究室/編，《東瀛識略、東瀛紀事、臺灣紀事、台海見聞錄（合訂本）》，臺灣文獻史料叢刊第七輯，臺灣大通書局，1997.6.30。（本書依據臺灣銀行發行的臺灣文獻叢刊第 8 種重印）

19. 翁佳音・薛化元・劉燕儷・沈宗憲，《臺灣通史類著作解題與分析》， 台北：業強出版社，1992.10。

20. 張子文、郭啟傳、林偉洲/撰文，《臺灣歷史人物小傳——明清暨日據時期》，台北市：國家圖書館/編印，2003.12 初版。

21. 張炎憲，《臺灣漢人移民史研究書目》，台北：中央研究院三民主義研究所，1989.6。

22. 張豈之（主編），《中國歷史　元明清史》， 台北：五南圖書公司， 2002.6。

23. 莊展鵬（總策畫），《臺灣深度旅遊手冊 10：台南歷史散步》（上）（下），台北：遠流出版事業有限公司/出版發行，1995.5.30 初版。

24. 許雪姬，《清宮臺灣的綠營》，中央研究院近代史研究所專刊（54），台北：國立中央研究院近代史研究所，1987.5 初版。

25. 許雪姬（總策畫），《臺灣歷史辭典》，台北：遠流出版事業有限公司/編輯製作，行政院文化建設委員會/發行，2004.5.18 一版。

26. 許雪姬/總策畫，《臺灣歷史辭典》【附錄】，台北：遠流出版事業有限公司（編輯製作），行政院文化建設委員會（發行），2004.5.18 一版。

27. 連橫，《臺灣通史》，「臺灣方志集成・清代篇——第一輯（39）（40）」，臺灣：宗青圖書出版有限公司，1995。（轉印自臺灣銀行版本）

28. 陳捷先，《清代臺灣方志研究》，台北：臺灣學生書局，1996.8。

29. 黃水沛（纂修），《臺灣省通志稿・卷三・政事志・建置篇》，台北：臺灣省文獻委員會，1958.6。（台北：成文出版社 1983 影印本第 13 冊）

30. 黃富三，《霧峰林家的興起——從渡海拓荒到封疆大吏（1729～1864）》，台北市：自立晚報社文化出版部/出版，1987.10。

31. 黃富三，《霧峰林家的中挫（1861～1885）》，台北市：自立晚報社文化出

版部/出版，1992.9。

32. 黃榮洛，《渡台悲歌——臺灣的開拓與抗爭史話》，台北：台原出版社，1989.7。

33. 楊明宗，《從歡收搶米到聚眾抗官——清代張丙事件之研究》，國立台南師範學院教師在職進修社會碩士學位班，2003.6（91學年）。

34. 楊碧川（編著），《臺灣歷史辭典》，台北：前衛出版社，1997.8。

35. 楊碧川，《臺灣歷史年表（13世紀到1945年12月）》，台北：自立晚報社文化出版部，1988.6第一版，1990.8第二版。

36. 楊碧川，《簡明臺灣史》，高雄：第一出版社，1987.11初版，1990.4再版。

37. 遠流臺灣館（編著），《臺灣史小事典》，台北：遠流出版事業公司，2000.12.31二版。

38. 劉育嘉，《臺灣史文獻析論》，台北：洪葉文化事業有限公司，2003.8。

39. 劉妮玲，《清代臺灣民變研究》，台北：臺灣師範大學歷史研究所碩士論文，1982.6。

40. 潘英，《臺灣平埔族史》，台北市：南天書局，1996.6初版。

41. 蔡志展，《清代臺灣三十三種地方志採訪冊紀略人名索引》，臺北市：中央圖書館臺灣分館，2000。

41. 蔡青筠，《戴案紀略》，臺灣文獻叢刊第206種，臺灣銀行經濟研究室（編印），台北：臺灣銀行（發行），1964.11。

42. 鄭天挺，《清史》，台北：雲龍出版社，1998.11（1986）。

43. 賴貫一，《認識臺灣族群關係》，南投：臺灣基督教長老教會謝緯紀念營地，2000.9修正版。（另一版本：南投：台南投縣文化局，2002.4）

44. 戴炎輝，《清代臺灣的鄉治》，台北：聯經出版事業公司，1979.7初版。

45. 謝國興，《官逼民反——清代臺灣三大民變》，台北：自立晚報社文化出版部，1993.3。

46. 簡後聰（編輯總召集），《福爾摩沙傳奇——臺灣的歷史源流》（上）、（下），台中：行政院文化建設委員會中部辦公室，2000.3.21。

47. 簡炯仁，《臺灣開發與族群》，台北：前衛出版社，1995.8。

48. 羅士傑，《清代的地方菁英與地方社會——以清同治年間的戴潮春事件爲討論中心》，新竹：國立清華大學歷史研究所碩士論文，2000。

49. 藤島達朗、野上俊靜，《中日韓對照年表》，台北：文史哲出版社，1983.11。

（二）單篇文章

1. 方豪，〈中原文獻與臺灣研究〉，《臺灣大學歷史學系學報》，n3，台北：臺灣大學歷史學系，1976，pp. 255～266。

2. 王世慶，〈臺灣之名稱與行政區域之建置〉，《臺灣風物》，v26n3，台北：1976.9.30，1976.9.30，pp. 117～146。

3. 石萬壽，〈營兵與臺灣的防務──以台南府城爲中心（上）〉，《臺灣風物》，v35n1，台北：臺灣風物雜誌社，1985.3.3，pp. 33～76。

4. 石萬壽，〈營兵與臺灣的防務──以台南府城爲中心（下）〉（附地圖 6 張），《臺灣風物》，v35n2，台北：臺灣風物雜誌社，1985.6.30，pp. 29～59。

5. 伊能嘉矩，〈張丙の亂〉，伊能嘉矩，《臺灣文化志》，第 4 編第 2 章第 12 節，日本東京：刀江書院，1928 原版、1965.8 複刻本，上卷 pp. 860～866。

6. 伊能嘉矩，〈義民の鼓勵〉，伊能嘉矩，《臺灣文化志》，第 4 編第 3 章，日本東京：刀江書院，1928 原版、1965.8 複刻本，上卷 pp. 893～903。

7. 伊能嘉矩，〈戴潮春の亂〉，伊能嘉矩，《臺灣文化志》，第 4 編第 2 章第 16 節，日本東京：刀江書院，1928 原版、1965.8 複刻本，上卷 pp. 870～886。

8. 吳子光，〈奉　旨建坊入祀昭忠祠贈忠信校尉羅公傳〉，吳子光《一肚皮集》，卷四傳上，臺灣先賢詩文集彙刊第三輯 2，龍文出版社，1997.6.30，第二冊 pp.258～267。（本書依據 1875 年吳氏雙峰草堂自刊本翻印）

9. 李順民，〈清代臺灣會黨與械鬥、民變的交互關係〉，《歷史月刊》，n74，台北：歷史智庫出版公司，　pp. 52～55。

10. 周凱，〈記臺灣張丙之亂〉，周凱，《內自訟齋文集》，18740 年（道光 40 年）印行，周凱，《內自訟齋文集》，臺灣銀行經濟研究室/編輯，臺灣文獻叢刊第 82 種，台北：臺灣銀行/發行，1960.5，pp.31～43。

11. 林衡道，〈林爽文與戴萬生〉，《臺灣夜譚──鄉土與民俗》，二四，台北：眾文圖書公司，1980.9，pp. 117～120。

12. 范繼忠，〈郭嵩燾與厘金制略議〉，《清史研究》，n2，2000，pp.72–78。

13. 張世賢，〈清代臺灣道鎮關係〉，《臺灣風物》，v26n3，台北：臺灣風物雜誌社，1976.9.30，　pp. 80～94。

14. 莊吉發，〈清代臺灣土地開發與族群衝突〉，《臺灣史蹟》，n36，南投：中華民國臺灣史蹟研究中心，2000.6.30，pp. 3～31。

15. 許文雄（許達然），〈械鬥和清朝臺灣社會〉，《臺灣社會研究季刊》，n23，台北：，1996.7，pp. 1～81。

16. 許文雄（許達然）〈清朝臺灣福佬客家衝突〉，古鴻廷、黃書林/合編，《臺灣歷史與文化（三）》，台中：東海大學通識教育中心/編印，2000.2，pp.47～123。（pp.72～73 寫張丙）

17. 許文雄（許達然），〈十八及十九世紀臺灣民變和社會結構〉，《東海大學通識教育中心專刊 8：臺灣歷史與文化（四）》，台北：稻鄉出版社，2000.11，pp. 67～196。

18. 許文雄（許達然），〈清朝臺灣最後的民變〉，古鴻廷、黃書林/編，《臺灣歷史與文化（六)》，台中：東海大學通識教育中心專刊 14，台北：稻鄉出版社，2003.2，pp.67～102。

19. 許文雄（許達然），〈相看都討厭：清朝統治者和臺灣人民互相敵對的態度〉，《第七屆臺灣歷史與文化研討會──主題：社會變遷及族群融合論文集》，台中：東海大學通識教育中心，2004.2.6～7 舉辦。

20. 許雪姬（主講），〈第 23 次臺灣研究研討會紀錄：清代臺灣總兵在綠營的地位〉，《臺灣風物》，v32n2，台北：臺灣風物雜誌社，1984，pp. 82～98。

21. 陳其南，〈清代之族群與社會發展〉，《東海大學通識教育中心專刊 5：臺灣歷史與文化（二)》，台北：稻鄉出版社，2000.2，pp. 1～～9。

22. 陳怡如，〈釐金與臺灣建設（1861～1895)〉，http://www.sljhs.ylc.edu.tw/yee/（西螺國中）→老師論文，2004.3.16 下載。

23. 陳哲三，〈戴潮春事件在南投縣境之史事及其史蹟〉，《臺灣史蹟》，n36，南投：中華民國臺灣史蹟研究中心，2000.6.30，pp. 32～56。

24. 陳喜齡、賴垂，〈張丙之役〉，《南瀛文獻》，v1n3、4，台南：台南縣文獻委員會，1953.12.30， pp. 9～14。（台北：成文出版社 1983 影印本）

25. 陳漢光，〈求適齋文稿──臺灣移民史略〉，《臺灣風物》，v21n1，台北：臺灣風物雜誌社，1971.2.16， pp. 25～42。

26. 廖漢臣，〈有應公〉，《臺灣風物》，v17n2，台北：臺灣風物雜誌社，1967.4.28，pp. 17～20。

27. 趙文榮，〈清代台南地區漢人社會的動亂與分析〉，《台南文化》，n51，台南：台南市政府，2001.9，pp. 23～46。～

28. 劉妮玲，〈遊民與清代臺灣民變（上)〉，《臺灣風物》，v32n3，台北：臺灣風物雜誌社，1982.3.30，pp. 1～22。

29. 劉妮玲，〈遊民與清代臺灣民變（下)〉，《臺灣風物》，v32n3，台北：臺灣風物雜誌社，1982.6.30，pp. 1～22。

30. 劉妮玲，〈清代臺灣民變事件中的義民問題〉，《臺灣風物》，v32n3，台北：臺灣風物雜誌社，1982.9.30， pp. 3～21。

31. 劉妮玲，〈秘密結會與清代臺灣民變〉，《臺灣風物》，v33n4，台北：臺灣風物雜誌社，1983.12.31， pp. 25～45。

32. 鄭喜夫，〈清代福建人士與臺灣方志〉，《臺灣風物》，v20n2，台北：臺灣風物雜誌社，1970.5.16， pp. 3～8。

33. 羅士傑，〈略論清同治年間臺灣戴潮春案與天地會之關係〉，《民俗曲藝》，n138，台北：財團法人施合鄭民俗文化基金會， pp. 279～303。

34. 羅士傑，〈試探清代漢人地方菁英與地方社會──以同治年間戴潮春事件爲中心〉，《臺灣史蹟》，n38，南投：中華民國臺灣史蹟研究中心，2001.6，

pp. 135～160。

（三）地圖、影像、地名資料

1. 〈省內種族分佈區〉、〈大陸移民來台路徑圖〉，廖漢臣（纂修），《臺灣省通志稿‧卷二‧人民志‧氏族篇》，台北：臺灣省文獻委員會，1960.3，pp.287～288。（台北：成文出版社1983影印本第11冊）

2. 台南縣政府（編印），《台南縣地名研究輯要》，1982.4。

3. 吳進喜（主講），〈地名的歷史、地理與文化〉，《地友》，n50，台北：臺灣師範大學地理學系區域研究中心，2001.2.20，pp.2～11。

4. 沈建德（製），《臺灣血統真相地圖（1925～現在）》，屏東：沈建德/發行，2002.9.8。

5. 沈建德（製），《臺灣閩客尋根地圖（1624～1925）》，屏東：沈建德/發行，2002.9.8。

6. 洪英聖（編著），《畫說乾隆臺灣輿圖》，台北：文建會，初版，台北：聯經出版事業公司，2002.2再版。

7. 洪敏麟（編著），《臺灣舊地名之沿革‧第一冊》，台中市：臺灣省文獻委員會。

8. 洪敏麟（編著），《臺灣舊地名之沿革‧第二冊 （下）》，台中市：臺灣省文獻委員會，1984.6.30。

9. 洪敏麟（編著），《臺灣舊地名之沿革‧第二冊（上）》，台中市：臺灣省文獻委員會，1983.6.30。

10. 夏黎明，《清代臺灣地圖演變史》，台北：知書房出版社，1996.6。

11. 國史館臺灣文獻館採集組（編輯），《臺灣地名辭書：卷七台南縣》，南投：國史館臺灣文獻館，2002.12。

12. 國史館臺灣文獻館採集組（編輯），《臺灣地名辭書：卷四屏東縣》，南投：國史館臺灣文獻館，2001.10。

13. 《台南市舊城旅行地圖：五條港舊街區周邊遊逛》，台南市：財團法人古都保存再生文教基金會（製作），2004.12。

八、臺灣語文

（一）字典、辭典

1. 《台日大辭典》，台北：眾文圖書公司，1981.4，上、下冊。（台北：臺灣總督府，1931～32。）

2. REV. W. CAMPBELL（甘為霖‧Kam Ûi～lîm），《廈門音新字典》，臺灣教會公報社，台南：人光出版社，1913.2初版，1997.8十九版。

3. The Maryknoll Language Service Center/編，《中國閩南語英語字典（Amoy～Engliah Dictionary）》，台中： Maryknoll Fathers，1976。

4. 中原週刊社客家文化學術研究會/編輯，《客話辭典》，苗栗：臺灣客家中原週刊社，1992.6。

5. 吳守禮，《國臺對照活用辭典──詞性分析、詳注廈漳泉音》，台北：遠流出版公司，2000.6，上、下冊。

6. 沈富進，《增補彙音寶鑑》，嘉義縣梅山鄉：文藝學社出版社，1954.12.20。

7. 邱文錫、陳憲國（合編），《實用華語台語對照典》，台北：樟樹出版社，1996.7。

8. 陳修（編著），《臺灣話大詞典（修訂新版）》，台北：遠流出版公司，2000.9.1二版。

9. 廈門大學中國語言文學研究所漢語研究室（編），《普通話閩南語詞典》，台南：台笠出版社，1993.12.10。（中國：福建人民出版社，1981）

（二）專　書

1. 臺灣基督教長老教會總會臺灣族群母語推行委員會/編著，《白話字基礎教材》，台北：使徒出版社公司，2003.9。

2. 林慶勳/著、國立編譯館/主編，《臺灣閩南語概論》，台北：心理出版社公司，2001.10。

3. 姚正道，《台語發音入門》，台南：人光出版社，1998.8。

4. 施炳華，《台語入門教材（修訂本）》，台南：台江出版社，1999.11。

5. 施炳華，《行入台語文學的花園》，台南：眞平企業有限公司，2001.1。

6. 施炳華，《逐家來學台語【基礎篇】》，台南：眞平企業公司，2002.1。

7. 施正鋒、張學謙，《語言政策及制定『語言平等法』之研究》，行政院客家委員會（策劃），台北市：前衛出版社，2003.5。

8. 洪惟仁，《歌仔戲教材──臺灣話音韻入門》，台北：國立復興劇藝實驗學校，1996.6。

9. 張復聚、王淑珍，《臺灣字 ABC──台語基礎教材》，台北：台語傳播企業公司，2001.8 初版。

10. 張裕宏，《白話字基本論》，台北：文鶴出版公司，2001.3。

11. 許極燉，《臺灣話通論》，台北：南天書局，2000.5。

12. 彭德修，《大家來學客語》，台北：南天書局，1989.6。

13. 黃宣範，《語言、社會與族群意識──臺灣語言社會學的研究》，台北：文鶴出版公司，1993.7 初版，1994.1 再版。

14. 楊秀芳，《臺灣閩南語語法稿》，台北：大安出版社，1991.4。

15. 臧汀生，《台語書面化研究》，台北：前衛出版社，1996.4。

16. 鄭良偉，《精速台語羅馬字練習與規律》，台北：旺文出版社，1993.4。

17. 鄭良偉、鄭謝淑娟，《臺灣福建話的語音結構及標音法》台北：臺灣學生書局，1977.8。

（三）單篇文章

1. 李壬癸，〈閩南語的口語傳統〉，《大陸雜誌》，v71n2，台北：大陸雜誌社，1985.8，pp. 66～73。

2. 臧汀生，〈台語文字化之管見〉，《民俗曲藝》，n57，台北：財團法人施合鄭民俗文化基金會，1989.1，pp. 69～87。

（四）電腦網路資料 （2004.11.3）

1. 臺灣羅馬字（白話字）電腦軟體：《Taiwanese Package》 劉杰岳（開發），Phahng Taiwanese Workshop （拋荒台語文工作室），網址：http://www.phahng.idv.tw/。

2. 《台文/華文線頂辭典》，夏威夷大學東亞語文所鄭良偉教授/資料提供，大漢技術學院資訊工程系楊允言/程式設計，http://iug.csie.dahan.edu.tw/iug/Ungian/soannteng/chil/Taihoa.asp。

3. 《台語線頂字典》，主要資料來源：廈門音新字典 甘爲霖程式設計：大漢技術學院資訊工程系楊允言，http://iug.csie.dahan.edu.tw/TG/jitian/tgjt.asp。

九、歷史詮釋、政治、大眾傳播及其它

（一）專 書

1. 宋鎮照，《社會學》，台北：五南圖書出版公司，1997.8。

2. 幼獅文化事業編輯部（主編），《觀念史大辭典》（Dictionary of The History of Ideas），台北市：幼獅文化事業公司，1987.10。

3. 葉龍彥，《臺灣唱片思想起》，台北：博揚文化事業公司，2001。

4. 彭懷恩，《政治學新論》，台北：風雲論壇出版社公司，2003.6。

5. 楊碧川，《革命的故事》，台北：一橋出版社，2000.5。

6. 楊碧川，《基礎讀本》，台北：臺灣組合，2001.10。

7. 盛寧，《新歷史主義》，台北市：揚智文化事業公司，1995.2。

8. 韓震、孟鳴歧，《歷史、理解、意義——歷史詮釋學》，中國：上海譯文出版社，2002.3。

9. 楊義，《中國敘事學》，嘉義：南華管理學院，1998.6。

（二）單篇文章

1. 何義麟，〈日治時期臺灣廣播事業發展過程初探〉，《臺灣史蹟》，n36，南投：中華民國臺灣史蹟研究中心，2000.6.30，pp. 212～225。

2. 呂紹理，〈日治時期臺灣廣播工業與收音機市場的形成（1928～1945）〉，《國立政治大學歷史系學報》，n19，台北：國立政治大學歷史學系，2002.5，pp. 297～333。

3. 李坤城，〈不插電聽唱片的時代——日治時期臺灣唱片文化發展漫談〉，《聽到臺灣歷史的聲音——1910～1945 臺灣戲曲唱片原音重現》，台北：國立傳統藝術中心籌備處，2000.12，貳，pp. 5～8。

4. 林修澈，〈民族文學 vs 國家文學〉，《首屆臺灣民間文學學術研討會論文集》，彰化：臺灣省礦溪文化學會，1997.6，pp. 357～389。

5. 楊逵，〈把那些被埋沒的挖出來〉，《「臺灣新文學雜誌叢刊」復刻本》，台北：東方文化書局，1977.7.7，《臺灣新文學》刊頭詞。

6. 韓震，〈歷史的詮釋性〉，《杭州師範學院學報》，2000 年 n3，中國杭州：杭州師範學院，2002.5， pp. 12～15、60。

7. 卡洛琳·波特（Carolyn Porter）（著）、蔡秀枝（譯），〈歷史與文學：「新歷史主義之後」〉，《中外文學》，v20n12，台北市：臺灣大學外文系，1992.5，pp.185～207。

8. 陳俊榮（孟樊），〈新歷史主義的臺灣文學史觀〉，《中外文學》，v32n8，台北市：臺灣大學外文系，2004.1，pp.35～53。

9. 孟樊（陳俊榮），〈新歷史主義的文學觀〉，《文訊月刊》，n67=105，台北市：文訊雜誌社，1994.7，pp.7～10。

10. 廖炳惠，〈新歷史主義與後殖民論述〉，《中外文學》，v20n12，台北市：臺灣大學外文系，1992.5，pp.25～38。

11. 雷漢（Richard Lehan）（著）、宋德明（譯），〈新歷史主義的理論侷限〉，《中外文學》，v20n12，台北市：臺灣大學外文系，1992.5，pp.151～171。

12. 李國祁，〈清代臺灣社會的轉型〉，《臺灣史蹟研習會講義彙編》，81 年冬，1992.2，pp.137～185。

13. 李國祁，〈清代臺灣社會的轉型——內地化的解釋〉（早年作品濃縮版），《歷史月刊》，n107，1996.12，pp.58～66。

14. 陳其南，〈土著化與內地化：論清代臺灣漢人社會的發展模式〉，中央研究院三民主義研究所（編），《中國海洋發展史》第一輯，台北市，1984，pp.335～366。

15. 陳其南，〈論清代臺灣漢人社會的轉型〉，《臺灣的傳統中國社會》第六章，台北市：允晨文化實業公司，1987.3 初版，1989.1 訂正版，pp.151～180。

16. 陳其南，〈臺灣本土意識與民族國家主義之歷史研究〉，《傳統制度與社會

意識的結構——歷史與人類學的探索》第九章，台北市：允晨文化實業公司，1998.1，pp.169～200。

17. 陳孔立，〈評「土著化」和「內地化」的爭論——清代臺灣社會發展的模式問題〉，《當代雜誌》，n30，1988，pp.61～75（後來收錄在：陳其南，《傳統制度與社會意識的結構——歷史與人類學的探索》，台北市：允晨文化實業公司，1998.1，pp.204～227）。

18. 胡豔惠，〈傳承與突破——論敦煌史傳變文之敘事關係〉，《雲漢學刊》，n10，台南市：國立成功大學中文系， 2003.6，pp.261～284。